고려왕조 정사·야사

고려왕조 정사·야사

이강래 편저

문지사

머리말

정사正史가 뼈라면 야사野史는 살이다

야사의 사전적 의미는 '민간에서 사사로이 기록한 역사'로 되어 있다.
정사가 정부의 전담 기구에서 사실을 연대기적으로 기술하여 편찬한 공식
기록인 데 비하여, 야사는 역사에 관심을 가진 사람이 민간인의 자격으로
기록한 것이라는 해석이다.

그렇다면, 야사는 엄밀한 의미의 역사로서는 가치가 없는 한낱 '옛이야기'에
불과하냐 하면 그렇지 않다.

정사는 시대 상황의 주체인 자, 승리한 자의 기록이라고 할 수 있다.
따라서 그 흐름이나 내용이 주관적이고 자기 본위적인 입장을 취하는 것이
일반적이다.

역사 기록의 책임을 맡은 사관史官들은 임금으로부터도 독립적이고
객관적인 지위를 보장 받았다고는 하나, 그들 역시 그 시대의 주체인 승리
집단의 일원이며, 무오사화戊午士禍의 예에서 볼 수 있듯이 붓대를 잘못 놀린
죄로 목숨을 잃기도 했던 것을 보면 아무래도 붓끝이 무뎌지지 않을 수 없었을
것이다.

거기에 비하여 야사는 다음과 같은 특징을 보여준다.

첫째, 내세로 후세의 기록사에 의하여 씌어지고, 공식화되지 않는 만큼
자유롭고 객관적인 기술 방식을 유지하며, 문제 발생을 우려하여 필자의 이름이

감춰진 경우도 있다.

둘째, 한 시대의 일괄적 연속적 기록이기보다는, 집필자 자신이 특별한 관심이나 흥미를 가진 어떤 사건 또는 시대 상황을 집중 기록함으로써 단편적인 성격을 띤다.

셋째, 의미 전달의 극적인 효과를 거두기 위하여 다소 과장되기도 한다.

넷째, 문자에 의한 기록뿐 아니라 구전되는 이야기도 포함된다.

이와 같은 특성들을 감안하여 생각하면, 야사는 총체적 기준의 역사로서는 다소 미흡할 수밖에 없는 것이 사실이다. 그러나 야사는 정사에서는 결코 기대하기 어려운 독특한 매력을 지니고 있다. 이야기 자체가 상당히 재미있을 뿐 아니라 정사의 행간에서 누락된, 보다 인간적인 훈훈한 체취를 느끼게 된다.

그 시대의 인문이나 풍속, 어떤 특정인의 인간적 면모 같은 것은 오히려 야사 쪽에서 명료하게 이해할 수노 있다.

정사가 뼈라면 야사는 살이라고 해도 무방할 것이다. 따라서 야사를 읽는 것은 단순히 책 읽는 재미를 취한다는 의미를 넘어 역사 이해의 한 방법으로 차원을 높여 생각할 일이다.

편저자 이강래

목차

머리말 4

고려왕조 정사

태조 왕건과 외척들의 권력쟁투 10

말 한마디로 10만 대군을 물리친 서희 13

협상의 귀재 하공진 17

강감찬 장군의 귀주대첩 22

최초의 사립학교 구재학당 25

최초로 화폐를 도입한 대각국사 의천 28

윤관이 쌓은 9성의 위력 31

꿈풀이로 왕비를 맞은 임금 35

무능한 왕과 무신정권 39

정중부와 경대승의 쟁투 43

무신들의 권력 싸움 47

몽골에 대항한 삼별초 51

공민왕의 최후 53

목화씨를 들여온 문익점 60

고려왕조 야사

1

태조 왕건 신화 66
고승 균여의 기행 78
대량원군의 수난 86
강조와 하공진의 충절 107
왕자 의천국사 117
청렴한 서희와 장군 김숙흥 124

2

왕호 부부의 슬픈 이별 134
순종의 여인들 144
명장 강감찬 159
이자현의 아내 사랑 170
김부식과 정지상 귀신 174
태수 유응규와 그의 아내 180

3

반란의 시조 정중부 188
긴취려 장군의 지혜 209
이자겸의 역모 224
만적·이통·우본대사의 반란 237
세도가에 맞선 청백리 김지대 249

4

바보 온달과 평강 공주 258

명판관 손변의 판결 261

김해장의 사모곡 266

채씨 처녀와 마팔아국 왕자 275

충선왕의 사랑 280

신현 · 신즙 형제의 격물치지 290

목은 이색의 기지 306

공민왕과 노국공주의 사랑 314

5

홍건적의 난 334

요승 신돈 349

목화씨와 문익점 358

만고의 충신 정몽주 370

이성계의 하인 경삼 382

고려왕조 정사

태조 왕건과 외척들의 권력 쟁투

후삼국을 통일한 왕건은 대신 박술희에게 나라의 장래에 대해 물었다.

"전쟁으로 백성들은 몹시 지쳐 있습니다. 우선 백성들의 고통을 덜어주는 것입니다."

"그렇다면 어떤 방법이 좋겠소?"

"세금을 감하는 것입니다."

"그러면 경이 세금을 감하는 방법을 강구하시오."

박술희는 태조의 명에 따라 조정의 재정을 조사했다. 그 결과 현재 재정이면 3년 동안 세금을 줄여도 된다는 것을 알았다. 그렇게 세금을 줄여주자, 백성들은 왕을 칭송했다.

또 하나는 왕건이 지방 호족들을 다스리는 일이었다. 당시 호족들은 고려를 세운 공신들이었다. 더구나 저마다 많은 사병私兵을 거느리고 있어 임금이 마음대로 할 수가 없었다. 그래서 또다시 박술희를 불렀다.

"호족 세력들을 복종시킬 비책이 없겠소?"

"좋은 방법이 있습니다."

그 비책으로 왕건은 호족들의 딸들을 후궁으로 맞았는데, 모두 6명의 왕비와 23명의 후궁을 거느렸다. 그래서 태어난 왕자가 25명, 공주가 9명이었다. 하지만 왕비와 후궁들이 많아 외척들의 권력 싸움에 골치가 아팠다.

921년, 둘째 왕비 오씨에게 태어난 무를 태자로 정했지만, 왕건 자신이 죽으면 무슨 일이 일어날지 불안했다. 이에 왕건은 943년 4월, 자신의 뒤를 이을 임금들이 반드시 지켜야 할 '훈요십조訓要十條'를 선언했다.

개국공신인 사촌동생 왕식렴을 폐허가 된 평양으로 보내 옛 고구려의 도읍지로 복원하라고 명령했다. 왕식렴은 919년 10월 평양성을 완전 복원했다. 그 후 943년 5월, 태조 왕건은 67세로 죽었다.

왕건의 뒤를 이어 태자 무가 32세이 나이로 고려 2대 혜종으로 즉위했다. 혜종은 자신이 왕위에 올랐지만 29명의 왕비와 후궁에서 태어난 25명의 왕자들 때문에 항상 불안했다.

그때 호족 출신 대신 왕규가 손자 광주원군을 왕위에 앉히려고 음모를 꾸몄다. 왕규는 혜종에게 신명왕후 유씨의 아들 요와 소를 죽이라고 충동질했다. 그렇지만 혜종은 두 아우를 끝내 죽이지 않았다. 이에 왕규는 혜종을 제거하려고 계략을 꾸몄는데, 박술희가 혜종에게 고했다. 그러자 혜종은 천문 담당자 최지몽을 불러 물었다.

"궁중이 어수선한데, 천기가 어떻소?"

"유성이 자주 자미궁을 침범하고 있습니다. 이것은 반역이 일어날 조짐입니다."

혜종은 박술희를 시켜 군사를 풀어 대궐을 방어하라고 했다. 그렇지만 왕규는 혜종을 제거하기 위해 수십 명의 군사를 광주원 부인이 거처하는 곳에 숨겼다.

밤이 깊어지자 왕규는 군사들과 함께 임금의 침전으로 다가가 덮쳤다. 그때 침전을 수비하던 백여 명의 군사들이 맞섰고 반역의 무리들은 사로잡히거나 죽었다. 이후부터 임금의 침전 주위에는 항상 군사 수백 명이 수비를 했다.

혜종 2년, 또다시 왕규가 심복에게 사주해 임금을 해치고자 했다. 하지만 임금은 잠자리를 선덕전에서 중광전으로 옮겨 화를 면했다. 혜종은 왕규의 음모인 줄 알았지만 그의 세력이 강해 덮어 두었다.

945년 9월, 혜종은 병을 얻어 34세로 죽자 박술희는 곧바로 혜종의 아우 요 왕자를 임금으로 세웠다. 이 임금은 낙랑공주의 오빠인 3대 정종이다.

정종은 박술희와 왕규를 동시에 귀양 보낸 후 서경에 있던 왕식렴 장군을 불렀다. 왕식렴은 군사들과 함께 개성으로 달려와 대궐을 지켰다. 이때 왕규는 귀양 명령을 무시하고 기회만 노리고 있었다.

한편 정직한 박술희는 임금의 명을 받들어 갑곶이로 내려갔다. 이에 왕규가 자객을 보내 왕명을 빙자해 박술희를 죽였다. 이 사실을 모르는 왕식렴은 정종에게 간언했다.

"폐하, 왕규는 두 번씩이나 역모를 꾀했습니다. 속히 처단하지 않으면 후일에 역모를 또다시 꾸밀지도 모릅니다. 아울러 박술희는 충신이오니 속히 귀양에서 풀어주십시오."

정종은 왕식렴의 말대로 박술희를 풀어주려고 했지만, 그는 이미 왕규에게 죽임을 당하고 말았다. 이를 안 정종은 크게 노하여 왕규를 잡아다 목을 베었다.

말 한마디로 10만 대군 물리친 서희

정종이 죽자 949년 3월, 그의 아우가 고려 4대 광종으로 등극했다. 그는 왕위 다툼의 원인이 호족들과 친인척 때문이라는 것을 알았다. 그래서 956년 노비안검법奴婢按檢法을 공포하게 되었다.

이 법은 호족들이 데리고 있는 노예를 해방시켜 그들의 세력을 약화시키는 것이 목적이었다.

당시 고려와 접한 나라는 중국 후주로 광종이 왕위에 오르자 사신으로 쌍기를 보내 축하했다. 사신 쌍기는 병이 들어 후주로 돌아가지 못했다. 그러자 광종은 후주 세종에게 쌍기를 고려 신하로 삼을 수 있도록 청했다. 세종의 허락을 받은 쌍기는 고려 말과 풍습을 익혔다.

어느 날 광종은 쌍기에게 이렇게 물었다.

"후주 제도 중 고려가 본받을 만한 제도가 없소?"

이에 쌍기는 과거제도를 말했다. 그의 말에 따라 광종 9년 9월 15일에 최초로 과거시험을 실시했다. 975년 5월 51세로 광종이 죽자 뒤를 이어 아들이 고려 5대 경종으로 등극했다. 경종은 벼슬에 따라 토지를 나눠 주되 죽으면 반납하는 전시과를 실시했다.

981년 7월, 경종이 27세로 죽자, 아들이 어려 22살인 왕건의 손자가 고려 6대 성종으로 등극했다. 당시 성종에겐 충신 최승로가 있었는데, 그는 어려서부터 천재였다.

최승로는 태조 이후 다섯 임금을 섬겼다. 982년 그는 성종에게 임금이 나라를 다스리는 데 있어 지켜야 할 스물여덟 가지 시무책을 올렸다.

993년 10월, 북쪽 여진족으로부터 거란이 고려를 치려 한다는 급보를 받았다. 그러나 성종과 조정 대신들은 거짓인 줄 알고 방비책을 마련하지 않았다. 며칠 뒤 거란의 대군이 압록강을 넘어섰다는 보고를 받았다.

그때서야 성종은 시중 박양우를 상군사, 서희를 중군사, 최량을 하군 사로 임명해 적군을 막게 했다. 성종도 서경까지 나가 적의 동태를 살핀 후 다시 안북부까지 나갔다. 거란의 장수 소손녕은 봉산군을 순식간에 무너뜨렸고 선봉장을 맡은 윤서안이 사로잡혔다.

그러자 성종은 화친을 청하기 위해 이몽전을 거란 진영으로 보냈다. 소손녕은 사신 이몽전에게 거드름을 피웠다. 그때 이몽전은 소손녕에게 물었다.

"고려를 침범한 이유가 무엇이오?"

"침범이오? 요나라는 원래 고구려 땅에서 일어났기 때문에 당연히 우리의 것이 아니겠소? 그래서 고려가 차지하고 있는 자비령 북쪽을 찾으려고 왔소."

이몽전은 조롱만 당하고 조정으로 돌아왔다. 하지만 아무도 마땅한 대책을 내놓지 못했다. 이때 서희가 나섰다.

"대왕마마, 전쟁의 승패는 군사의 수가 아니라, 적의 약점을 어떻게 이용하느냐에 달려 있습니다. 그들이 고구려의 옛 땅을 되찾는다는 것은 겁을 주기 위한 수작입니다. 신이 미약하지만 적과 싸운 후 적장과 국경 문제를 의논하겠습니다."

한편 소손녕은 고려로부터 화해의 요청이 오기만을 기다렸다. 하지만 한 달이 되어도 소식이 없자 총 공격을 개시했다. 그렇지만 거란군은 험한 산비탈인 안용진에서 더 이상 진군하지 못했다.

안용진엔 고려의 중낭장 대도수와 낭장 유방이 지키고 있었다. 거 란군은 열흘 동안 공격했지만 오히려 사상자만 늘었다. 그는 안용진에서

서희 동상

노비가 주인의 출행 전에 대기하고 있는 모습을 그린 거란 시대 출행도.

고려군에게 패한 것을 변명하기 위해 사신을 보냈다.

"고려의 사신을 우리 진영으로 보내시오. 그러면 결정하겠소."

그의 계책은 고려가 항복할 의사가 있으면 돌아가겠다는 의미였다. 이때 서희가 임금에게 아뢰었다.

"대왕마마, 이제 거란군의 군량미가 바닥난 것 같습니다. 소신이 직접 적진을 찾아가 달래 보겠습니다."

서희는 홀로 거란 진영의 소손녕을 만났는데, 그는 서희를 누르기 위해 거드름을 피웠다.

"나는 대국에서 온 장군이니 그대는 뜰 아래서 절을 하시오."

그렇지만 서희는 조금도 굽히지 않고 태연하게 말했다.

"이보시오 장군! 두 나라 대신이 서로 만나는 자린데 어찌 뜰 아래서 절을 하라는 것이오. 마치 장군은 거란의 임금처럼 행동하는 것 같구려."

"정 그렇다면 서로 맞절합시다"

인사가 끝나자 소손녕은 지난 번 말을 되풀이 했지만, 서희는 고개를 가로저으며 따졌다.

"무슨 말씀인지 잘 모르겠소이다. 고려가 고구려의 후손이기 때문에 압록강 안팎의 땅은 당연히 우리 것이오. 그곳에 여진족이 들어와 살면서 우리와 거란 사이를 방해하고 있는 것이오. 만약 귀국이 여진족을 쫓아내고 우리의 옛 땅을 찾아준다면 수교하겠소."

이에 소손녕은 요나라 왕에게 물었고 일주일 후 요나라 임금으로부터 군사를 퇴각하라는 회신이 왔다.

소손녕은 서희에게 낙타 1백 마리, 말 1백 필, 양 1천 마리, 비단 5백 필을 주며 배웅했다. 서희의 말 한마디로 거란의 10만 대군을 물리쳤던 것이다.

협상의 귀재 하공진

　고려 5대 경종은 욱의 두 딸을 왕비로 삼았다. 언니는 헌애 왕후, 동생은 헌정 왕후로 봉해졌다. 하지만 경종이 즉위 6년 되던 해에 죽자 두 왕후는 졸지에 과부가 되었다. 그렇지만 헌애 왕후는 자신의 아들이 목종 임금으로 등극하자 나랏일에 간섭했다. 더구나 목종은 헌애 왕후를 천추 태후로 추대한 다음 천추전에서 살게 했다.

　천추 태후는 김치양을 궁궐로 불러들여 가까이 지냈다. 과거 김치양은 성종 때 헌애 왕후와 내통하다가 발각되어 귀양간 인물이다. 이에 충신 한언공은 천추전의 좋지 못한 소문을 듣고 목종에게 아뢰었다.

　"폐하! 요즘 천추전에 김치양이 밤낮을 가리지 않고 출입한다는 소문이 있습니다. 이것은 부적절한 행위로 김치양을 내치셔야 합니다."

　그의 간언에도 목종은 어쩔 도리가 없었다. 더구나 목종은 태후의 명으로 김치양에게 조정의 재정을 담당하는 벼슬까지 내렸다. 그후부터 김치양은 조정의 권세가로 군림했다.

　목종의 나이 18세인 1004년, 천추 태후가 김치양의 아들을 낳자, 그는 임금 자리까지 탐냈다. 또한 동생 헌정 왕후 역시 언니 못지 않게 문란한 생활을 일삼았다.

　그녀는 경종이 죽자 왕륜사 남쪽 부근에 집 한 채를 마련해 살았다. 그러면서 옆 집에 살고 있는 아저씨뻘인 태조 왕건의 아들 왕욱과 가깝게 지냈다. 헌정 왕후는 992년 7월, 아들을 낳은 후 죽었다. 이에 성종은 왕욱이 왕후와 간통했다는 죄를 물어 사수현으로 귀양 보냈다.

　그리고 성종은 고아가 된 헌정 왕후의 아들을 대궐로 데려와 키웠다.

아이가 두 살이 되던 해였다. 성종이 아이를 무릎에 올려놓자 아이는 품안으로 파고들면서 말했다.

"아버지, 아버지."

성종은 측은하게 생각해 아이의 아버지가 있는 사수현으로 보냈다. 그 아이의 이름은 순이며 후에 대량원군이 되었다. 성종이 죽고 목종이 왕위에 올랐을 때 대량원군은 양주 삼각산 사찰의 중으로 살고 있었다. 대량군은 18세가 되면서 스스로 세상 물정을 알았다.

이럴 무렵 김치양은 목종을 죽이고 자신의 아들을 왕위에 앉히려고 천추 태후와 역모를 꾸몄다. 하지만 거사에 성공하더라도 대량원군이 걸림돌이었다. 왜냐하면 그는 태조 왕건의 유일한 후손으로 왕위에 오를 수 있는 인물이었기 때문이다.

이에 김치양은 그를 제거하기 위해 자객을 보냈지만, 미리 눈치를 채고 북한산으로 피했다.

이때 대량원군은 안타까운 마음에서 시 한 수를 읊었다.

한 줄기 흐르는 물은 백운봉에서 내려오네
이 물은 멀리 저 멀리 바다로 통하니
천천히 졸졸 흘러 바위 밑에만 있다고 업신여기지 마라
얼마 후엔 용궁에까지 흘러가리니

암살에 실패한 김치양은 무력으로 반란을 일으켰다. 목종은 만약 반란이 성공하면 고려 왕씨가 멸망하게 된다는 것을 깨달았다. 왕은 고민하다가 서경을 지키는 장수 강조에게 반란군을 진압하라고 명했다.

강조는 순검부사 이현운과 함께 5천 명의 군사를 앞세워 김치양을

거란의 침입을 막기 위해 쌓은 옹주성.

비롯해 반란군을 진압했다. 강조는 여세를 몰아 1009년 2월 목종을 제거하고 대량원군을 고려 18대 현종으로 등극시켰다. 그 무렵 요나라 성종은 1010년ᵁ현종 1년 10월, 40만의 대군을 이끌고 쳐들어왔다.

요나라 군사는 먼저 고려 장수 양규가 지키는 흥화진을 공격했지만 쉽게 함락이 되지 않자 통주로 방향을 틀었다. 통주는 강조가 30만 대군과 함께 지키고 있었다. 그는 적군이 쳐들어오자 삼각형 진법을 치고 기다렸다.

결국 요나라 군사는 강조와의 첫 싸움에서 참패를 당했다. 이에 요나라 선봉장 야율분노는 군사를 재정비하여 두 번째 공격을 시도했다. 하지만 이번에도 요나라는 패하고 말았다.

이에 기고만장한 강조는 요나라 군사를 가볍게 보기 시작했다. 이때 요나라 장수들은 두 번의 실패에서 삼각형 진법을 파괴할 해법을 찾았다. 적장 야율분노는 세 번째 공격에서 고려군의 중앙을 공격하지 않고 측면에서 공격했다. 이와 동시에 오른쪽으로 함성을 지르며 공격을 시도했다. 고려군은 참패하고 강조는 사로잡혀 요나라 성종 앞으로 끌려갔다.

"너의 삼각형 진법은 훌륭했다. 그러나 한 가지 전술을 고집한 것은 너의 실수였다. 만약 내 부하가 된다면 목숨을 살려주겠다."

그 말에 강조가 버럭 화를 내자, 성종은 부드럽게 말을 이었다.

"나를 따르지 않으면 네 목을 내놓아야 할 것이다."

"마음대로 해라! 고려의 충신은 두 임금을 섬기지 않는다."

"그래? 여봐라, 저놈을 죽지 않을 만큼 쳐라!"

강조가 매를 견디지 못하고 기절하자, 성종은 그의 부장 이현운에게 자신의 뜻대로 하겠냐고 물었다. 이현운은 기다렸다는 듯이 대답하자 정신을 차린 강조가 벌떡 일어나 그의 옆구리를 걷어찼다.

"네, 이놈! 고려 장군으로서 무슨 짓이냐!"

이에 화가 난 성종은 강조의 목을 벤 다음 흥화진을 공격 목표로 삼았다. 흥화진을 포위한 성종은 항복하라는 권고문을 화살 끝에 매달아 성 안으로 쏘았다. 권고문을 받은 양규가 웃음을 터뜨리면서 편지를 찢어 버렸다.

그러자 성종은 흥화진을 함락시키기 위해 닷새 동안 공격했지만 꿈쩍도 하지 않았다. 이에 요나라 군사들은 점점 사기가 떨어졌고 성종은 서경부터 공격하기로 작전을 바꿨지만 쉽지가 않았다.

할 수 없다고 생각한 성종은 마지막으로 개경을 공격하기 위해 군사를 돌렸다. 만약 서경에서 군사를 돌리지 않았다면 함락되었을 것이다.

이때 서경은 이미 군량미가 바닥났고 적군을 막을 수 있는 군사도 없었다. 하지만 고려 현종은 개경으로 쳐들어오는 요나라 때문에 절망에

빠졌다. 도저히 그들을 방어할 능력이 없었다. 할 수 없이 현종은 경기도 양주로 피신을 했다. 개경은 요나라 공격으로 잿더미로 변했고, 현종은 눈물을 흘렸다. 그러자 충신 하공진이 이렇게 아뢰었다.

"폐하! 소신이 요나라 임금을 만나겠습니다."

며칠 뒤 하공진이 요나라 성종을 만났다. 성종은 하공진에게 눈을 부라리며 소리쳤다.

"항복문서를 가지고 왔느냐?"

"폐하! 원래 강조를 벌하기 위래 고려로 온 것 아닙니까? 그리고 얼마 전 강조를 죽여 폐하의 화가 풀렸잖습니까?"

"그건 그것이고. 우리가 물러가면 너희 현종이 요나라로 인사를 온다고 하더 냐?"

하공진은 성종의 협박에도 불구하고 흔들림 없이 또박또박 대답했다.

"그것이 소원이라면 제가 볼모로 가겠소."

요나라 성종은 하공진의 설득으로 군사를 퇴각시켰고, 고려는 위기에서 살아났다.

강감찬 장군의 귀주대첩

요나라가 세 번째 침공을 준비하고 있을 때 고려는 문신과 무신들의 권력 싸움이 일어났다. 전쟁 때면 무신들의 세력이 커지고, 태평 세월이면 문신들의 세력이 커졌다.

그러나 이때는 문신들이 권세를 누리고 있어 무신들의 불만이 많았다. 그러던 중 조정에서 무신들에게 내린 영업전을 문신들이 가로채자 무신 김훈과 최질 등 열아홉 명의 장수들이 폭발했던 것이다.

상황의 위급함을 직시한 현종은 무신들의 요구 조건을 들어주겠다고 약속했다. 막상 약속을 해놓은 현종은 고민하다가 김맹과 이자림을 불렀다. 이자림은 한참 현종의 이야기를 듣다가 입을 열었다.

"폐하, 궁중 잔치에 그들을 모두 불러 제거하시면 됩니다."

그제야 현종의 얼굴이 밝아졌다. 며칠 후 현종은 무신들을 서경 장락궁으로 초대했다. 그러나 무신들은 현종의 계략을 전혀 모르고 있었다. 무신들이 술에 취하자, 미리 매복시켜 둔 군사들에게 목을 베게 했다.

1018년 현종 9년 12월, 요나라 성종은 소배압을 선봉장으로 삼아 10만 대군을 앞세워 침략해왔다. 그러자 현종은 많은 장수들을 제거한 것이 후회스러웠다.

요나라 대군이 압록강 건너 남쪽으로 내려오자 강감찬은 부장 강민첨과 함께 20만 대군을 몰아 안주에 진을 쳤다. 그리고 돌격대 1만 2천 명을 선발해 강민첨에게 내주면서 흥화진 동쪽 대천강가에 매복시켰다.

그렇게 하여 요나라 대군이 대천강을 반쯤 건넜을 때 기습적으로 공격하여 전멸시켰다.

귀주대첩 상상도

그렇지만 적장 소배압은 개경을 함락시키고 현종을 잡기 위해 남쪽으로 내려왔다. 이때 개경엔 1만 명의 군사들이 있었고, 개경으로 들어오는 길목인 신은현에도 군사들이 지키고 있었다.

소배압은 초승달이 뜨자 신은현을 함락시키기 위해 총공격을 시도했지만, 도리어 고려군에게 수많은 군사들을 잃고 말았다. 이때 전령이 달려와 소배압에게 급히 보고를 했다.

"장군! 고려군이 뒤쪽에서 공격하고 있습니다."

"뭣이라고!"

소배압은 급하게 군사들을 골짜기로 피신시켰는데, 10만 중에 6만 뿐이었다. 그는 돌격대를 조직한 다음 3일째 되는 날 명령을 내렸다.

"고려군으로 변장해 성으로 잠입해라. 그리고 성문을 연 다음 재빨리 횃불을 올려라."

마침내 횃불이 오르고 소배합은 군사들에게 진군 명령을 내렸다. 그러나 성문은 굳게 닫혀 있었고 성 앞엔 돌격대의 시체들만 뒹굴고 있었다. 소배합이 함정이라고 생각하는 순간 불화살이 사방에서 날아와 요나라 군사들은 우왕좌왕했다. 더구나 비바람까지 몰아쳐 도망칠 궁리부터 했다.

이에 강감찬은 공격 명령을 내렸고, 그 결과 소배압과 함께 살아 서돌아간 요나라 군사는 겨우 기병 2천여 명 뿐이었다. 이것이 유명한 강감찬의 귀주대첩龜州大捷이다.

전쟁에 패한 요나라는 세력이 약해지다가 1029년 내란으로 멸망하고 말았다. 요나라를 물리친 고려는 예성강 하류 벽란도를 무역항으로 만들어 무역을 시작했다.

최초의 사립학교 구재학당

최충은 신라가 망하면서 고려로 귀순한 최언휘의 손자다. 그는 22세로 문과 장원으로 뽑힌 천재였다.

최충은 30여 년 동안 중단되었던 팔관회八關會를 열도록 왕에게 건의했다. 이날은 등불을 밝히고 춤과 놀이로 즐겼다.

문종 때가 되면서 과거를 치르지 않으면 벼슬길에 나아갈 수가 없었다. 당시 나라 소속의 국자감國子監 외에는 사립교육기관이 없었는데, 최충이 벼슬에서 물러나면서 사립교육기관인 구재학당九齋學堂을 세워 젊은이들을 가르쳤다.

문종 초기 문하시중까지 오른 최충은 고려 서북 지방의 흉년으로 백성들이 굶주림에 허덕이자, 임금에게 이렇게 간언했다.

"폐하! 서북 지방 여러 고을에 흉년이 들어 백성들이 굶주리고 있습니다. 수리사업을 전개하여 부역을 금하고 백성들이 농사에 전념케 하십시오. 그리고 개경에 붙잡혀 있는 여진족 추장들을 모두 석방하여 주십시오."

최충은 70세가 되자 벼슬에서 물러나겠다고 주청했지만, 문종은 그를 위로하면서 승낙하지 않았다.

"나이 탓은 그만하시오. 몸이 불편하다면 내가 경에게 지팡이를 주겠소."

몇 년이 지난 후 문종은 최충에게 벼슬에서 물러나게 한 다음 좌리공신의 시호를 내렸다.

최충에게는 두 아들이 있었는데, 큰아들 최유선은 지중추원사라는

최충   최충의 글씨

벼슬자리에 있었다. 그 역시 아버지 최충 못지않게 임금의 잘못을 직
선적으로 간언했다. 문종이 덕수현에 흥왕사 창건을 허락하자, 최유선은
옳지 않음을 설명했다.

"폐하, 당 태종은 백성들의 출가를 허락하지 않아 후대 사람들이
아름다운 역사라고 했습니다. 태조 대왕께서도 훈요십조에 '도선국사가
산천을 두루 살펴 절을 세웠지만, 후세 임금들은 함부로 절을 지어 집터의
좋은 기운을 손상하지 말라'라고 하셨습니다. 이제 조상들의 은덕에
나라가 날로 부강해져 태평세월을 맞이했습니다. 폐하께서는 마땅히
나라 살림을 절약하고, 백성들을 사랑한 업적을 후대에 전해야 됩니다.
그런데 어찌 폐하께서는 절 때문에 나라의 재정을 소모하고 백성들에게
부역을 감당케하여 원망을 사려고 하십니까?"

그러자 문종은 절을 짓는 일을 중지했으며, 최유선에게 이부상서의 벼슬을 내렸다.

둘째 아들 최유길 역시 벼슬이 상서령에 이르렀으며 조정과 백성들에게 신임을 얻은 충신이다. 문종은 80살이 넘은 최충을 불러 공적 기념으로 연회를 베풀었다.

최충은 나이가 많아 두 아들의 부축을 받으며 연회장에 들어섰다. 이때 한림학사 김행경은 흰 수염을 길게 늘어뜨린 그의 모습이 마치 신선 같다며 시 한수를 읊었다.

상서령이 중서령을 모시고 가니
을 장원이 갑 장원을 부축하는구나

최충은 살아 생전 집필한 책이 많았는데 안타깝게도 시구 몇 구절과 약간의 금석문만이 남아 있다. 1068년 최충이 83세로 죽자 문종은 문헌공이란 시호를 내리고 정종 사당에 함께 제사를 지냈다.

최초로 화폐를 도입한 대각국사 의천

문종은 고려 불교의 총 본산인 흥왕사를 12여 년에 걸쳐 완성했다. 절의 전각이 30여 채에 2천 8백 칸이며, 큰 종 2개에 작은 종 16개나 되는 웅장한 사찰이었다. 그러나 이 사찰은 몽골군의 침입으로 불타서 없어졌다.

불심이 강한 문종은 왕비에게 어느 왕자를 출가시킬지에 대해 물었다. 그러자 왕비는 넷째 아들 의천을 추천했다. 11세 때 의천은 영통사로 들어가 경덕국사에게 불경을 공부했다. 10년이 지나면서 승려가 된 의천은 송나라로 유학해 불교를 더 배우고 싶었지만, 왕비의 반대로 뜻을 이루지 못했다.

1083년 65세로 문종이 죽자 맏아들이 고려 12대 순종으로 즉위했다. 그러나 순종이 즉위한 지 석달 만에 죽자, 둘째 형이 왕위를 이었는데, 그가 곧 고려 13대 선종이다.

이때 의천은 송나라로 유학할 뜻이 있었는데, 선종은 순종과 마찬가지로 반대했다.

그러나 의천은 자신의 뜻을 굽히지 않고 1085년 4월 수개 한 사람만 데리고 몰래 배에 올라 송나라로 향했다. 보름만에 황주에 도착한 의천은 양쯔강의 운하를 따라 송나라 서울인 동경으로 들어갔다.

당시 송나라 황제 철종은 고려 왕자가 불경을 공부하러 왔다는 소식에 그를 수소문한 끝에 궁궐로 불렀다.

"왕자가 승려가 되었다니 기쁜 일이오. 더구나 불경 공부를 위해서 말이오."

대각국사 의천

철종은 신하들에게 영을 내려 의천을 극진히 대접하라고 했다. 그후 의천은 계성사를 거쳐 송나라 황제가 추천한 각엄사 유성법사를 만났다. 그는 유성법사를 스승으로 모시고 천태종天台宗을 공부했다.

어느 날, 의천은 유성법사와 함께 번화한 거리에 있는 찻집으로 들어가 차를 마셨다. 그때 물건을 사고 파는 데 돈이 사용된다는 것을 알았다.

의천은 본국으로 돌아가면 물건을 사고파는 데 필요한 돈을 만들자고 건의할 생각을 했다.

그는 송나라에 머물면서 상국사, 흥국사 등에서 인도 불경을 공부했고, 가끔 견문을 넓히기 위해 각지방을 여행했다. 그러다가 대종 상부사로 가서 당나라의 명승이었던 정원의 제자 밑에서 공부했다. 또한 자변대사로부터 천태종을, 정원법사에겐 천태사상天台思想을 배웠다.

의천은 1086년선종3 어머니 인예 태후의 간청으로 불경 3천여 권을 싣고 고려로 돌아왔다. 그는 흥왕사에 교장도감을 두고 4,740여 권의 불경을 간행했다. 그리고 선암사, 가야산 해인사 등을 둘러본 후 흥왕사 주지가 되어 천태종을 가르쳤다.

이 무렵 고려 불교는 여러 종파로 갈라지고 세력 다툼이 심했다. 1093년 5월 선종이 46세로 죽자 맏아들이 고려 14대 헌종으로 왕위를 물려받았다. 왕위에 오른 헌종은 삼촌 계림공 때문에 목숨이 불안했다. 그래서 헌종은 1년 5개월 만인 1095년 삼촌에게 왕위를 물려주었다.

계림공은 고려 15대 숙종으로 즉위했지만, 조카에게 왕위를 찬탈했다는 백성들의 원성으로 불안했다. 그러자 숙종은 의천을 불렀다. 당시 의천은 숙종의 동생이자 왕사 자격으로 임금인 형에게 불경을 가르치고 있었다.

"백성들이 조카를 밀어내고 왕위를 빼앗았다고 원망하는구나!"

"폐하, 세상사에서 마음가짐이 중요합니다. 백성들의 말보다 나랏일에 집중하시는 것이 좋겠습니다."

"그렇다면 묘안이라도 있는 것인가?"

"예, 백성들에게서 세금을 적게 거두면 됩니다. 그리고 백성들이 물건을 사고 팔 때 편리하게 사용하는 돈을 만들면 됩니다."

그러자 숙종은 1097년 주전도감을 설치하고 엽전을 만들었다. 백성들은 처음으로 돈을 사용해 물건을 거래했고, 상업까지 발달하게 되었다. 의천은 1101년숙종 6년에 죽었는데, 왕은 그에게 대각국사라는 칭호를 내렸다.

윤관이 쌓은 9성의 위력

　문종은 침범한 여진족을 몰아내기 위해 문정·최석·염한·이의 등에게 군사 3만을 내주며 정주로 출정시켰다.

　고려군 세 부대는 깊은 잠에 취해 있는 여진족들의 진영으로 함성을 지르며 공격했다. 이에 여진족들은 혼비백산하여 산 속으로 달아났고 고려군은 때를 놓치지 않고 추격해 여진족 소굴을 점령했다.

　그곳엔 수십 명의 고려 여인들과 금은보화를 비롯해 일용품까지 수북이 쌓여 있는 것을 보고 놀랬다.

　문종은 개선한 군사들을 위로하고 상을 내렸으며, 이후부터는 여진족들로 인한 피해가 없었다. 그 무렵 만주 하얼빈 근처에 추장 영가가 이끄는 완안족이 강성해져 함흥 부근의 갈뢰전까지 세력이 미쳤다.

　이에 고려는 영가에게 사신을 보내 친교를 맺게 하고, 갈뢰전에 살고 있는 여진족들을 부추겨 영가에게 대항토록 했다. 영가가 죽자 맏아들 오아속이 아버지의 유지를 받들어 갈뢰전 여진족을 무찔러 통합하면서 정평지방까지 침략했다.

　그러자 숙종은 평장사 인간을 정평으로 보내 오아속을 공격하게 했지만 패했다. 오아속은 연전연승을 거두면서 남으로 내려와 선덕관성까지 점령했다. 다급한 숙종은 윤관을 동북면 행영병마도통으로 임명해 출전시켰지만, 그 역시 패하면서 화의를 했다. 이에 숙종은 조정 중신들을 불러 대책을 물었다. 이때 윤관이 앞으로 나서면서 이렇게 말했다.

　"신이 적군과 부딪쳐 봤는데, 몹시 강했습니다. 더구나 적은 기병이고 우리는 보병이기 때문에 불리합니 다."

윤관의 건의로 숙종은 말을 잘 다룰 수 있는 자를 뽑아 기병부대인 신기군을, 20세 이상의 장정들을 뽑아 산길을 달리는 신보군을, 여러 사찰에 있는 젊은 중들을 뽑아 항마군을 창설했다.

이처럼 강한 군대를 양성하다가 1105년 숙종이 52세로 죽자 맏아들 예종이 왕위에 올랐다. 예종은 아버지 숙종의 유서를 대신들에게 보이며 이렇게 말했다.

"선왕께선 생전에 여진을 정벌하지 못한 것을 한스럽게 생각해 이런 유서를 남겼다오. 경들은 선왕의 뜻을 받들어 여진을 무찌르도록 하시오."

그러나 조정 대신들로부터 아무런 대답이 없자, 예종은 윤관에게 물었다.

"장군, 그동안 군사들을 훈련시켰는데, 실력이 어떠하오?"

"백전백승할 실력을 갖췄습니다."

1107년 예종 2년 윤 10월, 왕은 윤관을 원수로, 오연총을 부원수로 삼아 17만 대군을 내주면서 정평 정벌에 나서도록 했다. 석상에서의 첫 싸움에서 척준경이 좌군 부장으로 나서서 크게 승리했다. 그런 후 윤관은 영주·웅주·복주·길주 등 네 곳에 성을 쌓고 고려의 영토를 확장시켰다.

이런 여세를 몰아 고려군은 가한촌을 향해 병목처럼 생긴 작고 험준한 고개로 쳐들어갔다. 그러나 여진족은 이곳에 군사를 매복시켜 윤관과 오연총이 이끄는 고려군을 포위했다.

오연총은 적군의 화살에 맞았고 윤관은 군사들을 많이 잃었다. 이때 척준경은 결사대 10여 명과 함께 윤관과 오연총을 구하기 위해 출전 준비를 하였다. 그러자 아우 척준신이 이를 말렸다.

그렇지만 척준경은 동생에게 부모님을 잘 부탁한다는 말을 남기고

윤관

적진으로 뛰어들었다. 적군은 척준경의 등장에 깜짝 놀랐지만 곧바로 그의 결사대와 맞섰다. 싸움이 한창 전개되었을 때 최홍종과 이관진의 구원병이 산골짜기에서 적의 뒤쪽을 공격했다.

그러자 적은 포위망을 좁히지 못하고 고려군의 공격을 막기 위해 군대 대형을 넓힐 수밖에 없었다. 이 틈에 척준경은 윤관과 오연총을 무사히 구출했다. 포위망에서 탈출한 윤관은 척준경의 용감성에 감탄한 뒤 양아들로 삼았다.

얼마 후 여진 군사가 여주성을 포위해 공격했지만, 척준경의 방어로 적을 무찔렀다. 이때 고려군은 적군 진지 135개를 점령했고 포로 1,030여

명을 사로잡았다. 또한 고려군에게 잘린 적군의 목은 4,940여 두나 되었다.

이로써 윤관은 함주·영주·웅주·길주·복주·공험진·숭녕진·통태진·진양진 등에 9성을 쌓아 여진족의 공격을 막았다.

이런 공과로 윤관과 오연총은 공신 칭호를 받았다. 하지만 여진족은 기회가 있을 때마다 고려 국경을 침범했다. 이에 최홍사를 비롯한 조정 대신들은 9성을 여진에게 되돌려주자고 했다.

그러나 예부낭중 박승중, 호부낭중 한상은 끝까지 반대했다. 그렇지만 예종은 이들의 말을 듣지 않고 간신과 대신들의 의견에 따라 여진의 사신 마불과 사현 등을 불러 9성을 고스란히 내주고 말았다.

꿈풀이로 왕비를 맞은 임금

1122년 예종이 죽자 13세의 어린 태자가 뒤를 이을 준비를 하고 있었다. 이때 숙부 대방공과 대립공이 임금 자리를 노리고 있었다. 그러나 그들의 음모를 눈치 챈 외할아버지 이자겸은 군사를 동원한 다음 태자를 고려 17대 인종으로 등극시켰다.

그렇지만 이자겸은 인종을 앞세워 권력을 휘두르며 사리사욕을 채웠다. 더구나 그는 자신의 권력을 연장시키기 위해 셋째 딸과 넷째 딸을 인종에게 시집보냈다. 이중 넷째 딸은 왕비가 되었다.

그녀들은 인종에게는 어머니의 동생들이며 이모였다. 특히 이자겸은 자신의 정적인 대방공과 이중약 등을 참하고 문공미·적극영·이영 등도 귀양 보냈다.

이 사건 이후부터 대신들은 이자겸 앞에서는 고양이 앞에 쥐꼴이었다. 그렇지만 인종은 점점 나이가 들어가면서 외할아버지 이자겸이 눈엣가시가 되었다. 이자겸이 권세를 움켜쥔 것은 사돈 척준경의 후광이 컸다.

그러자 인종은 내시녹사 안보린과 내시지후 김찬에게 이자겸을 제거하라고 밀명을 내렸다. 그들은 이자겸을 척살하기 위해 집으로 쳐들어갔지만, 도리어 그의 군사들에게 사로잡히고 말았다.

이때부터 이자겸은 임금을 제거하고 자신이 그 자리에 오르겠다는 음모를 꾸몄다. 하지만 충신 내의군기소감 최사전은 이자겸의 세력을 잠재우기 위해선 척준경과의 사이를 떼어놔야겠다고 생각을 했다.

그는 어느 날, 비밀리에 인종을 만나 이자겸을 없앨 계략을 말했다. 임금은 흔쾌히 승낙하고 그에게 밀령을 내렸다.

최사전은 하인 문제로 하여 이자겸과 척준경 사이가 좋지 않다는 사실을 알고 먼저 척준경을 찾아갔다. 최사전은 그를 만나 잡담을 나누다가 은근 슬쩍 주제를 바꿨다.

"소문을 듣자하니, 이자겸 대감께서 척 장군을 의심한다는데요."

그 순간 성격이 급한 척준경은 얼굴이 벌겋게 달아오르며 말했다.

"뭐요? 누가 그런 엉뚱한 소리를 한단 말이오?"

"보아하니, 이 대감께서 척 장군의 세력이 커져 불편해진 모양이오."

"그자가? 그자가 어떻게 그럴 수가 있어!"

"고정하시고, 이번에 대감께서 폐하께 충성하면 해결되지 않겠소."

최사전의 보고를 받은 인종은 척준경에게 은으로 만든 안장을 얹은 백마 한 필과 은병 수십 개를 내렸다.

황송한 마음에 척준경은 이자겸을 체포해 인종 앞으로 끌고 갔다. 그러자 인종은 이자겸을 전라도 영광으로 귀양 보내고 그의 아들들을 동해나 남해로 귀양 보냈다. 이후 척준경은 조정의 실력자로 군림하기 시작했다. 또한 인종은 이자겸의 딸인 두 왕비를 쫓아내고 임원애의 딸을 새 왕비로 맞았다. 새 왕비를 간택하기 며칠 전 인종은 최사전에게 이렇게 말했다.

"지난밤 꿈에 선녀가 나에게 왔소. 그 선녀는 짐에게 깨 닷되와 아욱 세 단을 줍디다. 도대체 이게 무슨 꿈인 게요?"

"정확한 것을 천관으로부터 알아보겠습니다."

최사전은 천관에게 꿈 해몽을 듣고 임금에게 아뢰었다.

"폐하! 임씨 성을 가진 분을 왕비로 간택하면 아들 다섯을 얻고, 삼형제가 임금이 된다고 했습니다."

인종은 꾼 해몽에 맞춰 임원애의 딸을 왕비로 간택했다. 과연 꿈처럼 인종 5년 4월에 맏아들이 태어났고, 그 후 네 아들을 차례대로 얻어 다섯 왕자가 되었다. 이들은 훗날 의종·명종·신종으로 등극했다.

인종은 개경에 싫증을 느껴 도읍지를 서경으로 옮기기 위해 그곳으로 자주 행차했다. 그러자 인종의 마음을 읽은 중신 정지상과 중 묘청이 도읍지를 서경으로 옮길 것을 주장했다. 그들은 서경으로 도읍지를 옮기자는 것과 척준경의 횡포 또한 낱낱이 보고해 귀양 보낼 것을 주장했다.

당시 척준경은 이자겸을 없앤 공으로 중서문하평장사에 올라 공신 대우를 받고 있었다.

그렇지만 무인이기에 글을 좋아하는 임금과는 거리가 멀어졌다. 그들은 척준경을 제거할 계략을 인종에게 말했다.

"폐하! 갑자기 영을 내려 척준경이 군사를 동원할 시간을 빼앗으면 성공할 수 있습니다."

며칠 후 인종은 갑자기 영을 내려 척준경을 귀양 보내고 말았다. 조정에서 무인 척준경이 제거되면서 문신 김부식과 정지상의 세력이 커졌다.

1129년 인종 7년 서경에 짓고 있는 궁궐 대화궁이 완성되었다. 그러자 서경으로 도읍지를 옮기자는 묘청과 정지상 일파와 이를 반대하는 김부식·임원애·이지서 등이 맞섰다.

이에 김부식과 정지상의 사이가 나빠졌다. 그래서 왕비 아버지 임원애는 묘청을 제거해야 한다는 상소문까지 올렸던 것이다. 이 소문을 들은 묘청은 1135년 1월 개경에서 조과·유참 등과 함께 평양을 대위국으로 칭하고 나라를 세워 연호를 천개, 군대 호칭을 견청충의군으로 명명해 반란을 일으켰다. 다급해진 인종은 묘청의 반란을 진압하기 위해 김부식을 평원수로 삼았다. 김부식은 출정에 앞서 말했다.

"폐하! 개경에 묘청의 무리들이 남아 있는데, 먼저 그들의 목부터 베어야 합니다."

이에 인종은 김정순에게 명하여 정지상 일당을 참하도록 했다. 이때 정지상·백수한·김안 등이 죽었다. 김부식은 묘청의 반란군을 진압하고 무사히 개경으로 돌아왔다.

묘청의 반란을 진압한 김부식의 세도가 더욱 높아졌고, 아버지의 힘을 믿고 아들 김돈중도 거만해졌다.

김돈중은 1140년 12월 31일 궁전 나례에서 인종의 신임을 받고 있는 정중부가 눈에 거슬려 촛불을 켜는 척하면서 긴 수염을 태웠다. 화가 난 정중부였지만, 무인의 비애라고 생각해 참았다.

무능한 왕과 무신정권

1146년 2월, 인종이 죽자 20세의 태자가 뒤를 이어 고려 18대 의종으로 왕위에 올랐다. 총명하기로 이름난 의종은 태자로 봉해졌을 때부터 풍류를 좋아했다. 그런 의종이었기에 임금이 된 후부터는 매일 큰 잔치로 허송세월을 보냈다.

그러자 나라를 걱정하고 있는 충신 정습명이 수차례 간언했지만 의종은 귀를 막고 있었다. 이를 안타깝게 생각한 정습명은 자살했는데, 그는 의종이 태자였을 때 왕사였다.

이런 의종 측근에는 환관 정함, 내시사령 영의, 형부낭중 김돈중, 정성 등의 간신배들로 채워져 있었다. 특히 환관 정함은 의종의 비위를 기가 막히게 맞추고 있었다. 이때 천성이 간사한 김돈중은 충신 정서를 모함했다.

"정서 일파가 대령후 왕경과 친하게 지내면서 왕위를 노리고 있습니다."

이에 발끈한 의종은 조사도 없이 정서에게 벌을 내리려고 하자, 어머니 공예 태후가 놀라 임금을 나무랐다

"황상은 어찌 간사한 무리의 말만 듣소. 정서에게 벌을 내리는 것은 신중에 신중을 기해야 하오."

어머니의 꾸중을 들었지만 의종은 정서를 고향 동래로 낙향시켰다.

정서는 낙향해 호를 과정으로 짓고 임금의 부름을 기다렸다. 그러나 끝내 자신을 부르지 않자 안타까운 마음에서 '정과 정곡'이라는 노래를 지어 불렀다. 그 노랫소리가 너무 슬퍼 듣는 사람의 심금을 울렸다고

전해진다.

내 임이 그리워서 울더니
산 접동새 또한 나와 같으오이다.
시비를 묻지 마라, 새벽달 샛별이 아시리로다.
넋이라도 임과 함께 가고 져라.
아! 늘 말하던 이 누구시던가, 죄도 허물도 없소이다.
여럿의 참언일랑 듣지 마소서.
슬프구나! 임은 이미 나를 잊었는가?
아서라 임아, 내 간곡한 정회를 들으사
날 총애하여 주옵소서.

1170년 8월, 무신정변이 일어났다. 의종은 개경에서 멀리 떨어진 보현원으로 향했다. 중간쯤 갔을 때 의종은 하늘이 청명하고 기분까지 상쾌해 신하들과 술 한 잔을 나누기 위해 행차를 멈췄다.

"여기서 목을 축이자. 무신들은 오병수박희로 무술을 자랑하라."

무신들이 제각기 자신의 권법을 자랑한 후였다. 대장군 이소응이 젊은 무사와 재주를 겨루게 되었다. 이소응은 힘이 장사였지만 예순이 가까운 노인이라 젊은 무사에게 지고 말았다.

이때 환관 한뢰가 경기장으로 뛰어와 이소응의 뺨을 후려쳤고, 여러 문신들까지 비웃었다. 이때 화가 치민 정중부가 벌떡 일어나 한뢰의 멱살을 움켜잡고 소리쳤다.

"이놈! 이소응은 비록 늙었지만 삼품대장군이다. 감히 누구에게 손찌검을 하느냐?"

모든 군신들이 정중부를 쳐다보는 순간 무신 이고가 한뢰를 없애겠다고 눈짓했다. 이를 눈치 챈 의종은 경기장으로 내려와 정중부의 손을 잡고 이렇게 말했다.

"장군, 진정하시오. 오늘은 모두가 즐겁게 노는 날이 아니오?"

의종의 말에 정중부는 분함을 참고 그를 놓아주었다. 그 후 의종은 궁궐로 돌아가지 않고 보현원으로 떠났다. 앞에는 선발대가 섰고 가운데는 임금이 탄 가마, 그 뒤에는 문신들이 탄 가마, 맨뒤에 임금을 호위하는 정중부 등의 무신들이 말을 타고 따랐다.

말 위에서 한참을 생각한 정중부는 이고와 이의방에게 뒷길을 이용해 보현원에 먼저 도착해 문신들을 모두 척살하라고 명령했다.

정중부의 명령을 받은 그들은 앞질러 보현원에 도착했고 날은 어두워졌다. 보현원 문 앞엔 이고와 이의방이 군사들과 함께 숨어 있었다. 의종 일행이 문에 들어섰고 그 뒤를 따르던 문신들이 들어서는 순간 이고가 임종식과 이복기를 척살했다.

이를 목격한 김돈중은 도망쳤고 한뢰는 의종에게 무신들이 난을 일으켰다고 보고한 다음 용상 밑으로 숨었다. 이어 정중부와 이고가 들어오자 의종은 점잖게 타일렀다.

"장군, 왜 그러시오? 까닭을 이야기해 보시오."

그렇지만 정중부는 아랑곳하지 않고 이고가 용상 밑에 숨어 있는 한뢰를 끌어냈다.

그러자 한뢰는 의종의 용포자락을 잡고 애원했다.

"폐하! 제발 살려주옵소서!"

이고가 그런 한뢰를 잡아채자 용포자락이 찢어졌고 그가 넘어지는 순간 목을 내리쳤다. 의종은 그저 어안이 벙벙해 아무 말도 못했다. 잠시

후 의종은 김석재를 시켜 모두 밖으로 나가라고 명했지만 무신들은 꼼짝
도 하지 않고 서 있었다. 재차 의종의 명이 떨어지자 무신들은 의종과 함께
있던 문신들을 끌어내 모두 죽였다.

이때 정중부가 부하 장수들에게 김돈중을 잡았느냐고 물었다.

"김돈중을 포획했느냐?"

"그놈은 벌써 달아난 것 같습니다."

"당장 개경으로 달려가 잡아라! 그놈이 태자를 내세워 우리를 역적
이라고 둘러대면 어떻게 되겠느냐?"

급히 군사들은 개경으로 달려갔다가 한밤중이 되어서야 돌아와 정
중부에게 보고했다.

"장군! 김돈중은 아직 개경에 도착하지 않았습니다."

"그러면 됐다! 어서 출발하자!"

정중부는 이고·이의방·이소응 등과 함께 대궐로 돌아와 문신들을 닥
치는 대로 죽였다. 특히 의종에게 아첨하던 간신배들까지 죽였다. 그때
궁중에서 숙직하던 문신 문극겸이 가로막았다.

그는 의종에게 직언을 간하다가 미움을 받은 충신이다. 이의방이
문극겸을 베려는 순간 정중부가 말렸다.

"문극겸은 충신이다. 우린 충신을 죽여선 안 된다."

평소 문신들로부터 천대받은 그였지만, 충신 문극겸을 알아보고
목숨을 구해 주었다. 이튿날 정중부는 의종과 태자를 내쫓고 의종의 동생
익양공을 고려 19대 명종으로 등극시켰다.

이와 함께 그는 군사를 풀어 감악산에 숨은 김돈중을 찾아내 목을
베었다. 의종은 경주로 귀양 보냈다.

정중부와 경대승의 쟁투

무신정변 이후 정중부·이의방·이고는 조정의 공신이 되었는데, 그 중에서 이고는 다른 욕심을 품기 시작했다. 그는 정중부를 버거운 상대로 생각했지만, 이의방만은 상대적으로 가볍게 여겼다.

그래서 이고는 이의방을 누르기 위해 개경 불량배들을 모으는 한편 법운사의 승려 수혜와 결탁했다. 수혜는 여진족 토벌을 위해 윤관이 창설한 항마군 대장 출신이었다.

이고가 수혜를 은밀히 만나 이렇게 말했다.

"태자 혼례식 때 이의방을 제거할 테니 항마군을 대기시키게."

"차질없이 하겠소."

그러나 이들의 음모는 교위 김대용의 아들이 알고 아버지에게 알렸다. 김대용은 친구이자 내시 채원에게 전달했다. 채원은 잠시 머뭇거리다가 이의방을 찾아가 일러주었다.

"저런 괘씸한 놈! 어디 네 마음대로 되는지 두고 보자!"

1171년, 이의방은 이고와 수혜를 죽였다. 즉 이고의 과욕이 죽음을 불러왔던 것이다. 2년 후인 1173년 8월 장수 김보당은 경주로 귀양 간 의종을 다시 복권시킨다는 명분으로 반란을 일으켰다. 그러나 이 반란은 부하의 밀고로 실패하고 말았다. 이에 반란의 원인을 제거한다는 명분으로 이의방은 심복 이의민을 경주로 보내 의종을 척살하게 했다.

이보다 1년 전인 1172년 귀법사 승려 백여 명이 반란을 일으켰고, 1174년 서경유수 조위총이 자비령 이북의 세력과 함께 반란을 일으켰다. 1176년 공주 명학소에서 망이와 망소이가 민란을 일으켜 공주를 차지했다.

이처럼 전국 각지에서 반란이 일어나자 조정에서는 장황재를 대장군으로 임명해 모두 평정했다.

이 무렵 권력의 실세 이의방은 자신의 딸을 명종 태자에게 시집보내 세력을 넓힐 계획을 했다. 그러나 태자는 이미 태자비를 맞이한 기혼남이었다. 그렇지만 그는 억지로 태자비를 퇴출시키고 자신의 딸을 태자비로 삼게 했다.

그때 정중부의 아들 정균은 이의방의 세력이 점점 커지자 경계하기 시작했다. 마침 서경에서 조위총이 반란을 일으켜 윤인첨이 토벌하기로 했다. 그는 출발에 앞서 군사를 점검하고 있을 때 이의방이 감독으로 나왔다. 그러자 정중부 아들 정균이 이의방의 뒤를 따라가서 살해했다.

이의방을 제거한 정균은 태자비가 된 이의방의 딸을 대궐에서 쫓아냈다. 이로써 일흔 살의 정중부가 고려의 최고 실력자가 되었다. 정균은 아버지의 세력을 믿고 조강지처를 내쫓고 젊은 여자와 혼인했다. 더구나 궁녀들까지 마음대로 가지고 놀았다.

그러나 명종은 그의 세력 앞에 허수아비였지만, 경대승만은 이를 좌시하지 않고 있었다. 26세의 경대승은 청주가 고향으로 15세 때 장수의 반열에 올랐다. 그의 수하에는 천하장사 허승이 따랐는데, 경대승은 그를 불러 정균의 횡포에 울분을 토했다.

"장군께서 정균을 친다면 소장은 여러 대장들과 함께 따르겠습니다"

"반드시 난봉꾼 정균을 내 손으로 죽일 것이야."

"장군, 9월 보름 궁중에서 장경회가 이틀 동안 열립니다. 그때 군졸들은 피곤에 지쳐 곯아 떨어져 있을 것입니다. 이 날 거사하시면 됩니다."

1179년[명종 9년] 경대승은 대궐 밖에서 장경회가 끝나기를 기다렸고 허승은 정균의 처소로 숨어들었다. 정균이 놀라 몸을 일으키는 순간 그의

고려 시대 귀족들 모습이 담긴 그림

목은 순식간에 달아났다.

허승의 신호로 경대승은 자신을 따르는 군사들과 함께 공격했는데, 공교롭게도 정중부 사위 송유인이 보이지 않았다. 그래서 경대승은 군사들과 함께 그의 집으로 달려가 집에 불을 질렀다. 순간 놀라서 뛰어나오는 그의 목을 베었다.

그 다음 경대승은 정중부의 집으로 달려갔지만 이미 도망치고 없었다. 군사들은 농가에 숨어 있는 그를 찾아내 죽였다.

상황이 끝나자 경대승은 대궐로 들어가 명종에게 그간의 자초지종을 설명했 다.

"폐하! 정중부 무리들을 모두 처단했습니다."

그의 보고를 받은 명종은 그저 고개만 끄덕이다가 입을 열었다.

"경이 알아서 나랏일을 처리하시오."

경대승은 명종의 윤허로 나라를 잘 다스려 보겠다고 생각했다. 하지만 허승은 태자방 근처에서 늘 술 마시고 궁녀들과 어울리기 일쑤였다. 이에 경대승은 허승에게 죄를 물어 죽였다.

고려의 권력을 손아귀에 쥔 경대승은 자신의 세력을 키우기 위해 사람을 풀어 대궐 안팎을 감시했다. 그러던 중 뜻밖에 자신의 목숨을 노리는 자가 부지기수라는 보고를 받았다.

이에 경대승은 무예가 뛰어난 군사들을 뽑아 자신을 지키는 도방을 구축했다. 경대승이 30세가 되면서 병으로 자리에 누웠다가 1183년 7월에 죽었다.

무신들의 권력 싸움

경대승이 30세의 나이로 단명하면서 남은 권력자는 이의민뿐이었다. 그는 이의방의 명령으로 경주로 내려가 의종을 살해하고 개경으로 돌아오기 위해 기회를 노리고 있었다. 이때 경대승의 반란으로 정중부가 죽자 몸을 숨겼다.

그러나 그는 경주에서 명종에게 연락해 자신을 불러 달라는 청을 넣었다. 명종은 후환이 두려워 이의민을 불렀고, 그는 조정에서 권력을 쥐었다. 이의민은 경주에서 태어났고 힘이 장사였다. 싸움을 잘해 경주 일대에서 이름깨나 날린 건달 두목이었다.

이의민의 두 아들 이지영과 이지랑은 아비의 권세를 믿고 설쳐대는 안하무인이었다. 어느 날 이지영은 최충헌의 아우 최충수에게 집에서 기르는 비둘기를 달라며 윽박질렀다.

최충수가 거절하자 하인을 시켜 그를 잡아 와 볼기를 때렸다. 최충수는 억울하고 분해 형 최충헌에게 분통을 터뜨렸다.

"형님, 억울해서 살겠습니까? 그들을 그대로 내버려 둬서는 안됩니다."

"지금은 뾰쪽한 수가 없다. 억울해도 참고 기다려 보자."

1196년^{명종 26년} 4월, 명종은 보제사로 나들이 갔지만 이의민은 몸이 불편하다는 핑계로 미타산 별장에 있었다. 이의민의 일거수 일투족을 살피던 최충헌 형제는 조카 박진재와 부하 노석숭과 함께 미타산 별장을 습격했다.

박진재의 칼에 이의민이 쓰러지자, 최충헌은 이의민의 머리를 베어 칼끝에 꿰어 개경 저잣거리를 돌며 외쳤다.

"역적 이의민의 목을 베었다!"

한편 아버지가 최충헌의 손에 죽자, 이지순·이지영·이지랑 삼형제는 복수를 결심하고 군사를 동원해 최충헌 집으로 쳐들어갔다. 하지만 미리 준비하고 있던 최충헌의 군사들에게 기습공격을 당해 패했다.

조정에서는 최충헌 형제에게 공신의 칭호를 내리고 그들의 시대가 막을 열었다.

1197년 9월, 최충헌은 명종을 내쫓고 허수아비로 그의 아우를 고려 20대 신종으로 등극시켰다.

한편 형을 도와 권력을 쥔 동생 최충수는 세력을 키우기 위해 자신의 딸을 태자비로 만들겠다고 결심했다. 하지만 신종의 맏아들 태자에게는 태자비가 있었다.

그렇지만 최충수는 태자를 찾아가 태자비를 쫓아내라고 위협했다. 그러자 목숨에 위험을 느낀 태자는 태자비를 궁에서 내보냈다. 그렇지만 형 최충헌은 이 사실이 백성들에게 알려져 비난받는 것을 두려워했다.

최충헌은 몇 번을 동생 최충수를 불러 타일렀지만 말을 듣지 않았다. 그래서 최충헌이 어머니에게 부탁하자 그를 불러 꾸짖었다.

"충수야, 사람은 분수에 맞게 살아야 탈이 없다. 왜 태자비에게 그런 짓을 했느냐?"

이 말에 화가 난 최충수는 어머니를 밀쳤는데, 넘어지면서 피를 토하고 말았다. 그러자 최충헌은 화가 나서 벌떡 일어나 아우의 집으로 곧장 쳐들어갔다.

이때 최충수는 형이 군사들을 거느리고 쳐들어온다는 소리에 깜짝 놀라 사람을 보내 용서를 빌었다. 결국 최충헌은 동생 충수를 참하고 말았다.

최충헌의 묘비문

　권력을 독차지한 최충헌은 무신의 행패가 너무 심해져 걱정한 나머지 이규보, 최자에게 벼슬을 주어 나랏일을 돕게 하였다.

　이 무렵 최충헌도 신변에 위험을 느껴 그 역시 경대승이 설치했던 도방 제도를 부활시켜 도방정치를 시작했다. 그는 도방에 들어앉아 대신들을 불러 정사를 처리했다.

　최충헌이 권력을 차지하면서 평화가 찾아오는 듯했지만, 1204년 1월 신종이 죽고 태자가 고려 21대 희종이 왕위에 올랐다. 희종은 최충헌을 좋게 보지 않았지만 진강후 벼슬을 내리고 남산에 큰집을 지어 주었다.

　어느 날 희종은 최충헌이 입궐하는 순간 숨겨 둔 군사들을 시켜 죽이려고 했다. 하지만 최충헌은 김약진과 정숙첨의 도움으로 간신히 목숨을 구했다. 그는 도방으로 돌아와 군사를 동원해 희종을 강화도로 내쫓고 60세인 명종 태자를 고려 22대 강종으로 등극시켰다.

강종은 이의방의 딸인 옛 태자비를 궁궐로 들이려 했지만, 최충헌의 반대로 뜻을 이루지 못했다.

몽골에 대항한 삼별초

1219년 고려 23대 고종 때 최충헌이 죽고 그의 아들 최우가 권력을 승계했다. 칭기즈칸의 몽골 제국은 고려에 수십 차례 사신을 보내 괴롭혔지만, 그때마다 간신히 피했다.

1231년^{고종 18년} 8월, 몽골은 고려에 왔던 몽골 사신 찰고여가 귀국하다가 압록강 근처에서 도적떼들에게 죽임을 당한 것을 트집 잡아 침략했다.

이때 칭기즈칸의 셋째 아들 오고타이 황제는 살리타이를 대장으로 삼았다.

그는 압록강을 건너 의주를 함락시키고 단숨에 철주까지 점령했다. 그 여세를 몰아 귀주성을 포위했지만 김경손 장군이 굳게 지켰다. 그러자 살리타이는 귀주성을 두고 충주와 청주로 내려갔다. 그러자 고종은 회안공 왕정을 사신으로 보내 화친을 청했다.

살리타이는 최우가 보낸 선물을 받고 군사를 돌리겠다고 약속했다. 하지만 조건으로 몽골인 관리 72명을 두었는데, 이들을 달로화적 혹은 다루가치라고 했다.

달로화적들은 고려정치를 간섭하기 시작했고, 최우는 몽골군이 침입이 계속될 것으로 판단해 도읍지를 강화도로 옮겼다. 이듬해 12월 몽골군들이 또다시 침략해 개경을 함락시키고 남부 지방 일부를 폐허로 만들었다.

하지만 그들은 강화도까지 쳐들어가지 못했고 안성과 용인 사이의 처인성에서 진격을 멈췄다. 그것은 처인성을 지키고 있던 김윤후 장군이 쏜 화살에 살리타이가 전사했기 때문이었다.

1235년 몽골군은 또다시 쳐들어왔는데, 이때 경주 황룡사 9층탑이 불탔고, 대구 부인사의 대장경까지 화재로 소실되었다. 이에 고려는 1236년 대장도감을 설치하고 대장경을 판각하는 작업을 벌여 1251년 1,497종, 6,558권의 경전을 완성하였다.

완성된 대장경판은 강화도성 성문 밖 대장경판당에 보관했다가 1318년 선원사로 옮겨졌다. 1398년태조 7년 5월 마지막으로 해인사로 옮겨져 현재까지 보관되고 있다.

1249년 11월 최우가 죽자 그의 아들 최항이 권력을 이어받았다. 그때 또다시 몽골군이 쳐들어와 고려 왕자 창을 볼모로 잡아갔고, 1257년 윤4월 최항이 죽고 그의 아들 최의가 대를 이었다.

이때부터 1258년부터 60년간 고려의 권력을 손아귀에 쥔 최씨 정권이 무너지고 고종에게 권한이 되돌아왔다.

최씨 집안의 세력을 꺾은 사람은 김준이었다. 그는 최의의 눈에 들어 호위책임자로 있다가 야별초 대장으로 승진했다. 그는 최의로부터 의심을 받자 최씨 일파를 모두 척살한 것이다.

고려는 그들과 의형제를 맺고 도읍을 강화도에서 개경으로 옮겼다. 하지만 삼별초는 이를 거부하고 강화도에 남아 있다가 1270년 6월, 장수 배중손·노영희·김통정 등이 의기투합하여 반란을 일으켰다.

이들은 왕족 왕온을 임금으로 내세워 섬진도로 내려가 나라를 세운 다음, 옹장성을 쌓고 거제·제주·남해·창선 등 30여개 섬을 점령했다. 하지만 고려 조정에서 보낸 김방경과 몽골 장수 아해의 토벌군에게 밀려 삼별초는 제주도로 옮겼지만, 그들은 제주도까지 쫓아와 삼별초를 전멸시켰다.

공민왕의 최후

1351년 공민왕이 31대 고려왕으로 등극했다. 공민왕은 어릴때 원나라에서 자랐기 때문에 몽골의 풍속은 물론 그들을 잘 알았다.

한편 공민왕과 결혼한 원나라 노국공주는 고려에 많은 도움을 주었다. 공민왕은 볼모에서 풀려나 고려로 돌아온 순간 몽골식 변발을 거두고 고려 방식으로 고쳤다. 또한 고려 조정엔 원나라의 세력을 믿는 권신들이 많았는데, 공민왕은 원나라 기 황후의 친척과 일파를 모두 죽였다. 한편 쌍성총관부를 고려 영토로 만들기도 했다.

공민왕이 늦도록 후사를 얻지 못하자 대신들의 권유로 이제현의 딸을 혜비로 맞았다. 공민왕 10년 홍건적이 개성으로 쳐들어오자 왕과 노국공주는 남쪽으로 피신했다.

이듬해 정세운과 이방실 장군이 송도를 재탈환했지만 권신들의 싸움은 여전했다. 더욱이 공민왕 12년 평장사 김용과 정세운이 왕이 흥왕사에 있음을 알고 습격했지만, 최영과 오인택에게 진압되었다.

노국공주는 마침내 아기를 잉태해 1365년^{공민왕 14년} 2월, 아기를 낳 으면서 죽고 말았다. 공민왕이 슬픔에 젖어 애통한 나날을 보내고 있을 때 최영이 찾아왔다.

"폐하! 옥체를 보전하시옵소서. 병환이 올까 걱정됩니다."

불교 신자인 공민왕은 7일마다 큰 재를 올리게 해 노국공주의 명복을 빌었다. 더구나 공민왕은 3년 동안 고기를 먹지 않았으며, 큰일이 있을 때마다 정릉을 찾아갔다. 그러면서 공민왕은 왕륜사 동쪽에 공주의 영전을 짓도록 명했다. 하지만 이것은 나라의 재정을 파탄 내는 원인이 되었다.

　이 무렵 대신들 뿐만 아니라 학자들까지 파벌 싸움만 하고 있었다. 이때 혜성처럼 나타난 사람이 신돈이다. 그는 삼중대광영도첨의라는 벼슬에 진평후라는 봉작까지 받았다.

　신돈은 원로대신과 공신들을 한꺼번에 몰아내고 신정치를 펼쳤다. 더구나 전민변정도감田民辨正都監을 만들어 공신들의 토지를 몰수해서 농민에게 되돌려주었다. 그러자 당연히 백성들은 신돈을 좋아할 수밖에 없었다. 이 무렵 그를 시기하는 정추와 이존오가 상소를 올렸다.

　'문수회가 열렸을 때 신돈은 폐하와 동격인 자리에 앉았습니다. 이것은 군신의 예를 범한 것이고, 영도첨의판감찰 벼슬이 내려질 때도 머리를 숙이지 않았습니다. 또한 말을 타고 대궐문을 드나들었고, 폐하의 용상에 걸터앉는 무례까지 범했습니다. 그의 무례한 행동으로 천재지변이 일어나고 있습니다. 그에게 사찰을 지어 내보내시는 것이 옳은 처사라고 생각합니다.'

　그러나 공민왕은 그들의 충언을 듣지 않고 도리어 벼슬을 박탈했다. 그러자 대학자 이제현이 공민왕에게 신돈을 멀리 하라고 충언했다.

　"폐하! 신돈의 관상이 흉악상이라 뒷날 반드시 폐하를 해칠 것입니다."

　하지만 공민왕의 두둔 아래 신돈이 정권을 잡자 벼슬을 얻기 위해 사람들이 몰렸다. 그러자 신돈은 우쭐하면서 중얼거렸다.

　'자리가 사람을 만드는구나. 과거 나를 외면하던 자들까지 비굴하게 찾아오다니…'

　신돈은 궁궐 뒤쪽 조용한 곳에서 살고 있었는데, 옆집에는 이운목이 살고 있었다. 이운목은 일찍이 관직에 나갔다가 쉬고 있었다. 어느 날 저녁, 이운목이 신돈을 자기 집으로 초대했다.

"대감께서 누추한 곳까지 와 주시어 감사합니다."

"별 말씀을…. 세상 돌아가는 이야기나 합시다."

"제가 먼저 찾아뵈려고 했는데, 마침 오늘이 제 생일이라 대감께 간단한 음식이라도 대접하려고 합니다."

잠시 후 상다리가 휘어질 정도로 음식이 나왔다. 그러자 신돈은 자기에게 청이 있을 것으로 생각했다. 술잔이 몇 배 돌아가자 뒷방에서 미모의 처녀가 등장했다. 처녀는 신돈에게 인사를 마치고 춤을 추었다.

신돈은 그녀의 춤에 빠져 시간 가는 줄을 모르고 놀았다. 밤이 깊어지면서 이운목이 자리를 비켜 주었다. 그날 밤 신돈은 그녀와 가까운 사이가 되었는데, 그녀는 이혼녀였다. 그 후 이운목의 벼슬이 응양군 대호군까지 승진했다.

신돈의 특권은 궁궐을 드나들 때 정문이 불편하다며 궁궐 뒤에 작은 문을 만들어 출입할 정도로 대단했다. 궁궐 뒤쪽 봉선사를 넘어가면 담 옆에 빈터가 있었는데, 그곳에 집을 짓고 살았다. 깨끗이 정리 정돈된 방 가운데 부처를 모셔놓았다.

왕이 찾아오는 날이면 부처 앞에 꿇어앉아 향을 피우고 불경을 외웠다. 신돈은 왕에게 먼저 불교를 이야기한 후 정치를 말했다. 그러면 공민왕은 신돈의 말대로 따랐다.

신돈의 집엔 공민왕 외에 오직 기현의 아내만 드나들었다. 그것은 모든 청탁의 통로를 기현과 그의 아내로 고정시켰기 때문이다. 이에 따라 기현의 집에는 항상 벼슬자리를 청탁하기 위한 사람들이 북적거렸다.

그러나 공민왕은 이 사실을 전혀 모르고 있었고 신돈의 집을 드나들면서 반야라는 여자를 애첩으로 두고 있었다. 시간이 지나면서 공민왕은 나라의 정권을 신돈이 마음대로 휘두른다는 것을 알고 그를 멀리했다. 신돈이 이것을 눈치 채고는 왕을 죽이려는 음모를 꾸몄다.

신돈은 공민왕 20년 7월, 왕이 헌릉과 경릉으로 행차할 때 거사일로 잡았지만 왕을 호위하는 군사들 때문에 암살을 감행하지 못했다. 이때 신돈의 음모를 눈치 챈 이인임은 재상 김속명에게 은밀히 말했다.

그러자 재상 김속명은 이 사실을 공민왕에게 전하고 왕은 신돈과 한패거리인 기현을 잡아 국문했다. 마침내 기현은 신돈의 역모 사실을 모두 자백했다.

공민왕은 신돈과 패거리들을 모두 잡아 죽였지만, 그의 권력남용으로 고려는 멸망의 구렁텅이에 빠지고 말았다. 역모를 밀고한 수시중 이인임은 공민왕의 신임을 크게 받았다.

어느 날 공민왕은 그를 불러 말했다.

"시중, 과인은 이제 죽어도 한이 없어."

"폐하! 왜 불길한 말씀을 하십니까?"

"짐에게 후사가 없던 차에 신돈의 집에 드나들다가 모니노라는 아이를 낳았소. 만약 짐이 죽으면 그대가 그 아이를 잘 보살펴주오."

이인임은 모니노를 궁궐로 데려와 명덕 태후궁에서 길렀는데, 후에 강녕부원대군으로 봉해졌다.

역적 신돈을 죽였지만 공민왕의 마음은 매우 허전했다. 그는 허전함을 달래기 위해 자제위^{미남 시종}를 두었는데, 그들은 왕의 침전에서 왕과 함께 먹고 자고 했다. 공민왕은 자제위들을 데리고 노국공주가 묻혀 있는 정릉을 찾아갔다. 공민왕은 최만생에게 술과 음식을 가져오게 해 산소 이곳저곳에 부으며 혼자 중얼거렸다.

'여보, 내가 왔소. 함께 나눠 먹읍시다.'

그러는 사이 해가 서쪽으로 기울자 자제위들은 공민왕에게 대궐로 돌아가야 한다며 재촉했다. 그렇지만 왕은 자리에서 일어나지 않고 술을 모두 마시고 대궐로 돌아왔다. 술에 취한 공민왕이 침전에 드는 순간 최만생이 따라와 나지막이 말했다.

"폐하!, 긴히 아뢸 말씀이 있습니다."

"그래?"

"익비께서 수태를 하셨다고 합니다."

"익비가! 지금 몇 달이 되었다고 하더냐?"

"5개월쯤되었다고 들었습니다."

공민왕은 손가락으로 날짜를 짚어 보다가 최만생에게 다시 물었다.

"그렇다면 수태를 시킨 상대가 누구라고 하더냐?"

"홍륜이라고 합니다."

"이 사실을 그대 말고 알고 있는 사람이 또 있더냐?"

"폐하, 다행스럽게도 소인밖에는 모릅니다."

"내일 당장 홍륜이란 놈을 죽여야겠구나. 그리고 자네도 함께 죽어야 아무도 모르겠지?"

최만생은 공민왕의 이 말에 눈앞이 캄캄했다. 최만생은 공민왕을 침전에 모신 후 급히 홍륜에게 찾아가 자세하게 말했다. 이들은 꼼짝없이 죽을 목숨이었기 때문에 살아날 방법으로 공민왕을 암살하기로 했다.

두 사람은 몰래 침전으로 들어가 깊이 잠들어 있는 공민왕을 살해했다. 잠시 후 최만생은 침전에서 급히 뛰어나오면서 외쳤다.

"자객이다! 자객!"

이 소리에 자제위 대장 김흥경이 달려나왔다.

"자객이라니? 어디로 갔단 말이냐?"

그러자 공민왕을 암살한 최만생과 홍륜은 거짓말을 하였다.

"저쪽입니다!"

얼마 후 시중 이인임과 경부흥 등이 왕의 침전으로 먼저 들어갔고 이 소식을 들은 명덕 태후가 달려와 참혹하게 죽어 있는 공민왕을 보면서 통곡했다. 그러자 이인임이 명덕 태후를 달래며 이렇게 말했다.

"태후마마! 진정하십시오. 곧 대책을 마련하겠습니다."

"어서, 이 시중께서 잘 수습하시오."

이인임은 재빨리 움직였고 궁궐에서 숙직하던 벼슬아치들은 공포에 떨었다. 어전회의를 열어 자객을 잡기 위한 대책을 세웠다.

그때 이인임이 말했다.

"왕을 시해한 자는 우리 주변에 있습니다."

"그렇다면 누가 이런 끔찍한 일을 저질렀단 말이오?"

"궁궐에 신조라는 자가 있습니다. 그는 여러 가지 꾀를 잘 낸다고 합니다. 우선 그 자부터 잡아와 조사해 보겠습니다."

이인임은 신조를 체포해 옥에 가둔 후 왕의 측근에서 일하는 사람들을 모두 조사했다. 문득 최만생의 옷에 핏자국이 묻어 있는 것을 발견한 이인임은 그를 불러 세웠다.

"만생아, 잠깐 이리로 오너라."

그러자 최만생은 얼굴이 하얗게 변했고, 이인임은 그가 범인이라는 것을 눈치챘다. 옷에 묻은 핏자국 때문에 최만생은 자백할 수밖에 없었다.

마침내 공민왕을 시해한 범인들을 체포했지만, 문제는 누구를 임금으로 앉히는 것이었다. 태후와 경부흥은 종친 중에서 뽑자고 했지만, 이인임은 강녕대군을 적극 추대하면서 말했다.

"태후마마, 폐하께서 돌아가시기 전 소신에게 강녕대군만이 유일한 혈통이라고 말씀하셨습니다."

10세의 강령대군은 공민왕의 뒤를 이어 고려 32대 우왕으로 즉위했다. 한편 공민왕을 시해한 최만생과 홍륜을 비롯해 시해사건에 연루된 자들은 모두가 처형되었다.

목화씨를 들여온 문익점

문익점은 1363년 35살 때 좌정언 벼슬로 승진해 서장관을 제수받고 원나라 사신으로 떠났다.

그가 원나라에 도착했을 때 고려에서 죄를 짓고 도망친 최유가 개성에 있는 김용과 작당해 공민왕을 몰아내고 어릴 적 원나라로 들어간 덕흥군을 왕으로 세우려는 역모를 꾸미고 있었다.

최유는 사신으로 원나라에 온 문익점에게 접근했다.

"문공, 공민왕이 정치를 잘못해 바꾸려고 하는데, 어떻게 생각하느냐?"

"폐하의 생각과는 달리 공민왕께서는 그런 분이 아니십니다."

문익점의 거절에 화가 난 원나라 순제는 일방적으로 윈난 지방으로 귀양을 보냈다. 억울하게 귀양 온 문익점은 책을 읽으면서 쓸쓸하게 보내고 있었다.

그때 윈난 지방의 한 향토 선비가 그를 찾아왔다. 두 사람은 학문에 관한 이야기를 주고받았다. 이야기 도중 문익점은 중국 선비의 옷을 뚫어지게 쳐다보았다. 그러자 중국 선비가 그 이유를 물었다.

"어째서 내 옷만 쳐다보는 것이오."

"공의 옷이 너무 따뜻하게 보여서요. 그게 무명옷이라는 겁니까?"

"그렇습니다."

"무명옷의 재료는 무엇입니까? 더구나 이곳 사람들 모두가 선비처럼 무명옷을 입고 있는데?"

"재료는 목화라는 식물에서 맺는 봉우리의 솜털로 실을 뽑은 것입니다."

"그래요? 전 아직까지 한 번도 목화라는 것을 본 적이 없답니다."

"걱정 마세요. 목화가 피면 자연적으로 볼 수 있을 것입니다."

문익점은 당시 고려 백성들이 헐벗고 지낸다는 것을 잘 알고 있었다. 고려의 옷감 재료는 삼베·모시·명주 등이다. 특히 삼베나 모시는 옷을 만든 후 관리하기에 불편했다. 더구나 명주나 모시는 값이 비싸 귀족들 외엔 감히 입을 수가 없었다. 그래서 백성들은 삼베나 짐승 털가죽으로 옷을 만들어 입었다.

그래서 문익점은 무명옷에 대한 관심이 높았다. 고대하던 가을이 되자 문익점은 중국 선비의 안내로 목화밭을 구경하러 갔다. 들판에 핀 하얀 목화송이가 마치 흰 구름이 땅으로 내려와 덮인 것 같았다. 문익점은 그저 놀라움 그 자체였다.

"감사합니다. 생전에 이처럼 아름다운 꽃은 처음 봅니다."

문익점이 목화밭으로 향하자, 중국 선비가 뒤따라오면서 말했다.

"법으로 목화씨를 다른 나라로 유출하는 것을 엄중히 막고 있답니다."

한마디로 목화송이를 만지지 말라는 의미 같았다.

"설마, 가까이서 구경하는 것은 괜찮겠지요?"

"제가 있으니까 괜찮습니다."

당시 중국에서 목화를 재배한 시기가 수십 년밖에 안 되어 법으로 반출을 금하고 있었다. 문익점은 중국 선비와 목화밭을 둘러본 것만으로도 만족했다.

그날 밤 문익점은 생각에 잠겨 제대로 잠을 이룰 수가 없었다.

'목화씨를 고려로 가져가면 백성들이 따뜻하게 지낼 수 있을 텐데!'

다음날 목화밭으로 다시 나가자 주인이 그를 따뜻하게 맞아주었다. 이것은 어제 함께 왔던 중국 선비 덕분이었다.

목화밭 주인과 친해지면서 며칠에 걸쳐 목화 꽃송이 두어 개를 몰래 숨겨 집으로 돌아왔다. 문익점은 꽃송이에서 잘 익은 씨앗 9개를 골라 소중하게 보관했다. 그런 후 고려로 안전하게 가져 갈 방도를 생각했다.

이 무렵 최유의 반란군이 고려로 쳐들어갔다가 패하면서 순제는 그 해 10월 문익점을 귀양에서 풀어주었다. 고려로 돌아가기 전날 국경을 무사히 통과하기 위해 보관했던 목화씨 9개를 붓두껍 속에 감췄다.

그 다음날 문익점은 국경에 도착했는데, 중국 선비의 말처럼 조사가 엄했다. 문익점은 중국 관리 앞에 봇짐을 풀어놓자 뒤지기 시작했다. 그때 중국 관리가 붓을 집어들고 말을 걸었다.

"붓을 많이 사셨네요."

"그렇소, 중국의 붓이 고려 것보다 훨씬 부드럽고 좋지요."

그러자 중국 관리는 문익점을 물끄러미 쳐다보다가 통과시켰다. 그는 빠른 걸음으로 국경을 넘은 다음 두 팔을 벌려 소리쳤다.

"이젠 고려 백성들도 따뜻하게 옷을 입겠구나!"

문익점은 공민왕에게 귀국 인사를 올리자 반갑게 맞이하며 그간의 귀양살이에 대해 위로했다. 공민왕은 곧바로 예문관 제학벼슬을 내렸다. 하지만 벼슬보다 시급한 것은 경상도 고향 땅으로 내려가 목화를 재배하는 일이었다.

마침내 문익점은 붓두껍 속에서 목화씨 9개를 끄집어 낸 다음 5개를 장인 정천익에게 심도록 했다. 문익점 역시 목화씨 4개를 자기 집 양지바른 밭에 심었다.

그렇지만 봄이 되어도 목화씨는 싹을 틔우지 않았다. 더구나 기름진 땅에 비까지 흠뻑 내렸는데, 도저히 이해가 되지 않았다. 궁금해서 땅을 파 보았더니 목화씨가 모두 썩어 있었다.

문익점

　문익점은 안타까움에 실망하다가 문득 장인이 떠올랐다. 곧바로 장인 정천익을 찾아가 대문에 들어서는 순간 인사보다 목화씨에 대해 물어보았다.

　"장인어른, 목화씨는 어떻게 됐습니까?"

　"겨우 싹 하나가 돋았네."

　정천익은 문익점을 데리고 밭으로 갔는데, 과연 목화씨 하나가 싹이 터 자라고 있었다. 결국 9개 씨앗 중 1개가 성공한 것이다.

　가을이 되자 목화송이가 여러 개 달렸고, 그것에서 씨앗 1백여 개를 얻었다. 그 씨앗을 잘 말려두었다가 이듬해 봄에 또다시 심었다.

　문익점은 원나라에 있을 때 눈여겨 보아둔 재배 방식대로 가꾸면서 재배일지까지 상세히 기록했다.

그해 가을이 되자, 문익점의 밭에는 목화송이가 하얗게 피었다. 3년째되던 해 문익점은 목화씨를 마을 사람들에게 나누어 주면서 재배 방법까지 자세하게 알려주었다. 이렇게 하여 목화 재배가 전국으로 퍼져나갔다.

그러나 목화에서 실을 자아내어 그것으로 옷감을 짜는 방법을 몰랐다. 그가 안타까워하고 있을 때, 홍원이라는 중국 승려가 장인 정천익을 찾아왔다.

정천익은 스님에게 목화에서 실을 자아내 무명을 짜는 기술을 배웠다. 이때 목화씨를 가려내는 씨아와 물레가 발명되었다.

고려왕조 야사

1

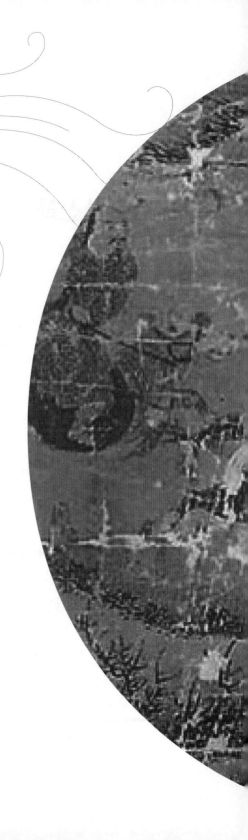

태조 왕건 신화

어느 나라든지 창업주인 임금에게는 대개 초인적 재능이나 건국의 당위성을 증명하기 위한 신비로운 신화가 따르게 마련이다.

고려 태조 왕건의 경우도 예외가 아니다. 보통의 인간계와 차원이 다른 존재라는 점을 강조하기 위하여 그의 혈통을 중국 황실과 서해 용왕에 접목시킨 것이 흥미로운 대목이다.

왕건의 신화는 그의 할아버지로서 나중에 의조경강대왕에 추존된 작제건에게서 비롯된다.

작제건의 외할아버지 보육은 근친혼이 일반화되어 있던 당시의 관습에 따라 형의 딸인 동시에 조카인 덕주와 결혼하여 두 딸을 얻었다. 큰딸의 이름은 응명, 작은딸의 이름은 진의라고 했는데, 점점 성장할수록 꽃같이 아름다워서 보는 이의 마음을 설레게 했다.

어느 날, 어떤 점쟁이가 지나가다가 보육의 집에 들러서 대접을 잘 받고 사례하는 뜻으로 말했다.

"어르신께서 마하갑 양자동에 집을 지으시면 머잖아 이국의 어떤 청년 귀인이 찾아올 것이니 극진히 대접하십시오. 그러면 나리의 가문에 크나큰 광영이 비칠 것입니다."

그 말을 들은 보육은 기뻐하며 양자동에다 대저택을 건축하고 그곳으로 이사하여 살았다.

어느 날 저녁 무렵, 보육의 집에 낯선 손님들이 여러 명 들이닥쳤다.

"저는 중원中原의 지체 높은 가문 출신으로서, 해동국 산천 경개가 절경이라는 소문을 듣고 바다를 건너왔습니다. 과연 듣던 대로 아름다운 강산이어서 경치에 취해 발걸음 닫는 대로 걷다가 오늘 여기에 이르러 저녁을 맞게 되었으니, 미안한 부탁이지만 하룻밤 자고 가게 해주실 수 없겠습니까?"

그렇게 말한 사람은 용모가 준수하고 기상이 늠름한 귀공자였고, 다른 사람들은 그의 시종인 것 같았다.

그때 보육의 머리속에 점쟁이가 한 말이 문득 떠올랐다. 점쟁이의 예언은 바로 이 사람을 두고 한 말이 틀림없다고 단정했다. 그래서 마음속으로 기뻐하며 아주 반갑게 맞아들였다.

"먼 데서 오셨으니 고생이 많겠소이다. 다행히 내 집이 제법 넓어 빈방이 여럿이고 사는 것도 별로 구차하지 않으니, 아무 염려 말고 며칠이든 묵으시오."

"감사합니다. 그럼 신세를 지겠습니다."

보육은 귀공자에게 가장 좋은 방을 제공하고 다른 사람들한테도 각각 방을 배정한 다음, 극진한 정성으로 상다리가 휘어지도록 음식을 만들어 저녁 식사를 대접했다.

보육으로서는 알 턱이 없었지만, 그 귀공자는 바로 중국의 태자였다.

그때 중국은 당나라 시대로서 무종의 치세였는데, 나중에 보위에 올라서는 선종이라 일컬은 태자는 어느 해 천하를 유람하기 위하여 황궁을 출발했다. 중원의 명산 대천을 두루 구경한 태자는 이번에는 배를 타고 고구려로 향했다. 해동국 고구려의 산천 경개가 절경이라는 소리를 들었기 때문이다.

대동강 하류에서 상륙한 태자 일행은 이국의 아름다운 경치를 구경하며 길을 재촉한 끝에 발길이 이윽고 송악군에 이르렀다. 그리하여 곡령에 올라 남쪽을 바라본 태자는 감탄사를 연발했다.

"아하! 참으로 좋은 땅이다. 이곳은 왕도王都가 될 것이 틀림없어."

당시는 신라 시대로서 엄연히 서라벌이라는 도읍이 있는데도 그런 말을 했다면, 머잖아 새로운 나라가 일어서고 그곳 송악에다 도읍을 정하리라고 내다본 셈이 된다.

다시 길을 떠난 태자 일행이 마하갑 양지동에 이르렀을 때 해가 저물었고, 그래서 하룻밤 묵을 곳을 찾다가 보육의 집을 발견한 것이다.

보육은 찾아온 손님이 설마 그렇게까지 엄청난 신분의 소유자이리라고는 꿈에도 생각하지 못했다. 다만 대국의 지체 높은 집안 자제거니 생각하고, 점쟁이의 충고에 따라 어떻게 하든지 그 귀공자의 환심을 사려고 궁리했다. 그래서 일부러 두 딸을 불러 손님한테 인사를 올리도록 했다.

대궐을 떠난 지 오랜만에, 그것도 머나먼 이국에서 꽃보다 아름다운 아가씨를 발견한 태자의 젊은 피는 금방 뜨거워지고 말았다.

태자는 감탄해서 보육한테 은근히 말했다.

"우리 중국은 땅도 넓고 미인도 많지만 대인의 두 따님만 한 인물은 본 적이 없습니다. 참으로 꽃이 부러워할 지경이로군요."

"별말씀을……. 키만 컸지 아직 아무것도 모르는 철부지라오."

"마침 실밥이 터져 못 입는 옷이 있는데, 따님한테 바느질을 부탁할 수 없을까요?"

"무엇이 어렵겠소. 나중에 방으로 찾아뵈라고 하리다."

주인과 손님이 짐짓 한통속이 되는 순간이었다. 그리하여 자매 중의 언니인 응명이 아버지의 지명을 받아 태자의 방에 들어가게 되었다. 그런데 너무 긴장한 탓인지 응명은 갑자기 어지러움을 느끼면서 코피를 쏟았다.

"어허! 이거 안 되겠구나. 진의가 대신 공자의 시중을 들도록 하라."

보육의 지시에 따라 동생인 진의가 손님의 방에 들어가게 되었다.

태자로서는 언니든 동생이든 상관할 일이 아니었다. 방에 들어서는 진의의 손목을 은근히 잡아끌었다. 그녀는 못 이긴 척 태자의 품에 몸을 맡겼고, 두 젊은 정열은 금방 뜨겁게 달아올랐다.

태자의 여행은 거기에서 더 진전을 못 보고 말았다. 진의와의 사랑에 취한 그는 한 발짝도 더 움직이려 하지 않고, 보육의 집에서 몇 달을 꿈같은 즐거움 속에 지냈던 것이다.

이윽고 태자가 이제는 귀국해야겠다는 생각이 들었을 무렵, 진의의 뱃속에는 그의 씨가 자라고 있었다. 태자는 이별을 슬퍼하는 진의를 보고 말했다.

"생각 같아서는 그대를 데려가고 싶으나 사정이 여의치 않군. 귀국하는 대로 방법을 강구해 보겠지만, 그것 역시 기약이 없구려."

"소녀는 나리를 모신 것만으로도 행운으로 생각하겠습니다. 그렇지만 태어날 아이는 어떻게 하면 좋겠습니까."

진의는 그렇게 말하며 눈물을 흘렸다.

태자는 자기가 쓰던 활과 화살을 진의에게 주었다.

"이 활과 화살은 아무나 사용할 수 있는 물건이 아니오. 만일 아들을 낳거든, 나중에 이것을 증표로 하여 나를 찾아오도록 하오."

마침내 태자는 중국으로 떠났고, 얼마 후에 진의는 출산을 했는데 원하는 대로 아들이었다. 그 아이가 작제건이다.

작제건은 몸이 튼튼하고 두뇌가 명석하여 주위의 기대를 모았는데, 서너 살 때부터 아버지를 몹시 찾아 어머니를 난처하게 만들었다.

"너의 아버지는 중국의 높으신 어른이시다. 네가 훨씬 자라난 뒤에 아버지를 찾아볼 수 있도록 할 터이니, 글공부를 열심히 하고 몸을 튼튼하게 길러라."

진의는 이런 말로 아들을 달래며, 세월이 어서 흘러 아들이 장성하기를 고대했다.

작제건은 자라면서 총명한 머리로 글을 읽고 튼튼한 몸으로 무예를 단련했는데, 특히 활을 잘 쏘아 주위 사람들을 감탄하게 만들었다.

이윽고 작제건의 나이가 열여섯 살이 되었을 때, 진의는 태자가 주고 간 활과 화살을 꺼내 놓고 아들을 불러 말했다.

"이 활과 화살은 너의 아버지께서 중국으로 들어가실 때 증표로 남기신 물건이다. 네가 태어나면 주라고 하셨어. 너한테 이것을 물려주심은 남아의 기상을 드높이고 무예를 닦으라는 뜻이다. 그 뜻을 받들어 더욱 몸과 마음을 닦은 다음 부끄러움이 없게 하여 아버지를 찾아가도록 하여라."

작제건은 기뻐하며 그 활과 화살로 궁술을 익혔는데, 천하의 명품인 데다가 그의 활 솜씨 또한 뛰어나서 백발백중이었다. 그래서 세상 사람들은 신궁神弓이 나타났다고 입을 모아 칭찬했다.

작제건은 스무 살이 되자, 아버지를 만나야겠다고 결심했다. 그래서 어머니를 뵙고 말했다.

"소자는 이제 아버님을 찾아갈까 합니다. 아무쪼록 허락하여 주십시오."

그 말을 들은 진의는 눈물을 보이며 말했다.

"아들이 아버지를 찾아가는 것은 당연한 일 아니냐. 증표를 남기시며 이것은 아무나 사용할 수 있는 물건이 아니라고 하셨으니, 너의 아버지는 신분이 몹시 높은 어른일 것이다. 활과 화살을 가지고 가서 그것을 근거로 하여 찾으면 별로 어려움이 없을 성싶다."

"막상 떠나려고 하니, 홀로 계실 어머님이 걱정입니다. 아버님을 찾아뵙는 대로 돌아와 어머님을 모시고 가겠습니다."

"약한 소리를 하는구나. 내 걱정은 할 것 없다."

이윽고 작제건은 중국 상인의 배를 얻어타고 출발했다. 그런데 서해의 중간쯤에 도달했을 때, 별안간 먹구름이 하늘을 덮고 해상에는 안개가 잔뜩 끼어 어디가 어딘지 방향조차 분간할 수 없게 되고 말았다.

배에 타고 있던 사람들은 모두 어찌할 바를 몰라 당황하고 두려워했다.

그런 중에 한 점쟁이가 나서서, 하늘과 바다가 갑자기 변한 것은 이 배에 해동국 사람이 타고 있기 때문이니 그 사람을 제물로 삼아 물에 던져야만 무사히 빠져 나갈 수 있다고 말했다. 그 말을 들은 뱃사람들이 작제건을 우르르 에워쌌다.

작제건은 활을 들고 자진하여 바다에 뛰어들었다. 그러자 하늘이 구름과 바다의 안개가 거짓말처럼 말짱히 개어 배는 항해를 계속할 수 있었다.

작제건은 죽음을 각오하고 바다에 뛰어들었으나, 다행히 근처에 큰 바위가 있어서 익사하지 않을 수 있었다. 헤엄을 쳐서 바위 위에 올라앉았으나 만경창파에 갇힌 외로운 신세가 되고 보니 처량하기 한량 없었다.

그때 갑자기 수염이 허연 노인이 나타나 절을 하며 말했다.

"나는 본래 서해의 용왕이오. 그런데 밤마다 늙은 여우가 광채 찬란한 석가모니의 복색을 하고 일월성신日月星辰을 구름과 안개 속에 벌여 놓고는 소라를 불고 북을 치며 주악을 타고 이 바위에 와서 경을 읽기 때문에 골치가 아파서 견딜 수 없다오. 들은즉 그대의 활 쏘는 재주가 비상하다니, 바라건대 그 여우를 없애주기 바라오."

"흥! 그러니까 아까의 구름과 안개는 나를 붙잡아 놓기 위해서 꾸민 짓이군요."

"워낙 마음이 급하고 일이 중대해서 부린 술수이니 허물하지 말아주오. 내 부탁을 들어주면 무사히 돌아갈 수 있게 해줄 뿐 아니라, 그대가 뭐든지 이룰 수 있는 보물을 가져가도록 하여 은혜를 갚으리다."

작제건으로서는 선택의 여지가 없으므로 할 수 없이 자칭 용왕이라는 노인의 부탁을 들어주기로 약속했다.

노인의 말에 의하면 문제의 여우가 나타날 시간이 거의 되었으므로 작제건은 활에 살을 메우고 기다렸다.

얼마나 기다렸을까, 과연 공중에서 주악 소리가 들리며 오색이 찬란한 부처의 모습이 서북쪽에서 나타나더니 작제건이 있는 쪽으로 다가오기 시작했다.

"자, 저 여우를 쏘시오."

노인이 속삭였다. 그러나 작제건은 차마 활을 쏠 수가 없었다. 진짜 부처라면 얼마나 엄청난 죄를 짓게 되는가. 작제건이 망설이자 노인이 다급한 소리로 말했다.

"저것은 틀림없는 여우요. 그대가 마음을 정하지 못하고 기회를 놓치면 그대도 나도 큰 화를 입게 된다는 것을 모르시오? 만일 내 말이 거짓이라면 다른 화살로 나를 쏘면 되지 않소. 그래도 내 말을 의심하겠소?"

노인이 그렇게까지 말하는 데야 믿지 않을 도리가 없었다. 작제건은 결심을 하고 화살을 들어 부처의 모습을 겨누었다. 시위를 당겼다가 재빨리 놓으니 화살은 일직선으로 날아가 목표물을 정통으로 맞추었다.

"깨갱!"

비명 소리와 함께 부처는 금방 꼬리가 몇 개 달린 여우로 변하여 바다에 떨어지고 말았다.

노인은 크게 기뻐하며 작제건을 용궁으로 데리고 들어가서 극진한 대접을 하고 말했다.

"그대가 내 원수를 없애주었으니 그 은덕이 여간 크지 않소. 약속대로 이제 내가 그대한테 은혜를 갚을 차례요. 그대가 당나라에 가서 황제를 만나겠다면 그렇게 해주고, 일곱 가지 보물을 얻어 천하의 부자가 되고 싶다면 그렇게도 해주겠소. 또한 본국으로 돌아가서 어머니를 만나고 싶다면 그렇게도 해줄 터이니 원하는 바를 말해 보시오."

"그렇다면 나를 해동국의 임금이 되게 해주십시오."

작제건이 말하자, 용왕은 고개를 저었다.

"해동국의 임금은 그대의 손자 세대에 가서나 가능한 일이고, 그대의 운은 아직 거기에 이르지 않았소. 그러니 다른 소원을 말해 보시오."

작제건은 자기가 왕이 될 운수를 타고나지 못했다는 말을 듣고 실망했다. 그래서 얼른 대답을 못하고 망설이고 있으려니, 문득 등 뒤에 한 노파가 나타나 히죽히죽 웃으며 속삭이듯 말했다.

"그러지 말고 용왕의 따님한테 장가나 들지그래. 그렇게만 되면 꿩 먹고 알 먹기지 뭘."

그 말을 들은 작제건은 용왕의 공주한테 장가를 들겠다고 말했다.

용왕은 잠깐 얼굴을 찌푸렸으나, 약속이 약속이니만큼 할 수 없이 그를 사위로 맞아들였다.

용왕의 맏딸 저문의와 혼인을 한 작제건은 한참을 꿈처럼 달콤한 행복감에 젖어 있었다. 그러나 곧 어머니가 그리워졌고, 집에 돌아가야겠다는 생각이 들었다. 그래서 아내를 설득했다.

"당신과 결혼하여 행복하기 그지없소마는, 나한테는 어머니가 계시고 해야 할 일도 있어서 집에 돌아갔으면 하오. 당신은 어떻게 생각하오?"

"낭군님의 아내가 되었으니 마땅히 뜻에 따라야겠지요."

"고맙소. 그러면 한시라도 빨리 출발합시다."

"아버님한테는 많은 보물이 있지만, 그중에서도 가장 귀중한 보물은 돼지랍니다. 우리가 떠난다고 하면 무엇을 선물로 할까 물으실 것이니, 그 돼지를 달라고 하세요."

"아니, 고작 돼지를?"

"그것이 보통 돼지가 아니라니까요. 하여튼 제가 시키는 대로 하세요."

작제건은 수긍하기 어려웠지만, 아내가 간곡히 하는 말이고 보니 따르지 않을 수 없었다.

이윽고 작제건이 돌아갈 뜻을 밝히자, 용왕은 마땅찮은 기색으로 말했다.

"내 딸과 혼인을 했으면 이곳에서 평생을 살아야지, 이제 와서 돌아가겠다니 무슨 소린가. 그러면 내 딸아이는 어떻게 하겠다는 말인가?"

"마땅히 데리고 가겠습니다.

그러자 용녀도 나서서 자기는 남편을 따라가겠다고 분명한 뜻을 밝혔다.

"너희들이 정 그렇게 뜻을 모았다면 어쩔 수 없구나. 내가 자네한테 일찍이 약속한 바가 있으므로 일곱 가지 보물을 줄테니 가지고 가서 행복하게 살아라."

"다른 것은 필요 없습니다. 돼지 한 마리면 됩니다."

작제건이 말하자, 용왕은 할 수 없다는 듯이 말했다.

"돼지는 내가 가장 아끼는 물건이지만, 그대가 그것을 원한다면 가지고 가도록 하여라."

일곱 가지 보물에다 돼지까지 얻어 배에 실은 작제건은 용녀와 함께 육지로 나왔다.

한편 그 소식을 들은 백주정조, 유상희 등 세력가들이 영안성을 쌓고 궁실을 신축하여 작제건 일가로 하여금 거처하도록 했다.

용녀는 처음에 도착하는 즉시 개주 동북산록에 가서 은바리로 땅을 파서 물을 떠먹었는데, 그곳이 지금 개성에 있는 용우물이라고 한다.

작제건과 용녀가 영안성에서 산 지 1년이 지났을 때, 돼지가 아무것도 먹지 않고 우리 속에 들어가서 통 나오지 않았다. 그것을 본 용녀가 걱정스럽게 말했다.

"돼지야, 돼지야, 네가 만일 이곳에서 살 수가 없다면 가고 싶은 데로 가거라. 그러면 나도 네가 가는 데로 따라가마."

그러면서 풀어주자, 돼지는 슬그머니 나가더니 송악산 남쪽 기슭에 가서 드러누웠다.

그 모양을 본 용녀가 거기에 터를 닦아 새로 궁궐 같은 집을 지으니, 그곳은 곧 옛날에 작제건의 증조할아버지요, 보육의 아버지이기도 한 강충이 살던 집터였다.

작제건과 용녀는 송악산의 큰 집과 영안성을 왔다갔다하며 30년 동안 행복하게 살았다.

용녀는 송악산 집의 침실 창밖에 우물을 파놓고 그 우물을 통하여 서해 용궁에 출입했는데, 개성 광명사의 동상방 북쪽 우물이 바로 그 우물이라고 한다.

용녀는 자기가 용궁으로 갈 때는 작제건에게 절대 쳐다보지 말라고 단단히 일렀다. 만일 훔쳐보는 날에는 자기와 다시 부부로서 살 수가 없다는 것이 이유였다.

작제건은 아내의 당부에 따라 그녀가 용궁으로 갈 때는 일부러 고개를 돌려 외면했다. 그러나 못 보게 하면 더 보고 싶은 것이 사람의 마음이어서, 어느 날 마침내 호기심을 이기지 못하고 살그머니 고개를 돌려 아내가 떠나는 모습을 훔쳐보고 말았다. 그랬더니 용녀는 시녀를 데리고 우물에 들어가자마자 용의 모습으로 변하고 오색 구름이 주위를 에워싸는 것이 아닌가.

그는 깜짝 놀랐지만 약속한 바가 있으므로 시치미를 떼고 있었는데, 이윽고 용궁에서 돌아온 용녀는 화를 내며 말했다.

"아무리 부부라 하더라도 지킬 것은 지켜야 합니다. 제가 그렇게 당부했는데도 가볍게 들으시고 약속을 지키지 않았으니, 저는 이제 당신과 살 수가 없습니다."

그 말을 들은 작제건은 깜짝 놀라서 사과했다.

"미안하오. 다시는 그런 일이 없을 것이니 용서하구려."

"이미 엎질러진 물입니다. 원망한들 무슨 소용이 있겠습니까. 그럼 안녕히 계십시오."

그렇게 말한 용녀는 용의 모습으로 변하여 우물 속으로 들어가고 말았다. 붙들고 말리고 할 사이도 없었다.

작제건은 탄식하여 마지않았다. 자기 잘못으로 아내와 헤어지고 나니 너무 슬프고 후회가 되었다. 그래서 충청도 보은의 속리산 장갑사에 들어가 중이 되어 불경을 외며 여생을 마쳤다.

작제건은 이름을 용건이라고 부르는 아들을 두었는데, 나중에 세조로 추증된 왕륭이 바로 그 사람이며, 신라 헌강왕 때 금성 태수의 벼슬을 살았다. 그리고 그 왕륭의 아들이 곧 고려 태조 왕건인 것이다.

용녀 저문의는 나중에 원창왕후로 추증되었는데, 고려 왕씨는 용녀의 자손이기 때문에 대개 옆구리에 용의 비늘이 있어서 왕족을 '용협龍脇'이라고도 했다.

고승 균여의 기행

　　태조 6년이던 923년 8월 어느 날, 태조 왕건이 고려를 막 건국한 무렵, 황주에서 가까운 형악의 남쪽 기슭에 있는 둔대엽촌에 변씨 성을 가진 중년 농부의 아내가 이상한 꿈을 꾸었다. 한 쌍의 봉황이 하늘에서 내려오더니 그녀의 품에 덥석 안겼던 것이다.

　　꿈에서 깨어난 변가의 아내는 남편한테 그 꿈 이야기를 했다.

　　"영감, 참으로 희한한 꿈이잖아요? 이런 꿈은 태몽이라고 하던데."

　　"쯧쯧, 무슨 말 같지도 않은 소리를 하는 거야. 임자의 나이가 지금 몇 살인데 그래."

　　"그래도 이게 예사 꿈이 아닌 것만은 틀림없다우."

　　"글쎄, 주책없는 소리는 그만두라니까."

　　변가는 아내한테 사정없이 면박을 주었다. 그것도 그럴 것이, 아내는 이미 나이가 50대 중반을 넘어서고 있었기 때문이었다.

　　그래도 변가의 아내는 한 가닥 희망을 버릴 수 없었다. 그 나이에 이르도록 자식이 하나도 없었기 때문이다. 정말이지 꿈의 계시대로 봉황

같은 자식을 낳기라도 한다면, 아니 봉황은 아니라 하더라도 그냥 대를 물려줄 자식이기만 하면 더 바랄 나위가 없었다.

그런데 이상한 일이었다. 문제의 꿈을 꾼 지 3년째가 되면서 배가 불러 오기 시작하더니, 이윽고 열 달만에 딸이 태어났다. 아들이 아니어서 조금 섭섭하긴 했지만, 변가 부부는 나이들어 얻은 자식이기에 여간 사랑스럽지 않았다. 그 딸에게 수명이란 이름을 지어주었다.

수명은 태어날 때 울음소리가 독특했는데, 점점 자라나면서 총명하기가 이를 데 없었다. 그렇고 보니 부모한테 더더욱 아쉬움을 안겨 주었다.

"저것이 고추를 달고 나왔더라면 얼마나 좋았겠어요."

"과분한 복은 바라지 말어."

"그래도 사람의 마음이 어디 그런가요."

그런데 변가 아내의 그런 마음이 하늘에 통하기라도 한듯, 수명의 나이가 세 살에 접어들었을 때, 그 어머니의 몸에 다시 태기가 있었다. 그녀는 뛸 듯이 기뻐하며 남편한테 말했다.

"여보 영감, 내 소원이 부처님한테 통했나 봐요. 이번에는 틀림없이 아들일 거예요."

"사람이 그렇게 욕심을 앞세우면 좋을 게 하나도 없어."

"그런 소리 말아요. 그때의 꿈에 봉황 암수 한 쌍을 얻었는데, 지난번에 수명이를 얻었으니까, 이번에는 사내아이일 수밖에 없잖아요. 두고 보세요."

변가의 아내는 자기 꿈의 효험을 믿어 의심하지 않았다.

마침내 일곱 달 만에 그녀는 몸을 풀었다. 워낙 나이가 많아서 조산을 한 것이다. 그런데 갓 태어난 아이를 본 부부는 소름이 쫙 끼쳐 자신들도 모르게 비명을 질렀다.

"아니, 이게 뭐야!"

"에그머니!"

그럴 수밖에 없는 것이, 어린 핏덩이는 도저히 사람의 모습이라고 할 수 없을 정도로 추악했던 것이다.

변가는 크게 놀라고 상심한 나머지 그 어린 것을 길가에다 내버렸다. 그런데 까마귀 두 마리가 어디선가 날아와서 날개로 아기의 몸을 가리고 보호하는 것이 아닌가.

지나가던 사람이 그 광경을 목격하고는 떠들어대는 바람에 그 사실은 온 마을에 알려지게 되고 말았다.

변가 부부는 그제서야 크게 깨달았다.

'생긴 것은 저럴망정 보통 아이가 아닌 것이 틀림없다. 그런 아이를 무참하게 내버렸으니, 어찌 하늘의 벌을 받지 않고 배기랴.'

더럭 겁이 난 변가 부부는 얼른 달려가서 아기를 안고 집으로 돌아왔다. 그리하여 남매를 키우게 되었다.

그러나 사내아기의 모습이 워낙 추악하게 생겼기 때문에 마을 사람들의 눈에 띌까 봐 두려워 처음에는 궤짝 속에다 넣어 숨겨서 길렀다. 그러다가 몇 달이 지나서 어느 정도 사람의 모습이 돌아오자, 그제서야 궤짝에서 꺼냈다. 그러고는 아들의 이름을 균여로 불렀다.

모습은 그럴망정 균여의 총명은 자기 누이를 능가할 정도였다. 하나를 일러주면 둘을 깨우치고, 한번 들은 것은 절대 잊어버리지 않을 정도로 두뇌가 비상했던 것이다.

균여는 어려서 부모를 여의고 열다섯 살에는 이미 중이 되어 있던 사촌형을 따라 출가하여 부흥사 석현화상 밑에서 불도를 닦게 되었다. 워낙 총명한 탓으로 균여의 학식은 스승을 능가하게 되어 더 배울 것이 없으므로, 이번에는 당시 학문이 높기로 유명하던 영통사의 의순공을 찾아가 그 제자가 되었다.

집을 나온 지 여러 해가 되자, 균여는 문득 누이와 고향 마을이 보고 싶어졌다. 그래서 스승의 허락을 얻어 고향에 다녀오기로 했다.

오랜만에 만난 동생을 얼싸안고 눈물을 흘린 수명은 동생에게 그동안 배운 학문을 들려 달라고 청했다.

그래서 균여가 보현과 관음의 양지식법문兩知識法門과 신중神衆, 천수千手의 두 경문을 들려주고 밤에는 화엄육지의華嚴六地義와 오백문답을 염송하여 주었는데, 수명은 그것을 듣고 한 자 한 구절도 빠뜨림 없이 기억해 두었다가, 후에 5년이 지나서 균여가 물어보았을 때 그것을 고스란히 적어 보여주었다. 남매의 총명함은 그와 같았다.

균여는 다시 누이와 헤어져 영통사로 돌아가 의순공 밑에서 학문의 정진에 몰두하였다. 그런 균여에게 드디어 이름을 날릴 수 있는 계기가 찾아왔다.

그의 나이 스물일곱 살이 되던 해 4월, 새로 보위에 오른 광종의 대목왕후 황보씨가 음창陰瘡이 돋아서 의관한테 차마 보일 수가 없으므로 의순공으로 하여금 불법으로 치료하라는 어명이 떨어졌다. 그리하여 의순공이 불경을 외워 왕후의 음창은 나았는데, 그 대신 병이 의순공한데 옮겨와서 사경을 헤매게 된 것이다.

그것을 본 균여가 의순공을 위하여 크게 분향하고 축원을 하자, 마침내 의순공의 음창은 나은 대신, 그 병이 뜰에 있는 나뭇가지로 옮아가서 나무가 말라 죽고 말았다.

광종 4년에 중국 사신이 와서 광종을 고려 국왕으로 책봉하는 의식을 치르려고 했는데, 공교롭게도 장대비가 며칠을 두고 쏟아져서 도무지

의식을 치를 수가 없었다. 그러자 사신이 조정 대신을 보고 말했다.

"듣자니까 귀국에는 성인이 계시다고 하였습니다. 그 신불神佛에게 비가 그치도록 비는 것이 어떻겠습니까. 만일 날이 개면 귀국 성현이 영험하다는 것을 인정하겠습니다."

은근한 비아냥이었고, 확대 해석하면 광종이 임금될 자격이 없어서 하늘이 방해하는 것이 아니냐는 뜻이기도 했다.

그 말을 전해 들은 광종은 민망하여 어쩔 줄을 몰랐다. 그러자 밤에 하늘에서 이상한 말이 들려 왔다.

"대왕은 근심하지 말라. 내일 반드시 크나큰 설법을 들으리라."

광종은 깜짝 놀라 급히 뜰로 뛰쳐나가 보았으나, 하늘에는 칠흑 같은 어둠뿐 아무것도 이상한 것이 발견되지 않았다.

광종은 날이 밝기를 기다려 신하들을 보고 고승을 청하여 법석法席을 마련하라고 지시했다. 그러나 당대에 이름깨나 날리던 고승들은 실패가 두려운 나머지 아무도 나서려고 하지 않았다.

그때 국사國師 겸신대사가 아뢰었다.

"이 소임을 능히 해낼 고승은 영통사의 균여 화상밖에 없는 줄로 아옵니다."

"그래? 그렇다면 즉시 그 균여 화상을 청하도록 하라."

그리하여 균여가 불리어 올라왔다. 균여는 서른한 살의 젊은 나이에 불과했으나 임금의 청을 받아 의젓하게 사자좌師子座에 올라앉아 낭랑한 목소리로 불경을 외기 시작했다. 그러기를 얼마 지나지 않아 번개와 우레가 멎고 구름이 걷히면서 마침내 햇살이 비쳤다.

광종은 크게 기뻐하여 균여에게 아홉 번 머리를 숙여 사은한 다음, 고위 승직인 대덕大德에 임명하고 전답과 종을 하사하면서 가까이 있도록 했다.

그로부터 균여는 임금의 돈독한 신임 아래 시관試官으로서 많은 준재를 뽑았으며, 나중에 왕사王師, 국사, 대사, 대덕이 된 고승으로서 그의 손을 거치지 않은 사람이 없었다.

균여는 그 후 여러 가지 이행기적異行奇蹟으로 명성을 높였다.

광종 9년, 절 안에 벼락이 떨어져 나무가 꺾이고 전각이 부서지는 괴변이 일어나자, 그 재변을 풀기 위한 법회를 열었다.

여러 사람의 청으로 균여가 강연의 소임을 맡았는데, 밤낮을 쉬지 않고 삼칠일을 계속하였다. 다른 중들이 교대를 하려고 해도 균여는 듣지 않았다.

그 모양을 본 이름난 중 오현천달이 버럭 화를 내었다.

"후생이 선배를 무시해도 유분수지, 저럴 수가 있단 말이냐."

그러자 웬 낯선 거사가 나타나서 조용히 타이르는 것이었다.

"지금의 강사는 실은 그대들의 선조인 의상대사의 제7신으로서, 대교大敎를 널리 퍼뜨리기 위해 현신한 것이니 질투하거나 원망하지 마오."

그 말을 듣고 오현천달이 의아하여 쳐다보니, 그 거사는 어느새 자취도 없이 사라지고 말았다. 오현철달은 크게 놀라 자신의 경솔을 후회했다

균여가 이윽고 강연을 마치고 내도량으로 들어간 뒤, 밤중에 한 가닥 광명이 방 안으로부터 뻗어 나와 무지개처럼 비쳤다.

광종이 그 빛을 발견하고 사람을 시켜 알아보게 한 결과, 문제의 빛은 균여의 눈빛이었음이 판명되었다. 그 말을 들은 광종은 호기심을 이기지 못하여 균여의 처소를 찾아갔다.

"그대는 대체 어떤 수도를 하였기에 이러한 경지에 이르렀는가?"

"소승이 무슨 별다른 수도를 했겠사옵니까. 그저 마음을 맑게 가지고 꾸준히 불제자의 길을 걸어온 것뿐이옵니다."

균여가 그렇게 말하는데, 별안간 상 위에 놓여 있던 염주가 저절로 공중에 떠오르더니 균여의 몸을 세 바퀴 돌고나서 제자리에 내려와 앉는 것이었다.

그 광경을 보고 광종은 균여를 더욱 존경하고 끔찍이 위하게 되었다.

한 번은 귀법사의 중 정수가 균여를 시기하여 그가 모반을 꾀했다고 무고하였다. 그 무고가 워낙 그럴싸했으므로, 광종은 노하여 균여를 불러들여 처형하려고 했다. 그러나 막상 균여를 대하자, 그가 그럴 사람이 아닌 줄을 깨닫게 되어 무죄 방면하고 말았다. 그러고는 승선을 보내어 사과까지 했다.

그날 밤, 광종의 꿈에 키가 열 자가 넘는 신인神人이 나타나서 우레 같은 소리로 꾸짖는 것이었다.

"대왕께서 참소를 곧이듣고 법왕法王을 욕보였으니, 반드시 큰 불상사가 있을 것이오."

깜짝 놀라 꿈에서 깨어난 광종은 이튿날 아침 신하들에게 그 이야기를 했는데, 아니나 다를까 곧이어 믿을 수 없는 보고가 올라왔다. 송악산 북쪽의 아름드리 소나무들이 바람도 불지 않았는데, 수천 그루나 쓰러졌다는 것이었다.

광종이 그 말을 듣고 크게 놀라 점을 쳐보았더니, 과연 법왕을 욕보였기 때문이라는 점괘가 나왔다.

광종은 깊이 후회하며 재앙을 푸는 법회를 여는 동시에, 고변자인 정수와 그를 사주한 형을 잡아다 목을 베었다.

균여는 한때 오관산 마하갑사에 있다가, 광종 14년에 임금이 그를 위하여 특별히 개경 근처에 귀법사를 창건해 주었으므로 그곳으로 옮겼다. 그리하여 거기서 10여 년을 주지로 거처하다가, 광종 24년^{973년} 6월에 입적하니, 그의 나이 쉰한 살이었다.

균여는 그처럼 여러 가지 유명한 기행을 보인 것 외에도 《해동고승전》의 저자로서 국문학사상 중요한 위치를 차지하고 있으며, 〈보현십종원왕가^{普賢十種願王歌}〉라는 11수의 향가를 짓는 등 불교의 대중화에 선구적 역할을 하기도 했다.

같은 시대의 한림학사 최행귀가 이 보현가^{普賢歌}를 역시^{譯詩}한 것이 송나라에까지 소개되었는데, 그곳 군신들이 놀라서 이 노래의 원작자는 틀림없이 살아 있는 부처일 것이라고 탄복하며, 경의를 표하기 위해 사신을 파견하기까지 했다.

그러나 균여의 얼굴이 워낙 못 생겨서 처음 보는 사람으로 하여금 존경심보다는 역겨움을 불러일으키기 십상이므로, 조정에서는 이 핑계 저 핑계로 사신이 균여를 만날 기회를 마련해 주지 않았다.

사신은 나중에 그 내막을 알고는 균여가 거처하는 귀법사에 직접 찾아가 면회를 요청했다. 처음에 균여는 사신을 만날까 하였으나, 임금과 조신들의 불안해 하는 마음을 읽고서는 결국 그 면회를 사절하고 말았다.

끝내 균여를 만나지 못한 사신은 눈물을 흘리고 돌아가면서, 어디 가서 부처를 다시 볼 수 있을 것인가 하고 탄식했다고 한다.

대량원군의 수난

　요즈음 사람들의 윤리관이나 정서로 생각하면 도무지 이해하기 힘든 노릇이지만, 삼국 시대나 고려 시대만 해도 우리나라 사회에는 근친혼이 성행해서 같은 항렬끼리의 혼인은 물론이려니와, 심지어는 항렬이 다른 위아래의 관계임에도 불구하고 혼인하는 사례가 종종 있었다.

　그러한 풍습은 신분이 높은 집안일수록 더했던 모양으로, 고려 왕실은 처음부터 근친혼에 의하여 왕족의 혈통을 지켜 나가려고 노력했다.

　태조 왕건이 죽고 나자 아들들이 차례로 왕위를 이어받았는데, 장남이 2대 혜종이고, 둘째가 3대 정종이며, 셋째가 4대 광종이다. 이것은 객관적으로 해석하면 초기의 왕권이 어떤 이유 때문이든 간에 안정되지 못했다는 증거가 된다.

　이 이야기는 고려 왕실의 근친혼과 불안정했던 왕권을 이해하는데 결정적인 사례라고 할 수 있다.

　태조에 이어 형제들이 차례로 왕위를 물려받던 전통은 광종에게서 끝나고, 그의 아들 경종이 제5대 왕위를 물려받았으나, 경종 역시 일찍

죽은 데다 아들이 너무 어려서 그다음 왕위는 태조의 넷째 아들 욱旭, 나중에 대종으로 추존됨에게서 난 아들에게 돌아가고 말았으니, 그가 6대 성종이다.

승하한 경종에게는 헌애왕후, 헌정왕후 두 아내가 있었는데, 그녀들은 자매간으로서 광종의 바로 아래 동생인 동시에 경종에게는 삼촌이기도 한 대종의 딸들이었다. 그러니까 경종에게는 사촌 누이들이고, 새로 임금이 된 성종에게는 친누이들이 되는 셈이다.

어쨌든 남편인 경종이 세상을 떠났으므로 헌정왕후는 대궐을 떠나 왕륜사 남쪽의 사가에 나가서 쓸쓸한 세월을 보내게 되었다.

그러던 어느 날 밤에 이상한 꿈을 꾸고나서 다음날 점쟁이한테 물었더니, 아들을 낳으면 그 아들이 왕이 될 꿈이라고 말했다.

"내가 이미 과부가 되었는데, 어떻게 아들을 얻는단 말인가?"

헌정왕태후는 웃음으로 흘려버리고 말았다.

그때 마침 태조의 다섯째 아들이며 헌정왕후한테는 삼촌도 되고 시삼촌도 되는 욱郁, 나중에 안종으로 추존됨이 가까운 곳에 살고 있어서, 마음의 의지가 없는 그녀는 그에게 이것저것 의논도 할 겸 자주 만나게 되었다. 처음에는 다만 삼촌과 조카딸로서 서로 내왕했으나, 그렇게 자주 만나다 보니 모르는 사이에 이성으로서의 애틋한 사랑이 맺어지게 되었던 것이다

헌정왕후는 그로부터 날과 달이 감에 따라 차차 옷의 앞자락이 부풀어올랐다. 누가 보든지 임신한 것이 확실했고, 본인으로서도 숨기려고 해야 숨길 수도 없는 노릇이었다. 그러나 그녀의 지위가 지위인 만큼 누구 하나 탓하고 나서는 사람이 없었다.

그러던 어느 날 밤이었다.

어느덧 만삭의 몸이 된 헌정왕후는 그날도 욱의 집에서 그와 베개를

나란히 하고 있었는데, 보다못한 욱의 집안 사람 하나가 뜰앞에다 몰래 나뭇더미를 쌓고 불을 질렀다. 마른 나뭇더미는 금방 화염에 휩싸여 주위가 대낮처럼 밝아졌다.

"불이야!"

"큰일났다!"

느닷없는 화재에 놀란 집안 사람들이 뛰쳐나와서 발을 동동 구르며 소리를 질렀고, 한편으로는 그릇으로 물을 퍼다가 불을 끄기에 바빴다.

신분이 높은 왕족의 집에서 발생한 화재이고 보니 온 성중 사람들과 백관들까지 달려왔다.

사랑에 취하여 혼곤한 잠에 빠져 있었던 헌정왕후와 욱은 그 소동에 놀라 뛰쳐 일어나 미처 몸수습도 하지 못하고 밖으로 달려 나왔으니, 그 어지러운 꼬락서니에 모든 사람들의 시선이 집중될 수밖에 없었다. 이제는 세상 모든 사람들 앞에 추문을 사실로 확인시켜준 꼴이 되고만 것이다.

"아니, 저만한 신분으로서 어찌 그런 짓을 할 수 있담."

"참말 얼굴이 두꺼운 게로군."

사람들은 그렇게 수군거렸다.

그 소문은 삽시간에 임금 성종의 귀에 들어가고 말았다.

성종은 부끄럽고 기가 막혔다. 죽은 남편의 무덤에 풀이 자라기도 전에 외간 남자와 사통을 하다니 있을 수 없는 일이었다. 더군다나 왕후의 존엄한 신분이 아닌가. 마땅히 죄를 물어야 할 일이었다. 그러나 사사로운 관계로 본다면 자기의 친누이고, 그 상대방은 또 친삼촌인 것이다.

"에잇! 세상에 어찌 이런 고약한 일이 있단 말이냐."

성종은 화가 나서 어쩔 줄 몰랐다. 처벌을 하기도 곤란하고, 그렇다고 그냥 불문에 부칠 수도 없는 문제였다.

결국 성종은 날이 밝는 대로 삼촌인 욱을 멀리 귀양보내도록 조치하고, 누이인 헌정왕후한테는 엄중한 근신령을 내렸다.

헌정왕후는 수치심으로 눈물이 비오듯 쏟아졌다. 뉘우치는 마음이 컸지만 이미 어쩔 수 없는 일이었다. 그녀는 돌멩이 세례처럼 퍼부어지는 따가운 시선들을 피하여 집으로 향했는데, 집에 거의 다다랐을 때 갑자기 복통이 와서 더 이상 걸음을 옮길 수 없는 지경이 되고 말았다. 정신적 충격으로 조산의 위기에 처한 것이다.

헌정왕후는 자기 집 앞의 버드나무 가지를 부여잡고 몸부림치다가 마침내 옥동자 하나를 낳았다. 그러고는 하혈이 멎지 않아 그대로 숨을 거두고 말았다. 때는 서기 992년 성종 11년 7월이었다.

헌정왕후가 아기를 낳고 그 길로 세상을 떠났다는 소문을 들은 성종은 깜짝 놀랐다. 그와 같은 불행이 자기 때문인 것 같았기 때문이다. 그러나 후회해도 소용이 없는 일이었으므로, 누이가 낳은 아기를 소중히 기름으로써 마음의 부담을 덜려고 생각했다. 그래서 칙령으로 보모를 선정하여 아기를 맡겨 기르게 했다.

아버지는 귀양살이하는 처지이고, 어머니는 이미 저승 사람인지라 만날 수 없는 불우한 조건 아래에서도 아기는 병없이 무럭무럭 자라났고, 영특한 재주와 덕성스런 천품은 주위의 칭찬을 한 몸에 받았다.

그리하여 어느덧 씩씩한 청소년이 되었을 때, 성종은 그를 대량원군으로 봉하여 신분을 확실히 해주었다.

한편, 헌정왕후의 언니로서 경종의 정비였던 헌애왕태후 역시 홀몸이 된 후에는 천추궁에 거처하고 있었는데, 세상 사람들은 택호를 따서 천추태후라고도 불렀다. 그런데 그 태후도 동생에 뒤질세라 불미스러운 문제를 일으켰으니, 그 언니에 그 동생이라고 하지 않을 수 없다.

태후의 외척에 김치양이란 자가 있었다. 간교하고 야심이 큰 그는 태후를 유혹하여 세상을 한 번 자기 손아귀에 집어넣으려는 꿈을 꾸었다. 그래서 천추궁에 자유롭게 드나들기 위하여 엉터리 중이 되었고, 마침내 정을 통하여 그녀의 마음을 사로잡는 데 성공했다.

남편이 일찍 죽어 독수공방으로 지내던 태후는 늦게야 체험하게 된 정염의 불꽃에 아낌없이 몸을 던졌다. 그녀는 비로소 삶의 희열을 확인한 셈이었다.

낮말은 새가 듣고 밤말은 쥐가 듣는다는 속담과 같이, 태후와 김치양의 사랑놀음은 결국 추한 소문으로 세상에 드러나게 되었고, 그 소문을 들은 성종은 크게 노하여 김치양을 붙잡아 멀리 귀양을 보냈다.

그러나 얼마 후에 성종이 갑자기 세상을 떠나는 바람에 김치양에게는 그렇게 바라던 기회가 왔다. 경종과 태후의 사이에서 태어난 왕자가 그 뒤를 이어 7대 목종으로 등극하게 된 것이다.

아들이 왕위에 오르고 보니 그 어머니인 태후의 기세가 당당해진 것은 말할 나위가 없다. 태후가 귀양가 있는 김치양을 개경으로 불러올려 합문통사 사인이라는 벼슬을 내리니, 김치양은 하루아침에 조정의 실력자가 되었다.

그 얼마 후에는 우복야 겸 삼사사로 스스로 벼슬을 높이고 자기 사람으로 하여금 조정의 요직이란 요직을 모조리 차지해 버리니, 일찍이 그가 바라던 대로 나라가 그의 손안에 움켜쥔 꼴이었다.

김치양은 대궐에 버금가는 화려한 집을 짓고 호사스러움의 극치를 누렸으며, 한편으로는 태후와 불륜의 정열을 유감없이 불태웠다.

이제는 그 누구의 시선도 신경 쓸 필요가 없어진 것이다. 그뿐 아니라 백성들을 동원하여 동주에 큰 사당을 짓고 '성숙사'라는 편액을 걸었으며, 대궐 북쪽에도 십왕사라는 절을 건립하고는 요사스러운 그림을 그려 붙인 다음, 그 앞에 엎드려 그만이 알 수 있는 은밀한 소원을 빌었다.

김치양의 전횡이 그 정도에 이르자, 마침내 목종도 걱정하지 않을 수 없었다. 더 이상 두고 보다가는 무슨 일이 벌어질지 모르고, 어쩌면 자기의 신상에도 불길한 사태가 닥칠지 모르기 때문이었다.

그러나 김치양의 세력은 이미 왕인 그로서도 어떻게 할 수 없을 정도로 막강해져 있었고, 더군다나 어머니 태후의 눈이 시퍼렇게 살아 있는 형편에서 그에게 왕권을 사용하기도 어려웠다.

대량원군은 물론이고 목종한테도 불리한 사태가 드디어 찾아왔다. 태후가 아들을 낳은 것이다. 불륜의 씨인 만큼 낯이 뜨거워서라도 남의 시선을 피해야 할 노릇이지만, 태후와 김치양은 입이 함지박만큼 벌어지도록 기뻐했다. 뿐만 아니라 벌써부터 엉뚱한 야심을 부풀리기 시작했다.

두 사람은 머리를 맞대고 계획을 썼다.

"이 아이한테 나중에 다음의 왕권을 물려주도록 합시다. 그렇게 하면 나와 태후한테 그보다 더한 복록이 어디 있겠소."

"그렇고말고요. 우리 아기가 임금이 못 될 이유가 없지 않습니까."

"그러나 지금의 형편으로 본다면 왕위 계승권의 제1 순위는 저 대량원군이지."

"흥! 그까짓 아비 어미도 없는 자식……. 정 부득이한 경우 없애버리면 되잖아요."

"그렇지만, 그게 어디 간단히 될 수 있는 문제요? 남의 눈도 있으니, 당장은 도성으로부터 멀리 내쫓아 놓고 그 다음에 일을 도모합시다."

"그것이 좋겠군요."

말을 맞춘 두 사람은 목종에게 여러 가지 이유를 대며 대량원군을 대궐에서 내보내도록 요구했다. 목종은 자기와 오촌 아저씨가 되는 대량원군한테 사사로운 감정이 있을 수 없었지만, 그에게는 모후와 김치양의 뜻을 거스를 힘이 없었다.

마침내 대량원군은 머리를 깎고 중이 되어 숭교사라는 절로 쫓겨 가게 되었으니, 그때 나이 겨우 열두 살이었고, 목종이 보위에 오른 지 6년째가 되던 계묘년의 일이었다.

왕위 계승권자의 높은 신분에서 하루아침에 팔자에도 없는 중이 된 대량원군은 숭교사 한쪽 구석에서 어린 몸을 의탁하게 되었다.

그러나 그 절에 있던 여러 중들은 대량원군을 함부로 대하지 못하였다. 아무리 중이 되었다고는 해도 본래의 지체가 있는 데다, 천성이 워낙 뛰어나고 총명하여 기대를 모았기 때문이다.

숭교사의 주지승이 하루는 이상한 꿈을 꾸었다. 하늘에서 별이 하나절 마당에 떨어지는 바람에 깜짝 놀라 바라보니 그 별이 곧 용으로 변했고, 그것이 다시 사람의 모습으로 변하는데, 그가 바로 대량원군이었다.

꿈에서 깨어난 주지승은 대량원군이 머잖아 고귀한 신분이 될 것이며, 자기가 꾼 꿈은 그 계시라고 확신했다. 그래서 절 안의 사람들로 하여금 대량원군을 각별히 공경하여 대하도록 엄명을 내렸고, 그의 일거수 일투족을 예의 주시하여 신변에 이상이 생기지 않도록 경계했다.

대량원군은 숭교사에서 3년을 지냈다. 그동안 소나무 숲과 냇가를 배회하며 눈물과 탄식으로 자기의 처지를 슬퍼하기도 했으나, 한편으로는 몸과 마음을 닦고 넓은 안목을 기른 것도 사실이었다.

목종 9년에는 다시 삼각산에 있는 신혈사로 거처를 옮기라는 명령을 받았는데, 그때 숭교사 주지승은 특별히 신혈사 주지승에게 은밀한 서신을 보내어 대량원군의 신변을 각별히 보살펴 줄 것을 부탁했다.

그처럼 대량원군을 절로 쫓아버리기는 했으나, 태후와 김치양은 그래도 마음이 놓이지 않았다. 대량원군이 살아 있는 한 자기들의 아이가 임금 자리를 물려받는다는 확실한 보장이 없었기 때문이다. 그래서 암살자를 보내어 그의 목숨을 없애버리기로 작정하고 기회를 엿보았다.

그러던 어느 날, 대궐의 궁녀 하나가 맛있는 음식을 가지고 신혈사에 나타났다.

주지승이 웬 음식이냐고 묻자, 궁녀가 말했다.

"이것은 태후마마께서 대량원군께 드리라고 특별히 하사하신 음식입니다."

"두고 가면 소승이 전해 드리다. 아무튼 태후마마의 지극한 성심에 공자를 대신하여 이 늙은 중이 감사를 표하더라고 전해 주시오. 나무 관세음보살."

주지승이 불호를 외며 합장하자, 궁녀가 샐쭉해서 말했다.

"마마께서는 저더러 직접 공자께 드려서 잡수시는 것을 보고 오라고 하셨는걸요. 그분은 지금 어디 계십니까?"

"글쎄올시다 지금은 이곳에 안 계십니다"

"안 계시다니오?"

"워낙 산 속을 돌아다니는 것을 좋아 하시니까요. 한번 떠나면 언제 돌아오실지 기약이 없답니다. 나무관세음보살."

대량원군한테 억지로라도 음식을 먹이려던 궁녀는 주지승이 시치미를 딱 잡아떼는 바람에 어쩔 도리가 없어 그냥 발걸음을 돌리고 말았다.

궁녀가 떠난 뒤에 주지승은 대궐에서 온 음식을 뜰에다 쏟아 버렸다.

그러자 참새와 까마귀 같은 날짐승들이 날아와 그 음식에 달려들었는데, 몇 번 쪼아 먹지도 않고 모조리 죽고 말았다. 음식 속에 치명적인 독이 들어 있었던 것이다.

그것을 본 주지승은 대량원군을 더욱 깊이 은신시키는 한편, 그 후로는 대궐에서 어떤 음식이 와도 받아두는 척하다가는 나중에 땅 속에 파묻어 버리곤 했다.

대량원군은 자기 목숨이 위태롭다는 사실을 잘 알았다. 그런 만큼 소나무 숲속의 개울가에 앉아서 탄식 반 웃음 반으로 이런 노래를 지어 읊었다.

한 줄기 흐르는 물 백운봉에서 나오네
만리 너른 바다로 가는 길 트여 있으니
잔잔한 개울물이 바위 틈에 운다 마라
이대로 머지않아 용궁에 이를 것을

또는 자기 앞날의 포부를 이런 시로 노래하기도 했다.

작은 실배암이 약밭을 도는구나
온몸이 아롱아롱 붉은 점 찬란하다
언제까지 오래도록 풀밭 속에 있을소냐
용이 되어 올라가기 어렵지 않은 것을

대량원군은 그처럼 구슬픈 노래를 벗삼아 뜨는 해와 지는 달을 숲속에서 홀로 맞고 보내며 기약 없는 광명의 날을 기다렸고, 늙은 주지승은 먼발치에서 그런 그를 안쓰럽게 지켜보며 불호를 외웠다.

대량원군이 삼각산 신혈사에서 그럭저럭 목숨을 부지하기 어느덧 다시 3년이 지나서 목종 12년에 접어들었을 때 왕실에 불길한 징후가 잇달아 나타났다.

그 해 정월 대보름날 임금 목종은 부처님께 왕실의 복을 빌기 위하여 숭교사에 거동을 했는데, 돌아가는 도중에 뜻밖의 불길한 사고를 당했다. 난데없는 폭풍이 갑자기 불어닥쳐 임금의 앞에 받쳐 올린 일산대가 뚝 부러졌던 것이다.

또한 그 이틀 후에는 목종이 상고전에 올라 관등놀이를 구경하는데, 갑자기 대궐의 기름광에 영문을 알 수 없는 화재가 났다. 기름을 머금은 불이라 걷잡을 수 없이 타올라서 도저히 잡을 도리가 없었다.

대궐뿐 아니라 온 도성이 난리를 피우는 판인데도 태후는 천추전 깊숙한 침실에서 김치양과의 사랑에 취해 있었다. 걷잡을 수 없게 번지는 불길이 천추전 추녀로 옮겨 붙을 즈음에야 그들은 겨우 방에서 나왔고, 어쩔 수 없이 장생전으로 거처를 옮겼다.

그러나 음욕에 눈이 어두워진 태후한테는 그까짓 화재쯤 별 큰 소동이 아니었다. 새 거처인 장생전에서 여전히 김치양과 질탕하게 어울릴 뿐이었다.

화재는 가까스로 잡혔으나, 임금인 목종의 충격은 컸다. 그는 이틀 전 일산대가 부러진 사건과 더불어 이것은 필경 왕실에 암운이 닥쳐오고 있다는 조짐이라고 생각했다.

'내가 임금으로서 복이 없어서 이런 불상사가 일어나는가 보다. 이 노릇을 어쩌면 좋을꼬.'

그런 걱정과 비감에서 헤어나지 못하다 보니 그것이 그만 병이 되었다.

가슴이 답답하고 불덩어리 같은 신열이 올랐다. 마침내 청정聽政도 못할 지경이 되어 드러눕고 말았고, 사람을 만나기 싫어하여 침전에는 누구도 들어오지 못하게 했다.

조정에는 비상이 걸렸다. 왕사, 국사 두 승려를 비롯하여 대의 기정업, 대복 진함조, 참지정사 유서, 중추원사 최항, 급사중 채충순 등은 은대에서 대기하고, 좌사랑중 유충정, 합문사인 유행간, 형부상서 진정 등은 내전에서 대기하며, 친종장군 유방, 중랑장 유종, 급사중 탁사정, 낭중 하공진 등은 근전의 문을 지켰다.

모든 궁문은 일제히 다 굳게 닫아버리고 삼엄하게 경계하며, 다만 장춘문과 대정문만 열어두고는 호부시랑 최사성을 별감에 특명하여 출입을 엄중하게 단속하게 했다. 그리고 장춘전과 건화전 두 곳에는 임금의 쾌유를 비는 구명 도장을 베풀었다.

그처럼 대궐 안팎이 착 가라앉고 찬바람 도는 분위기 속에서 조정 대신들과 온 백성들은 마음을 졸이며 임금의 건강을 걱정했으나, 병세가 나아지기는커녕 점점 깊어만 갔다.

어느 날 임금은 은대에서 대기하고 있는 급사중 채충순을 조용히 침전으로 불러들였다. 그러고는 앞뒤의 문을 닫아 걸게 한 다음 조용히 말했다.

"짐이 병으로 누워 있는 사이에 밖에서 이 자리를 엿보는 자가 있다고 하는데, 경은 그 사실을 아오?"

채충순은 깜짝 놀라며 말했다.

"신은 금시초문이옵니다. 대체 어찌된 연유인지 말씀해 주십시오."

그러자 임금은 베개 밑에서 편지 한 장을 꺼내어 내밀었다.

채충순이 받아서 펴보니 유충정이란 대신의 상소였다.

우복야 김치양이 감히 넘보지 못할 자리를 엿보며 심복들을 요소요소에다 배치하고는 신에게 사람을 보내어 안에서 도와 달라고 하였습니다. 신은 그것을 물리쳤으나 숨길 수 없는 엄청난 일이라 미리 상주하오니 대처하시기 바랍니다.

상소문을 읽은 채충순은 부들부들 떨며 임금을 쳐다보았다.

"대왕마마, 이러고 있을 때가 아닙니다. 늦기 전에 손을 쓰셔야 하지 않겠습니까."

목종은 한숨을 쉬며 말했다.

"옳은 말이오. 짐의 병이 점점 더하여 언제 땅속에 들어갈지 모르는 판이니……. 그런데 태조대왕 어른의 손자라고는 이제 다만 대량원군 한 사람뿐이니, 경은 중추원사 최항과 더불어 충의로서 그를 받들어 세우고 이 사직이 다른 성바지한테 넘어가지 않도록 하시오."

"대왕마마!"

"또 설령 짐이 병이 나아서 일어난다 하더라도 대량원군으로 하여금 미리 후사를 결정해 놓으면 누가 감히 왕권을 엿보겠소. 짐에게 자식이 없는 탓으로 이런 사태가 벌어졌으니, 못된 자들이 알기 전에 속히 일을 성사시켜야겠소."

그렇게 말하면서 목종이 울먹이니, 채충순의 눈에서는 눈물이 비 오듯 쏟아졌다.

임금은 다시 채충순에게 명하여 대량원군한테 보낼 편지의 초안을 잡으라 하고는 손수 벼루를 내놓고 먹을 갈기 시작했다.

그 모양을 본 채충순은 황공하여 자기가 갈겠다고 했으나, 목종은 마음이 급하다 보니 괴로운 줄도 모르겠다며 기어이 먹을 놓지 않았다.

채충순은 할 수 없이 임금이 갈아준 먹으로 편지를 쓰기 시작했다.

예부터 나라의 큰일이란 앞서 미리 정해 두어야만 인심도 평안한 법인 줄 아노라. 과인이 병으로 누운 동안에 간사한 무리가 이 자리를 엿보는 모양인데, 이것은 다만 과인에게 뒤를 이을 자식이 없을 뿐 아니라, 또 누구도 정하여 두지 않은 탓이다. 태조대왕의 적손으로는 오직 그대가 있을 뿐이니, 그대는 어서 도성에 올라오도록 하라. 과인이 죽기 전에 만나서 종사를 부탁할 수 있으면 유한이 없겠고, 설령 병에서 소생하여 남은 수명을 누릴 수 있게 되더라도 그대를 동궁으로 정하여 두면 모든 인심이 안정되리라. 오는 길이 험하고 간사한 무리가 잠복할지도 모르는 일이므로 스스로 경계하고 삼가기를 잊지 않도록 하라.

편지를 다 쓴 다음, 임금과 신하는 그것을 누가 가지고 가서 대량원군에게 전하느냐 하는 문제를 놓고 고심했다. 너무나 막중한 임무였기 때문이다.

채충순이 한참 생각한 끝에 말했다.

"이 일은 참으로 막중하기 때문에 만의 하나라도 실수가 있어서는 안 될 것입니다. 따라서 신이 믿을 수 있는 신료들과 더불어 의논하여 결정하는 것이 좋을 듯싶습니다."

"알겠소. 경에게 모든 것을 맡길 터이니, 실수없이 잘 처리하시오."

임금의 특명을 받고 침전을 물러나온 채충순은 중추원사 최항, 감찰어사 고영기 등 몇 사람의 충신들을 몰래 만나 그 일을 의논했다.

모두들 임금의 딱한 처지가 불쌍하여 눈물을 흘리고 김치양의 죄과에는 치를 떨었다.

최항이 말했다.

"내 생각에는 신혈사에 파견할 특사로 선휘판관 황보유의가 가장 적임자인 것 같습니다. 그 조상들이 나라에 공이 클 뿐 아니라, 본인 또한 충성심이 두터운 인물이잖소."

고영기가 고개를 끄덕이며 말했다.

"중추원사의 말씀이 타당하오. 사람을 많이 보내면 걸음이 더딜 뿐 아니라 간사한 무리들한테 알려질 염려가 있으므로 인원수를 최대한 줄여야 할 것입니다."

채충순이 받아서 말했다.

"감찰어사의 말씀도 옳긴 하나, 김치양 일파의 촉수는 이미 안 뻗친 곳이 없을 정도입니다. 따라서 우리가 아무리 은밀히 일을 추진한다 하더라도 저들의 촉수에 걸려들지 말라는 보장이 없습니다. 그러므로 선휘판관을 대표로 하고, 낭장 문연을 비롯하여 별장 이성언, 고적 등 무반 10여 명만 동행하도록 하면 마음을 놓을 수 있을 것이오."

그러자 모두 그 의견이 좋다고 찬성했다.

채충순은 다시 임금을 배알하여 결정된 바를 보고하고는 황보유의에게 문제의 밀서를 주어 신혈사로 떠나 보냈다. 그런 다음 대량원군 일행이 도성으로 들어오는 과정의 안전을 염려한 나머지 개성부의 참군 김연경으로 하여금 예정된 날짜에 1백여 명의 날랜 무사를 거느리고 교외에 나가서 대기하고 있다가 호위하도록 조치를 내렸다.

그처럼 조정 안에서 대량원군을 맞아들이기 위한 움직임이 은밀히 추진되고 있을 때, 공교롭게도 다른 방면에서 또 하나의 비슷한 일이 벌어지고 있었다.

그때 서북면 도순검사로 북방의 군사권을 쥐고 있던 강조는 대궐 안에서 벌어지고 있는 불미스러운 사태를 눈살을 찌푸리며 주시하고 있었다. 그의 눈에는 왕실의 부정한 악취가 풍기도록 썩어빠졌고, 조정의 대신들 또한 하나같이 무능한 족속들이었다.

그처럼 눈꼬리를 세우고 있는 강조에게 충동질을 하는 사람들이 있었다.

"지금 대왕마마의 병세가 위중하시어 명이 경각에 이른 것을 기회로 태후와 김치양이 사직을 빼앗으려고 음모를 꾸미고 있거늘, 장군은 외직에 나와 대군을 거느리고 있는 신분이면서 어찌 그냥 보고만 계신단 말이오?"

"장군께서는 의병을 크게 일으켜 도성으로 올라가 간사한 무리를 멸하고 위태로운 사직을 붙들어야 합니다."

"옳은 말입니다. 때를 잃지 마십시오."

이런 주위의 충고와 부추김을 들으면서도 강조는 결단을 내리지 못하고 있었는데, 그 이유는 정보의 불확실성 때문이었다. 들리는 소문으로는 임금이 이미 세상을 떠났다고도 했고, 병이 나아서 일어났다고도 했다. 따라서 무력 동원의 결과가 충신이 될지 역적이 될지 자신있는 판단이 서지 않았다. 그만큼 사태가 유동적일 뿐 아니라, 조정의 대궐 문단속이 철저했던 것이다.

한편 김치양 쪽에서도 강조의 존재가 신경 쓰이지 않을 수 없었다. 그가 어떤 이유로든 군사를 움직여 도성으로 쳐내려오면 속수무책이었기 때문이다. 그래서 서북방의 관문인 절령을 차단하고 오고가는 행인들까지 단속하면서 강조의 움직임을 예의 주시했다.

그 사실을 안 강조의 아버지는 나라의 일도 일이지만 아들의 안전이 크게 걱정되었다. 당장은 아들이 실질적인 군사권을 쥐고 있으나 사악한 무리들이 무슨 간계를 써서 아들을 해칠지 모르기 때문이었다. 그래서 몰래 편지를 쓴 다음, 충직하고 몸이 날랜 종에게 그것을 맡겨 아들한테 전달하도록 지시했다.

종은 문제의 밀서를 지팡이 속에 감추고는 머리를 깎고 묘향산 중의 행세를 하며 길을 떠났는데, 감시의 눈길을 피하느라고 항상 마음을 졸인 데다 한시 바삐 임무를 수행하기 위하여 주야로 달리는 강행군을 하는 바람에, 강조 앞에 이르러서는 너무 기진맥진한 나머지 지팡이를 전달하고는 그 자리에서 그만 죽고 말았다.

강조는 그 불쌍한 종을 잘 묻어주라고 한 다음, 지팡이 속을 뒤져 아버지의 밀서를 찾아냈다. 거기에는 이렇게 적혀 있었다.

임금이 이미 빈천賓天하시어 간흉한 자들이 일을 꾸미니, 군병을 일으켜 국난을 밝힐지라.

아버지의 밀서를 읽은 강조는 정수리로 피가 솟구치는 기분이었다.

'내 이 간악한 무리들의 뼈를 갈아 마시고 말리라.'

이렇게 맹세한 강조는 곧 부장으로 있는 이부시랑 이현훈을 비롯한 장수들을 소집하여 사정을 밝혔다.

"가친의 밀서에 의하면 도성에서는 이미 큰일이 벌어진 모양이오. 군사로서 국경을 지키는 것도 마땅한 임무겠으나, 나라 안의 변란을 보고 못 본 척하는 것이 어찌 장수된 자의 취할 태도라고 하겠소?"

그러자 여러 장수들이 입을 모아 출병을 찬성하고 나섰다. 거기에서 용기를 얻은 강조는 자기가 없는 동안의 국방을 잘 단속한 다음, 정예 군사

5천 명을 이끌고 개경을 향해 달렸다.

그런데 평주에 이르러 도성의 형편을 알아보니, 임금이 아직 세상을 떠나지 않았다는 것이 아닌가. 깜짝 놀라 진군을 멈추고 더 자세한 사정을 확인한 결과 틀림없이 임금이 살아 있음을 알 수 있었다.

"아뿔싸! 나라를 위하느라고 나선 걸음이 도리어 죄를 받게 되었으니, 이 노릇을 어쩌면 좋단 말이냐."

강조가 낙심천만하여 어쩔 줄을 모르자, 부하 장수들이 말했다.

"장군, 이미 화살은 시위를 떠났고 물그릇은 깨졌습니다. 돌이킬 수 없는 형편이 되었으니 초지일관으로 나가야 합니다."

"그렇습니다. 사태가 이 지경이 된 것은 지금의 임금이 유약하기 때문입니다. 대량원군 같은 마땅한 왕재王才도 있으니, 이 기회에 사직을 일신해야 국가 천년대계를 튼튼히 할 수 있습니다."

모두들 그렇게 부추기는 바람에 용기를 얻은 강조는 다시금 칼을 뽑아들고 진군 명령을 내렸다. 그리고 분사감찰 김응인에게 군사를 주어 대량원군을 모셔 오도록 명령했다. 임금이 황보유의를 보내어 대량원군을 맞아오게 한 사실을 조정의 대신들도 대부분 모를 정도였으니, 변방의 장수인 강조가 알 턱이 없었던 것이다.

황보유의와 김응인은 신혈사로 향하던 중에 만났다. 그리하여 서로의 입장을 확인한 다음 동행하게 되었다.

이윽고 신혈사에 도착한 황보유의와 김응인은 대량원군에게 임금의 밀서를 바쳤고, 전후 사정을 납득한 대량원군은 그들을 따라 출발했다.

한편 강조의 군대는 질풍처럼 달려 개경에 도달했다.

이현운이 맨 먼저 영추문을 들어서며 크게 함성을 지르니, 목종은 깜짝 놀라서 물었다.

"아니, 이것이 웬 소란이냐?"

"황공하오나, 서북면 도순검사 강조가 군사를 이끌고 왔다 합니다."

"무슨 까닭으로?"

조정 대신들은 불안한 얼굴로 서로 쳐다보기만 했다. 뭐라고 대답해야 좋을지 몰라서였다.

목종은 최항, 유행간, 탁사정, 하공진 등으로 하여금 나가서 강조를 만나 연유를 알아보라고 지시했다.

최항 일행이 대초문에 이르렀을 때, 강조가 갑옷을 입고 투구를 쓰고 칼을 찬 차림으로 당당하게 걸어 들어오고 있었다.

강조는 상대가 지체 높은 대신들이므로, 우선 직품상의 관례대로 읍하여 인사를 차렸다.

"국방을 맡고 있는 장군이 군사를 이끌고 도성으로 들어오니 대체 무슨 일이오?"

최항의 준엄한 질문이었다.

"간사한 무리가 임금의 병환을 틈타 사직을 위태롭게 한다기에 바로잡고자 온 것입니다."

"대왕마마께서 일시 옥체가 불편하셨으나 이제 거의 쾌차하시어 국정을 돌보고 계신데, 그 무슨 말씀이오?"

"……."

"어쨌든 이번 처사는 크게 잘못된 것입니다. 장군한테 딴마음이 없다면 즉시 돌아가기 바라오."

"외람된 말씀이지만, 오늘 나라가 이처럼 어지러운 것은 임금께서 나약하고 무능하기 때문입니다. 그래서 대량원군으로 하여금 사직을 잇도록 하고자 하니 협조해 주시오."

대신들은 입이 딱 벌어졌으나, 강조의 기세를 냉해 낼 도리가 없었다.

마침내 사정을 알아차린 목종은 어쩔 수 없다고 생각했다. 자기의 운수는 다한 것임을 깨닫고 그는 어머니인 태후를 찾아가 서로 부둥켜안고 통곡했다.

태후는 자기가 처신을 크게 잘못하여 사태를 그 지경까지 악화시켰음을 깨달았으나, 이미 후회해도 소용없는 일이었다. 모자는 가족과 궁녀들을 데리고 황황히 대궐을 빠져나와 법왕사로 향했고, 채충순, 유충정 등 대신들이 그 뒤를 따랐다.

강조는 이제 거칠 것이 없었다. 일이 너무 순조롭게 풀리므로, 지금까지의 작은 부담감마저 사라지고 모든 세상이 자기 손아귀에 들어온 것 같은 호기가 솟아올라 당당하게 건덕전에 올라섰다.

그 모습을 본 군사들은 멋모르고 만세를 불렀다. 강조가 왕이 되려고 하는 줄 안 것이다.

"그쳐라! 사군嗣君께서 아직 이르지 않으셨는데, 이 무슨 망발이냐."

강조는 당황하여 손을 내저었다.

그러자 잠시 후에 대량원군이 군사의 호위 속에 당도했다. 그를 맞아들이자마자 연총전에서 즉위식을 거행하니, 목종 12년인 1009년 2월의 일이었다. 그리하여 고려 현종의 시대가 열린 것이다.

강조는 역적 김치양 부자를 처단하고, 그 당파와 태후의 일족을 멀리 섬으로 귀양보냈다. 그로써 불안하던 사직은 가까스로 안정을 되찾았다.

목종은 어리석다든지 어지러운 인물도 아니면서 불운한 탓으로 내쫓김을 당한 셈이었다. 어쨌거나 그는 자기의 불행을 운명으로 받아들였고, 자기를 따르던 충신들을 불러 눈물로 작별을 고했다.

"이 몸은 덕이 없어 오늘 이런 처지가 되었으니 아무도 원망하지 않고 시골로 떠나려니와, 경들은 새 임금께 부디 충성을 다하기 바라오."

그런 말을 남기고 태후와 함께 선인문을 나서서 길을 떠나니, 신하들은 땅을 치며 통곡했다.

목종은 천성이 효자였다. 태후가 탄 말의 고삐를 스스로 잡았고, 태후가 배고프다 하면 친히 음식을 가져다 바쳤다. 그렇게 하면서 충주로 향했다.

내쫓은 임금을 시골로 내려가게 했으나, 강조는 뒤가 찜찜해서 견딜 수 없었다. 목종을 지성과 충정으로 따르던 신하들이 한둘이 아니었고, 따라서 자기의 반대파가 불법으로 쫓겨난 임금을 다시 모신다는 명분 아래 무슨 짓을 꾸밀지 모르는 일이었다.

'이미 저지른 일이니 끝마무리를 철저하게 해야 한다. 화근을 남겨 놓는 것은 역시 어리석은 짓이지.'

스스로 그렇게 생각했을 뿐 아니라 그의 일파가 똑같은 생각으로 자꾸 재촉을 하는 바람에, 강조도 마침내 결심을 굳히고 말았다.

목종 일행이 적성현에 다다랐을 때, 상약직장 김광보가 달려왔다.

"무슨 일이냐?"

"조정에서는 폐주께 사약을 내리기로 결정했습니다. 그런 줄 아시고 받아주십시오."

김광보는 준비해 온 사약을 목종에게 올렸다.

목종은 말할 것도 없고, 따르던 일행 모두가 얼굴이 백지처럼 되었다. 목종은 사약을 받지 않겠다고 버텼다.

김광보는 목종을 따라가는 중금 안패를 한쪽으로 조용히 불러 말했다.

"강조 장군께서 '만일 폐주가 스스로 독약을 먹지 않으면 수행 군사를 시켜 큰일을 행하도록 하고, 스스로 목숨을 끊었다고 보고하라. 그렇게 하지 않으면 폐주를 따르던 자들을 모조리 사형에 처하리라' 하고 말씀하셨소. 강 장군의 성미로 보건대 결코 빈말이 아닐 것이외다. 그러니 이 일을 어쩌면 좋겠소?"

그 말을 들은 안패는 잔등에 진땀이 흘렀다. 모시는 이가 아무리 신분이 높다 한들 자기 자신의 목숨에 비교하겠는가. 그래서 그날 밤 적성현 현관顯館에 든 목종을 몰래 살해하고는 그가 자살했다고 거짓말을 퍼뜨렸다. 그러고는 문짝으로 관을 만들고 시신을 넣어 임시로 묻은 후 현창縣倉의 쌀로 밥을 지어 짐짓 제사를 지내니, 가엾은 목종은 나이 겨우 서른으로 한 세상을 마쳤다.

강조와 하공진의 충절

　고려 초기에 확립된 대북방 정책의 요체는 고구려의 옛 땅을 회복하기
위하여 노력하며, 거란족이 세운 요나라에 대한 방비를 튼튼히 하고
대항력을 키우는 일이었다.

　몽고의 유목민이던 거란족이 고구려 유민들이 세운 발해를 멸망시킨
까닭에, 스스로 고구려의 위업을 이어받겠다고 자임하여 국호도 고려로
정한 태조 왕건은 국가의 통치 이념으로 설정한 '훈요십조訓要十條' 가운데
하나로 '거란과 화친하지 말 것'을 못 박아 놓기까지 했다.

　그런 까닭에 고려는 건국 초기부터 요나라에 대하여 적대적이고,
그쪽에서 호감을 사려고 보낸 사신을 붙잡아 귀양을 보내기까지 했다.
그러니 두 나라의 관계가 좋을 수가 없었다.

　당시 요나라는 강대한 세력으로 송나라를 압박하며 명실상부한 중국
대륙의 패자가 될 것을 꿈꾸고 있었으므로, 매사에 고분고분하지 않을 뿐
아니라, 그들의 적국 송나라와 친한 고려에 대해서 크게 불만이었다.

　고려와 요나라의 첫 본격적 싸움이 일어난 것은 성종 때로서, 소배압

이 80만 대군으로 쳐들어왔던 것이다. 고려는 황급히 교전 상태로 들어가는 한편, 서희가 나서서 소손녕과 담판을 벌였다. 그리하여 고려는 송나라와 단교하고 요나라와 통교하겠다는 약속을 하고, 그 대가로 요군은 즉시 철수할 뿐 아니라 압록강 동쪽 강동 6주의 관할권을 고려에 넘긴다는 외교적 성과를 거두는 데 성공했다.

그러나 고려가 송나라와의 단교를 얼른 단행하지 않고 요나라와의 국교 수립을 지연시키자, 속았다고 생각한 요의 성종은 분노하여 언젠가는 크게 본때를 보여야겠다고 생각하여 트집 잡을 기회를 노리고 있었다.

그러던 중에 강조가 목종을 폐하고 현종을 옹립하는 사건이 발생하자, 요나라 성종은 기회가 왔다고 생각했다.

"과인이 진작부터 작은 고려의 태도가 버릇이 없어 징벌할까 했더니, 이제 자중지란을 일으켜 신하가 임금을 멋대로 바꾸는 짓으로 그 구실을 만들어 주는구나. 상국의 황제로서 그 불의를 용납할 수가 없다. 내 친히 의군천병義軍天兵을 이끌고 가서 그 죄를 물으리라."

이렇게 선언한 요나라 성종은 즉시 전쟁 준비에 들어가 40만의 원정군을 편성했다.

그 정보를 입수한 고려는 온 나라가 발칵 뒤집혔고, 조정에서는 대책 마련에 급급했다.

"일찍이 태조대왕께서 경계하신 바 대로 거란 오랑캐가 기어코 일을 저지르려는 모양이오. 이에 어떤 대책이 있는지, 대소 신료들은 의견을 말해 보시오."

현종이 근심어린 얼굴로 말하자, 대신들은 맞서 싸우자는 쪽과 화친하여 국난을 면하자는 쪽으로 의견이 엇갈렸다. 그러나 건국 이래의 반요 정책을 내세우는 목소리가 역시 우세하여, 일전을 불사하기로 어렵 잖게 결론이 나고 말았다.

현종은 강조를 행영도통사에 임명하고, 이현운을 부장으로 삼아 30만 대군으로 침략군을 막아내도록 했다.

마침내 현종 원년이던 1010년 동짓달에 요나라 성종이 친히 군사를 이끌고 압록강을 건넘으로써 전쟁이 시작되었다.

요나라 대군을 처음으로 맞은 것은 흥화진을 지키던 용장 양규였다.

"적은 대군이고 우리는 숫자가 적으므로 중과부적이다. 그러나 우리는 튼튼한 성벽으로 보호되어 있으니, 성문을 굳게 닫고 방비에 치중하면 오랑캐들로서도 대책이 없을 것이다. 다들 명심하고 군령에 따르라."

양규는 이렇게 외치고 철통같은 수비로 경계만 할 뿐 나가서 싸우려고 하지 않았다. 그렇게 되자, 요나라 군사들로서는 소득없이 시간만 허비 하는 꼴이 되었다.

"안 되겠구나. 성을 깨뜨리는 것은 쉽지 않으니, 내버려 두고 통주로 진 군하라."

성종의 명령에 따라 요군은 흥화진 포위망을 풀고 고려군의 본진이 있는 통주로 향했다.

강조는 군사를 세 부대로 나누어 지혜로운 군략으로 침략군에 맞섰다. 더군다나 지리에 밝은 이점까지 있어, 고려군은 연전연승으로 요군을 격파해 버렸다.

그렇게 되자, 강조는 자신만만해져서 요군을 우습게 알게 되었다. 어떤 경우에도 교만은 실패의 원인이 되는 것이다. 고려군이 방심하여 조금 전열을 늦춘 기회를 틈타 요군은 전광석화처럼 방어선을 돌파하여 쇄도해 왔다. 용감무쌍한 강조는 부하 장졸을 독려하며 젖먹던 힘까지 쏟아 대항했으나, 한번 기울어진 대세를 바로잡기에는 이미 때가 늦었다. 고려군은 마침내 지리멸렬해져 버렸고, 강조와 이현운 등 장수들은 사로잡힌 몸이 되었다.

이윽고 장수들은 치욕스런 꼴로 성종 앞에 끌려 나갔다.

성종은 강조의 인물됨이 아까웠다. 잘 달래어 자기 사람으로 만들려고 생각하고는 결박을 풀게 했다.

"너는 감히 멋대로 임금을 죽이고 다른 사람을 왕위에 앉히는 대역무도한 짓을 했으므로, 과인이 상국의 황제로서 그 잘못을 문책하기 위하여 출병한 것이다. 이제 과인의 손에 붙잡힌 몸이 되었으니, 과거사는 털어버리고 짐을 섬기는 것이 어떠냐? 그렇게만 하면 지난 잘못을 묻지 않을 뿐 아니라, 너를 후하게 써줄 생각이다."

성종이 짐짓 너그럽게 의사를 묻자, 강조는 결연히 소리쳤다.

"나는 고려인이다. 그런 내가 어찌 네 신하가 될 수 있겠느냐."

"고얀놈! 다시 한 번 묻겠다. 나를 섬기겠느냐, 아니면 죽음을 택하겠느냐."

"열 번을 물어도 내 대답은 마찬가지다. 너 같은 오랑캐를 섬기느니, 차라리 죽고 말겠다."

그 말을 들은 성종은 화가 머리끝까지 뻗쳤다. 칼로 강조의 살을 조금씩 저미게 하면서 항복을 받아내려고 했다. 그러나 피를 철철 흘리면서도 강조의 입에서 나오는 대답은 한결같았다.

'독한 놈이긴 하나, 참으로 사나이로다!'

성종은 마침내 속으로 감탄하며, 이번에는 강조의 부장인 이현운을 끌어내어 똑같은 질문을 던졌다.

이현운 역시 상당한 인물이었으나, 눈앞에서 자기의 주장이 당하는 꼴을 보고나니 겁이 덜컥 났다. 어떻게든지 살고 볼 일이었다. 이현운은 눈물을 흘리며 시 한 구절을 지어 대답했다.

두 눈으로 이미 새 일월을 바라보거니
어찌 무슨 일로 옛 산천을 그리오리까

그 말을 들은 강조가 비틀거리며 일어나더니, 이현운의 가슴팍을 걷어차며 꾸짖었다.

"이놈! 내 일찍부터 너를 형제처럼 아끼고 모든 일을 의논해 왔거늘, 이제 구차하게 살기를 바라며 더러운 오랑캐의 발 앞에 꿇어 엎드릴 수가 있느냐. 네가 그러고도 고려 남아란 말이냐?"

그 광경을 본 성종은 노발대발하여 칼로 내리쳤고, 풍운아 강조는 몸이 두 동강이 나서 죽고 말았다.

강조의 군대가 격파 당하고 나니 침략군 앞에는 이제 거칠 것이 없었다. 성종은 군대를 몰아 고려의 도성인 송도를 향해 질풍처럼 진군을 계속했다.

나라는 바야흐로 풍전등화와 같은 위기에 처했다. 백성들은 울부짖으며 어쩔 줄을 몰랐고, 조정에서는 미처 후속 수단을 강구할 겨를이 없어 왕실부터 몽진하기로 작정했다. 그리하여 현종은 부랴부랴 경기도 광주로 달아났고, 또한 그곳은 여차하면 적의 말발굽이 금방 도달할 수 있는 가까운 거리라 마음이 놓이지 않아 다시금 멀리 남쪽으로 수레를 몰았다.

요군의 손아귀에 들어간 송도의 참상은 말로 표현할 수 없을 지경이었다. 대궐 곳곳에 불길이 치솟았고, 부녀자들은 욕을 입었으며,

국고에 든 것이든 사사집에 있던 것이든 구분없이 모든 재물을 깡그리 약탈당했다.

현종은 달아나면서도 적에 대하여 화친할 생각을 했다. 더 이상의 참변을 면하려면 그들을 달래어 화해하는 수밖에 없었기 때문이었다.

그때 자진하여 화친 사절로 선정된 사람이 하공진과 고영기였다.

"짐이 무능하여 국난을 감당하지 못하고 피신하면서 경들을 위태로운 적지에 보내려고 하니 실로 민망하오. 뭐라고 위로의 말을 해야 좋을지 모르겠소."

현종이 눈물을 흘리며 목메인 소리로 말하니, 하공진과 고영기는 이마를 땅바닥에 찧으며 울었다.

"신들이 대왕마마의 크신 은혜를 입은 몸이면서도 소임을 제대로 못하여 오늘 이런 환란을 당하게 되었으니 그 죄가 하늘에 미칩니다. 맡은 소임을 다하지 못하면 살아서 어찌 용안을 다시 뵐 수 있겠습니까."

"모든 것은 하늘이 결정하기에 달렸으니, 짐이 무슨 염치로 경들한테 책임을 묻겠소. 아무쪼록 몸조심하시오."

"대왕마마께서도 부디 옥체를 보전하옵소서."

그리하여 현종과 헤어진 하공진과 고영기는 적진에 찾아가서 성종을 만나겠다고 요청했다.

성종은 두 사람에게 겁을 주기 위해 깃발로 하늘을 가리고 창과 검을 서릿발처럼 늘어세운 가운데 버티고 앉아서 알현을 허락했다. 그 삼엄한 기세에 고영기는 안색이 조금 변했으나, 하공진은 태연한 얼굴로 성종 앞에 나아가 예를 올리고 공손히 말했다.

"신들은 저희 주상의 명을 받들어 성상께 두 나라의 화친에 관한 말씀을 올리고자 찾아왔습니다. 아무쪼록 너그럽게 보아주십시오."

"화친을 원한다면 너희 임금이 직접 찾아와서 과인을 뵈어야 하지 않은가."

"저희가 비록 작은 나라라고 하나 임금으로서의 체면이 있을 뿐 아니라, 주상께서 아무리 그렇게 하고 싶어도 옆에 고집 센 신하들이 있으니 결과는 마찬가지일 것입니다."

"그래, 찾아온 목적을 말하라."

"예, 지금은 계절이 추울 때라 성상의 군사들도 만리 타국에서 고생이 이만저만이 아닌 줄 압니다. 그러니 아무쪼록 군사를 거두어 돌아가심으로써, 두 나라가 앞으로는 형제처럼 지낼 수 있는 계기를 만들어 주십사 하는 것이 저희 주상의 간곡한 뜻입니다."

"만일 너희 임금이 과인 앞에 신하의 예로써 입조入朝만 한다면 회군하겠다. 약속할 수 있겠느냐?"

"평화로운 세상이 온 뒤에 절차를 밟아 그렇게 할 수 있다는 것이 저희 주상의 생각이십니다."

지금 당장이 아니라 나중에 보자는 식이니, 어중간한 약속으로 당장의 위급을 모면하자는 뜻이 분명했다. 성종 역시 그것을 모를 사람이 아니었다. 그러나 하공진이 지적한 대로 군사들이 추위 속에서의 전투와 풍토風土의 이질성에 시달려 모두 지치고 불만이 많을 뿐 아니라, 오랫동안 나라를 비워 두고 밖에 나와 있는 것이 이로울 건더기가 하나도 없었다. 그래서 크게 선심을 쓰는 척 그 조건을 받아들여 철군하겠다고 통보했다. 다만 고려 조정의 약속 이행에 대한 볼모로 두 사신을 자기네 나라로 데려가겠다고 일방적인 조건을 내놓았다.

마침내 요나라 군사들은 압록강을 건너 돌아갔고, 나주까지 몽진을 했던 현종이 폐허가 된 송도로 돌아온 것은 전쟁이 일어난지 두 달 만인

정월 스무하룻날이었다.

요나라에 끌려간 하공진과 고영기는 볼모로서는 과분한 대우를 받았다. 하공진은 요나라의 수도인 연경에, 고영기는 중경에 각각 분리 시키기는 했으나, 적당한 벼슬에 좋은 집과 아름다운 여자를 제공하여 마음을 붙이고 살도록 다독거렸다.

하공진의 여자는 지체 높은 귀족의 딸로서 비록 정략에 의하여 이국 인을 섬기게 되었으나, 남편된 사람의 인품에 끌리고, 한편으로는 그 불 우한 처지를 동정한 나머지 진심으로 사랑하게 되었다.

하공진 역시 한 사람의 남자였다. 상대가 비록 오랑캐 계집일망정 뛰 어난 미인일 뿐 아니라 지극 정성으로 자기를 모시는 것을 보고는 어느덧 마음이 기울어 그녀를 사랑하게 되었다.

그러나 하공진은 고국으로 돌아가겠다는 염원을 하루도 망각한 적이 없었다. 오랑캐 밑에서 아무리 호의호식하고 여색의 즐거움을 제공받는다 하더라도 정든 산천과 임금과 가족 친지들을 어떻게 잊을 수가 있단 말 인가. 그래서 기회를 엿보아 도망칠 계획을 수립했다. 정상적인 절차에 의해서는 돌아갈 길이 보이지 않으므로 위험을 무릅쓰는 탈주를 생각 하게 된 것이다.

하공진은 겉으로는 요나라의 신하로서 성종을 섬기는 척하면서 몰래 도주로를 알아보고, 그 중간 중간의 길목에다 날랜 말을 수배해 놓았다. 도망을 결행하는 경우, 갈아타기 위해서였다.

그런 그의 속셈을 맨 먼저 알아차린 것은 아내인 요녀였다. 여자의 섬세한 직감이 날마다 살을 맞대고 사는 사람의 움직임을 알아차리지 못할 리가 없었던 것이다.

"나리께서 딴마음을 품고 계신 줄 소녀는 다 압니다. 숨기지 말고 말씀해 주십시오."

요녀가 정색을 하고 물어왔으므로, 하공진은 하는 수 없이 실토했다.

"그대가 이미 짐작하고 있는 이상 거짓말을 한들 무슨 소용이겠나. 나는 일구월심 내 나라로 돌아가는 것이 소원이다."

"그러시면 소녀는 어떻게 해야 하나요? 싫습니다. 나리와 헤어질 수는 없습니다."

"그대를 떨치고 갈 생각을 하니 내 마음도 아프기 한량없으나, 그렇다고 같이 도망칠 수도 없지 않은가."

"안 됩니다. 소녀를 부디 버리지 말아주세요."

요녀는 하공진의 가슴에 얼굴을 묻고 흐느껴 울었다.

하공진의 가슴은 찢어지는 듯했다. 사랑하는 여자의 애원을 물리치고 그녀를 저버려야 하는 자기 신세가 원망스럽기도 했다. 그러나 어쩔 수 없는 일이었다.

요녀는 아무리 애원해도 하공진이 생각을 바꾸지 않자, 사랑하는 사람을 붙잡아 두기 위해 그가 탈출을 기도하고 있음을 조정에다 일러바치고 말았다.

그 말을 들은 성종은 노발대발하여 하공진을 당장 잡아들이게 하고는 직접 문초를 했다.

"과인이 너를 후대하여 좋은 집과 아름다운 계집을 주었는데, 무엇이 부족하여 달아날 생각을 했느냐?"

"황공합니다. 신은 비록 성상 폐하께 큰 은혜를 입었으나, 조국에 대하여 감히 두 마음을 가질 수 없습니다."

"과인이 네 죄를 물어 죽음의 벌을 내린다면 어떻게 하겠느냐?"

"신의 죄가 만 번 죽어 마땅할망정, 목숨을 구걸하면서까지 귀국을 섬기고 싶은 생각은 없습니다. 마음대로 처분을 내리십시오.”

하공진은 조금도 두려워하는 빛이 없이 담담한 태도로 말했다.

성종은 그 기상이 의롭다고 생각했다. 차마 죽이기가 아까웠다. 명령에 의해서지만 그에게 딸을 준 대신의 체면도 생각하지 않을 수 없었다. 그래서 일단 기회를 주는 의미에서 하공진을 방면해 주었다.

그러나 하공진이 여전히 진정으로 마음을 바꾸어 자기를 섬기지 않는 것을 알고는 마침내 다시 잡아들였다.

이번에는 지난번 같은 유화책을 쓰지 않고 죄인으로 다루었다. 형틀에 올려놓고 고통을 주면서 굴종을 강요했다.

그렇지만 이미 죽음을 각오한 하공진은 조금도 굽히지 않고 당당하게 맞섰다.

“나는 백 번 죽더라도 고려의 신하다. 어찌 오랑캐를 섬기겠느냐!”

마침내 성종도 회유를 포기했다. 배신감으로 화가 정수리까지 뻗친 성종은 살을 저미고 뼈를 바스러뜨리는 혹독한 형벌을 가했다. 그럴수록 하공진은 소리쳐 꾸짖으며, 나중에는 성종의 얼굴에다 침을 뱉기까지 하며 고려인의 기백이 얼마나 무서운가를 그들에게 보여 주었다. 그러고는 마침내 한 덩이 어육이 되어 숨을 거두었다.

요녀는 사랑을 잃지 않기 위하여 한 일이 사랑하는 사람을 참혹한 죽음으로 몰아버린 결과가 되자 후회하고 상심한 나머지 식음을 전폐한 채 눈물로 날을 보내다가 결국 스스로 목을 매고 말았다.

한 편의 비극은 그렇게 막을 내린 것이다.

왕자 의천국사

고려 11대 임금 문종 19년 5월, 독실한 불교 신자인 문종은 어느 날 왕자들을 불러모아 놓고 물었다.

"이 아비는 너희들 가운데 한 사람은 중이 되어 복전福田을 닦았으면 싶다. 누가 그 뜻을 받들겠느냐."

그러자 이름은 후, 자는 의천인 넷째 아들이 나섰다.

"예. 소자가 일찍부터 출가할 뜻이 있었으나 감히 말씀드리지 못했는데, 아바마마의 뜻이 그러시다면 기꺼이 머리를 깎겠습니다."

그 말을 들은 문종은 몹시 기뻤다. 그리하여 경령전에 나가 앉아 영통사에 있는 왕사 난원스님을 불러 의천의 머리를 깎게 하니, 그때 의천의 나이 열한 살이었다.

그로부터 의천은 왕자의 신분을 버리고 중이 되어 왕사를 따라 영통사에 나가서 기거하며 불경과 학문을 배웠다. 천분이 워낙 총명하고 또한 열심히 공부했기 때문에 그 학문과 지혜는 하루가 새로울 정도로 빛이 나서 주위를 놀라게 할 정도였다.

난원스님이 입적한 후 그 제자들과 함께 학문을 토론하는데 아무도 의천을 당할 사람이 없었다. 뿐만 아니라 법상종法相宗이니, 계율종戒律宗이니, 선적종禪寂宗이니 하는 당시의 여러 불교 종파를 대표하는 이름난 학자들과 도를 논하는 자리에서도 전혀 꿀림이 없었다.

이와 같이 그 이름이 널리 알려지고 사람들이 '법문法門에 새 종장이 나타났다'고 칭찬이 자자하므로, 문종도 마침내 의천에게 '광지개종廣智開宗 홍진우세泓眞祐世'라는 호와 승통僧統의 직책을 내리니, 그때 의천의 나이 겨우 열다섯 살이었다.

1003년 계해년 7월에 문종이 세상을 떠나고 맏아들이 보위를 물려받으니, 그가 순종이다. 그러나 순종은 임금될 팔자가 아니었던지 등극한 지 불과 넉 달만에 갑자기 세상을 떠남으로써, 다시 그 아래 동생이 뒤를 잇게 되었다. 그가 선종이니, 의천에게는 둘째 형이었다.

그 선종 2년, 이제 서른한 살의 장년에 들어선 의천은 형인 임금에게 말했다.

"저는 일찍부터 송나라에 유학할 뜻을 세웠으나, 아바마마께서 살아 계실 적에는 아뢰어도 허락하지 않으시는 바람에 뜻을 이루지 못했습니다. 이제 형님께서 보위에 오르셨으므로, 다시 여쭙는 바이니 부디 이 아우가 중원에 가서 전법傳法의 포부를 펼 수 있도록 허락하여 주시기 바랍니다."

선종은 그 소청을 듣고 망설이지 않을 수 없었다. 아무리 법의를 입고 있다고는 하나 사사롭게는 사랑하는 아우이며, 더군다나 온 불교계의 신망을 한 몸에 받고 있는 신분인데, 홀로 험하고 먼 길을 떠나 외국에 가도록 허락하는 것이 과연 타당한 일인지 자신이 서지 않아서였다. 그래서 대신들을 불러 그 일을 의논했는데, 신하들은 입을 모아 반대했다.

"그것은 절대 안 됩니다. 왕자의 고귀한 몸으로 험한 바다를 건너 먼 나라로 떠나시어 갖은 고생을 겪게 할 수는 없는 일입니다."

선종 역시 아우를 사랑하고 걱정하는 마음이 컸으므로, 대신들의 반대를 구실로 의천의 요청을 완곡히 거절하고 말았다.

임금의 허락을 받지 못한 의천은 우회적인 수법을 생각했다. 셋째형을 찾아가서 도움을 청한 다음, 같이 모후를 찾아뵙고 임금한테 영향력을 행사해 주도록 애원했다.

"어마마마, 우리 고려에는 아직 천태종天台宗의 불문이 서지 못했사옵니다. 소자가 그 소임을 맡기로 뜻을 세운 바 있으니, 부디 대왕 형님께 말씀드려서 유학 허락을 얻어주십시오."

그 말을 들은 태후는 웃으며 말했다.

"네가 정히 그런 장한 뜻을 품었다면 어미로서는 기뻐할 일이다. 그러나 너는 하고 싶은 대로 처신할 수 없는 신분이고, 더구나 형인 대왕께서 아우를 사랑하는 마음으로 길 떠남을 허락하지 않으시니, 이 어민들 뾰족한 수가 없구나."

"그러니까 어마마마께 간청을 드리는 것 아닙니까."

의천은 간곡하게 매달렸다.

"너는 가고 싶어하고 대왕께서는 고개를 흔드시니, 이 일은 순리적으로는 불가능할 것 같다. 정 가고 싶으면 몰래 떠나거라. 뒷일은 이 어미가 감당하마."

그러자 셋째도 스스로 간접 지원을 하겠노라고 의천의 용기를 북돋워 주었다.

그 바람에 기운을 얻은 의천은 수개라는 이름의 제자를 비롯하여 서너 사람의 수행원만 거느리고 몰래 송도를 벗어나 정주지금의 경기도 풍덕에 이르러 임녕이란 송나라 장사꾼의 배에 오르는데 성공했다.

뒤늦게 그 사실을 안 선종은 깜짝 놀라 관료들과 의천의 제자들로 하여금, 급히 뒤따라 가서 보호 조치를 취하도록 명령했다.

이윽고 중국에 입국하여 판교진이란 곳에 다다른 의천은 입국 목적과 사연을 적어 송나라 조정에 올렸다.

송나라 황제 철종은 우방인 고려에서, 더군다나 고귀한 신분인 왕자가 찾아왔다고 하므로 놀랍고 반가워 극진히 우대했다. 제성사라는 절에 특별 배려로 기거하게 하는 한편, 수시로 수공전에 불러들여 담론을 나누곤 했다. 그러고는 젊은 나이임에도 불구하고 그 지식이 너무나 깊고 넓음에 감탄하여 마지 않았다.

의천은 송나라에 입국한 목적이 귀빈 대우나 받으려는 것이 아니므로, 그 같은 환대가 오히려 거북스러웠다. 그래서 철종에게 간곡히 부탁했다.

"외람된 말씀이오나, 소승이 대국에 찾아온 목적은 불도의 오묘한 철리를 제대로 깊이 공부하기 위함입니다. 원하건대 소승의 목마름을 해소시켜 줄 고명한 스승을 만나게 해주시면 감사하겠습니다."

"그대의 뜻이 그러하다면 과인이 들어주지 못할 까닭이 있겠는가."

철종은 그 탐구심에 감탄하여 말했다.

의천은 철종의 추천을 받아 먼저 대학자인 화엄법사 유청을 만나 불교에 관한 문답을 했다. 그 다음에는 명찰 상국사로 가서 원소종본을 만나 토론했고, 천길상이라는 이름의 서역인한테서 범서梵書를 배웠다.

이번에는 금산을 지나서 불인요원을 찾아가 만났으며, 그 다음에는 항주로 가서 정원선사를 만나 가르침을 받고, 다시 자변대사한테서 천태종의 경론을 들었다.

그처럼 한 차례 고명한 승려와 학자들을 만나보고 돌아오자, 철종은 위로연을 베풀어 주었다.

몇 날을 묵은 의천은 다시 길을 떠나 항주로 가서 두 번째로 정원 선사를 만나 화엄철학의 오묘한 경지를 공부했고, 공부가 끝난 다음에는 경서와 향로 등 선물을 받았다.

그런 다음 천태산에 올라 지자대사의 탑에 참례하며 해동 본국에는 천태종을 전파할 것을 발원문으로 맹세했고, 명주로 가서 대각회련大覺懷璉에 참가하기도 했다.

그처럼 불교 여섯 종파의 이름난 고승 학자 50여 명을 만나 토론하고 강의를 들음으로써 의천은 살아 있는 불교 백과사전이 되었다.

의천이 중국 대륙을 종횡으로 쏘다니면서 열심히 불도를 닦는 동안, 고려 왕실에서는 걱정이 태산 같았다. 특히 태후는 넷째 아들이 너무 보고 싶어 눈이 진무를 지경이 되었다.

"이 늙은 것이 생각이 짧아서 그 아이의 소청을 공연히 들어준 것 같소. 대왕은 중국 황제께 주청하여 아우가 하루빨리 돌아올 수 있도록 하오."

태후는 아들인 선종에게 의천의 귀국 조치를 재촉했다.

선종 역시 아우가 걱정되어 견딜 수 없을 지경이었으므로, 송나라 조정에 외교 문서를 전달하여 의천의 빠른 귀국을 주선해 주도록 요청했다.

그런 사정을 안 의천은 더 오래 중국에 머물 수 없음을 알고 고승 학자들을 방문하는 일정을 서두르는 한편, 고려에서는 구경도 할 수 없는 희귀한 불교 서적을 1천여 권이나 수집했다. 그리하여 마침내 선종 3년 6월에 황해를 건너 돌아오니, 고국을 떠난 지 어언 14개월 만이었다.

의천이 돌아오자, 예성강 포구에서부터 개경 봉은사에 이르기까지 그를 환영하는 인파와 행사가 줄을 이었고, 임금과 태후는 몸소 봉은

사에 나와서 기다리고 있다가 반갑게 맞았다.

의천이 가져온 진기한 경서를 바치니, 선종은 감탄하여 말했다.

"귀한 전적을 이렇게 많이 구하여 오다니, 고려의 불교가 이제 아우의 손을 빌어 비로소 꽃피게 되었구나."

의천은 흥왕사를 거처로 정하고 교장도감敎藏都監을 설치하여 가져온 경전을 비치했다. 또한 그것만으로는 성에 차지 않아 새로운 불서를 찾아서 국내를 샅샅이 뒤지고 다녔고, 다시 송나라와 요나라, 심지어는 일본에까지 수색 범위를 넓혔다.

그처럼 광범위한 수집 끝에 1,010부 4,740여 권의 불전을 집대성하여 간행하니, 그것이 소위 '의천속장義天續藏'이다. 그러나 불행히도 지금 그중의 몇 권만 전할 뿐이다.

그 후 의천은 흥왕사를 떠나 여러 곳을 돌아다녔으며, 선종이 세상을 떠나고 그 아래 동생이 보위를 이어받았을 때는 해인사 주지가 되었는데, 그때 나이 42세였다.

바로 손위 형인 숙종의 종용에 따라 의천은 개경에 올라와서 다시 흥왕사 주지가 되었다. 그러다가 이듬해에 국청사가 낙성되자 그곳으로 거처를 옮겼다. 그리고는 비로소 국내에 천태종을 본격적으로 퍼뜨리기 시작하니, 그의 강의를 들으려고 사방에서 모여든 학인들이 무려 1천여 명을 넘었다.

의천은 숙종의 다섯째 아들이며 자기의 조카인 증엄을 출가시켜 손수 머리를 깎고 제자를 삼으니, 그가 나중에 원명국사로 일컬은 인물이다.

숙종 6년이던 1101년 10월에 의천이 무거운 병이 들자, 온 나라가 근심에 싸였다.

숙종은 친히 문병을 와서 눈물을 흘리며 그 야윈 손을 잡았다.

"아우님은 국태 민안을 위하여 아직도 할 일이 태산 같은데, 이 무슨 변고인가."

"황공하옵니다. 아무래도 소승이 이제는 부처님의 부르심을 받들어야 할 때가 된 듯싶습니다."

"그럴 수 없는 일이다. 부디 자리를 털고 일어나도록 하라."

숙종은 의천을 국사國師로 책봉하고 극진히 간호했다. 그러나 주위의 안타까움에도 불구하고 국사로 책봉된 지 이틀만에 의천은 마침내 열반에 드니, 그때 그의 나이 47세였다.

그의 죽음에는 위로 임금에서 아래로는 백성에 이르기까지 슬퍼하지 않는 이가 없었고, 조정에서는 모든 군신이 흰옷을 입고 사흘 동안 조회를 쉬었다.

다비茶毗에 붙여진 의천의 유골은 영통사 동쪽에 묻혔으며, 나라에서는 대각大覺이란 시호를 내렸다.

청렴한 서희와 장군 김숙흥

성종 때 거란 장수 소손녕이 80만 대군을 이끌고 쳐들어왔을 때, 단신으로 적진에 들어가서 소손녕을 상대로 당당하게 침공의 부당성을 말하고 달래어 돌아가게 한 사람이 바로 서희 장군이다.

그는 피흘리는 전쟁 대신 세 치 혀로 적을 몰아냈을 뿐 아니라 강동 6주의 관할권을 얻어내어 압록강까지 영토를 확장했으니, 실로 대단한 군략가요, 웅변가라 하지 않을 수 없다.

서희의 할아버지 서신일은 본래 신라의 낮은 벼슬아치였으나, 신라가 망하고 고려가 선 후에는 서원골이라는 시골에서 농사를 짓고 살았다.

농사꾼으로 살 위인이 아닌데도 그렇게 살아가는 것이 딱하여 다른 사람들이 뭐라고 하면, 서신일은 웃으며 말하는 것이었다.

"벼슬을 하자니 남한테 힘을 쓰게 될 것이 싫고, 장사를 하자 해도 남과 이익을 다투게 될 것이 싫으니 농사밖에 할 일이 뭐겠소."

그런 태평하고 욕심 없는 마음으로 밭두렁에서 땅이나 파고 살아가니 가난할 수밖에 없었다.

더구나 서신일은 나이 일흔이 가깝도록 달랑 두 노부부뿐 자식이라고는 없었다.

어느 날, 서신일이 밭에서 일을 하고 있는데 사슴 한 마리가 화살을 맞아 피를 흘리며 달려와 그에게 안겼다. 너무나 다급한 나머지 사람을 무서워할 겨를이 없었나 보았다.

그와 동시에 저쪽 산등성이로부터 한 사냥꾼이 나타나 사슴을 쫓아 내려오고 있었다.

사정을 짐작한 서신일은 사슴을 얼른 콩줄기를 묶은 단 속에 감추고는 시치미를 떼고 있었다.

잠시 후 사냥꾼이 달려와서 물었다.

"영감님, 조금 전에 사슴 한 마리가 이쪽으로 오지 않았소?"

"글쎄요."

"무슨 대답이 그렇소. 봤으면 봤다, 못 봤으면 못 봤다고 하실 일이지. 영감님이 숨긴 거 아뇨?"

사냥꾼이 눈을 부라리며 따지는 바람에 거짓말을 할 줄 모르는 서신일은 할 수 없이 실토하고 말았다.

"이 보오, 사실은 그 사슴을 내가 숨겨 두었다오."

"아니, 뭐라구요? 내가 쏘아 맞춘 사슴이란 말이오. 당장 내놓아요."

"그 사슴을 어떻게 할 작정이오?"

"어떻게 하긴요. 죽여서 고기를 장에 내다 팔지."

"그러면 차라리 지금 나한테 파시구려. 내가 적당한 값을 쳐주리다."

사냥꾼으로서는 마다할 이유가 없었다.

서신일은 사냥꾼한테 곡식 섬 만큼이나 후한 값을 쳐서 돌려보내고는 아내와 함께 사슴을 정성으로 간호했다. 몸에 박힌 화살을 뽑고

상처를 기름으로 씻은 다음 약초를 찧어 붙여주었다. 그러고는 방에 안아다 이불 속에 넣어서 재우기까지 했다.

그러기를 여러 날, 마침내 사슴의 상처가 거의 아물어 뛰어다닐 수 있게 되자, 서신일은 그 사슴을 깊은 산 속으로 안고 들어갔다.

"사슴아, 사슴아. 다시는 그런 사냥꾼의 눈에 띄지 않을 곳으로 멀리 가서 잘 살아라."

그러면서 사슴을 놓아주니, 사슴은 고마운 듯 말끄러미 쳐다보고 나서 뛰어 달아나 버렸다.

그런 음덕을 쌓은 덕택인지, 그로부터 얼마 후 서신일의 부인한테 태기가 있었다. 그리하여 열 달 만에 아들을 낳았고, 이름을 필이라고 지었다.

서필은 자라면서 영특하여 글을 잘 하고 효성이 깊었으며, 나중에 벼슬길에 나아가 광종 때 재상의 지위에 올랐다. 그처럼 높은 신분이 되어서도 아버지의 영향으로 재물에 대한 욕심이 없고 검소하여 많은 사람들로부터 칭송을 들었다.

어느 날, 광종이 몇몇 주요 대신들에게 금술잔을 하사했는데, 내의령 서필만은 유독 그것을 사양했다.

"경은 어째서 짐이 주는 것을 받지 않으려 하시오?"

"황공하옵니다. 소신이 재상의 지위에 있으면서 대왕마마의 은총을 너무 입는 것만도 분에 넘치거늘, 그 위에 또 금술잔까지 어찌 받을 수 있겠습니까. 사치하면 문란해지고 검소하면 다스려지는 이치를 부디 잊지 마시기 바랍니다. 또 상하간에는 차등이 있어야 하는 법인데, 신하인 제가 금술잔을 사용하면 임금께서는 무엇을 사용하시렵니까?"

그 말을 들은 광종은 감탄하여 말했다.

"경은 보화를 보화로 여기지 않는구려. 짐은 앞으로 경의 말을 보화로 여길 것이오."

당시 송나라 사람들이 고려에 들어와 귀화하겠다고 하자, 광종은 백성들의 집을 징발하여 그들에게 나누어 주었다.

그것을 본 서필은 임금에게 말했다.

"신의 집이 제법 넓으니, 그것을 송나라 사람들한테 주시기 바랍니다."

광종이 놀라서 물었다.

"아니, 그러고 나면 경은 어디서 살려고 그러시오?"

"신은 어쩌다 재상의 지위에까지 올랐습니다만, 무슨 염치로 자손들까지 재상의 집에서 살기를 바라겠습니까. 신은 자손들에게 큰 집을 전해 주기보다는 덕을 전해 주는 것이 더 중요하다고 생각합니다. 그러므로 신은 녹봉을 조금씩 남겨 가지고 작은 평민의 집 하나를 장만할 작정입니다."

이렇게 말한 서필은 일국의 중요한 대신이면서 대신의 관사를 나라에 헌납하고는 오막살이 초가집에서 살며 자식들에 대한 교육에 각별히 힘썼으니, 그 아들 서희가 명신에 명장이 된 것이 쉽게 된 일이 아니었다.

거란이 쳐들어와 서희가 군사를 이끌고 북진했을 때, 성종은 독려하는 뜻으로 서경까지 동행했다.

그때 성종은 서경의 창고 안에 가득 쌓여 있는 쌀이 혹시 적군의 손에 들어가게 될까 봐 그것을 모두 대동강에 버리라고 명령했다. 그러자 서희가 반대했다.

"대왕마마, 그것은 안 되는 처사입니다. 곡식은 하늘이 내리신 것이요, 사람의 생명입니다. 차라리 적이라도 먹도록 하는 것이 낫지, 어찌 그 귀한 것을 강에 버린단 말입니까."

그 말을 들은 성종은 부끄럽게 생각하며 명령을 거두었다. 대대로 물려받은 절약 정신은 그토록 철저했던 것이다.

김숙흥은 현종 원년 거란의 제2차 침입 때 양규와 더불어 그들을 물리쳐 나리를 위기에서 구한 장수인데, 서희의 집 기풍이 검소했던 데 비하면 김숙흥의 가문은 검소에서 더 나아가 극기의 경지에까지 이르렀다고 할 수 있다. 더구나 김숙흥의 경우는 어머니의 영향이 매우 컸다.

김숙흥의 아버지는 무반 가문의 출신으로 장차 만주 오랑캐를 무찔러 나라의 안전을 반석같이 만들겠다는 사나이다운 포부를 가지고 있었다. 그러나 불행히도 수명을 길게 타고나지 않아 서른 살도 채 못 되어 세상을 떠나게 되었는데, 죽기 전에 아내에게 말했다.

"내가 먼저 저 세상으로 가니 당신하고는 지하에서 만나게 될 것이오마는, 눈을 감으면서도 칠천지한이 되는 것은 대대로 무반을 배출한 가문에 태어났으면서 나라를 위해 팔뚝의 힘 한 번 제대로 쓰지 못하여 조상을 뵐 면목이 없다는 것이오. 지금 부인의 뱃속에 나의 혈육이 들어있다 하니, 다행히 그놈이 아들일 경우에는 이 아비가 못다 이룬 꿈을 펼쳐서 가문의 명예를 일으킬 수 있도록 각별히 잘 길러주기를 부탁하오."

그런 다음, 눈물을 흘리는 아내의 손을 잡고 간곡히 말했다.

"원래 자식을 기르되 그 자식의 덕으로 내 집 문전의 전답이 넓어지기를 바란다거나, 부모의 사후에 젯상 위에 제물이 넘쳐나도록 쌓이기를 바란다거나 해서는 안 되는 법인 줄 부인은 잘 아실 터이오. 자식으로서 제대로 된 심성을 타고난다면 아비의 뜻을 이어야 마땅한 법, 부인은 그 아이를 잘 길러서 가문의 전통을 부끄럽지 않게 하고 국가 사직을 지키는 훌륭한 무반으로 나아가도록 지도해 주오."

그와 같은 당부를 들은 부인 이씨는 이윽고 남편이 세상을 떠난 후 김숙흥이 태어나자 남편의 당부대로 키우기로 결심했다. 그녀는 남편을 사랑했듯이 아들을 극진히 사랑하면서도 교육에서는 엄격하기 짝이 없었다.

이씨는 어린 아들에게 글과 예절을 가르치는 한편, 내핍에 대한 적응력과 고난에 대한 참을성을 기르는데 역점을 두었다. 동지 섣달에도 홑옷에 맨발로 지내도록 했고, 만일 춥다는 소리가 입에서 나오면 우물가로 데리고 가서 찬물을 뒤집어 씌웠다.

한번은 김숙흥이 불장난을 하며 놀다가 다리를 데었다. 그래서 뜨겁다고 울자, 이씨는 부젓가락을 뜨겁게 달구어 가지고 불에 덴 자리를 다시 지져댔다.

"그까짓 것을 가지고 울다니, 너희 아버님의 유언을 잊었느냐? 그렇게 나약해 가지고서야 어찌 가문에 부끄럽지 않은 씩씩한 장수가 될 수 있단 말이냐."

또 한 번은 이씨가 산에서 커다란 두꺼비 한 마리를 잡아와서 아들 앞에 던지며 산 채로 뜯어먹으라고 했다.

"아니, 어머니. 이것을 어떻게 먹어요?"

김숙흥이 깜짝 놀라 묻자, 이씨는 태연히 말했다.

"못 먹을 것 없다. 산 채로 다리 하나, 창자 하나까지 남기지 말고 깨끗이 먹어 치워야 하느니라."

"싫어요. 정말 못 먹겠어요."

"무슨 소리를 하는 거냐. 이 다음에 네가 장수가 되어 전장에 나갔을 때 위기에 직면하여 배를 주리게 되는 경우를 당하지 않는다는 보장이 없다. 그럴 경우 아무것이나 먹고 기운을 차려 위기를 벗어나야 하는데, 이까짓 두꺼비 한 마리를 못 먹는다고 해서야 어떻게 그런 위기를 극복할 수 있겠느냐."

그러고는 기어코 두꺼비를 먹이고 말았다. 아들에 대한 이씨의 교육은 그처럼 가혹할 정도로 엄격했으나, 한편으로는 세상 어떤 어머니보다도 뜨거운 사랑을 쏟았다. 호되게 꾸짖은 날이면 밤에는 잠든 김숙흥의 머리맡에서 소리없이 눈물을 흘렸고, 그가 병이라도 나서 못 일어날 정도가 되면 엄동설한이라도 10리 밖의 약수를 길어 와서 미음을 끓여서 젓가락으로 백 번도 더 찍어서 맛을 보고 먹일 정도로 극진한 정성을 기울였던 것이다.

김숙흥은 어머니의 그와 같은 사랑과 지도로 학문을 익히고 무예를 단련한 끝에 마침내 무과에 급제하여 벼슬길에 올랐다. 그리하여 조정의 촉망 속에 당시 국방의 요처 가운데 하나인 구주의 별장으로 임명되어 떠났다.

효자인 김숙흥은 임지에 도착하여 근무를 하면서도 고향인 개경에 두고 온 어머니가 보고 싶고 걱정이 되어 견딜 수가 없었다.

'부모한테 효도도 못하는 위인이 무슨 큰일을 할 수 있단 말인가. 나랏일도 나랏일이지만, 나한테는 단 한 분뿐인 어머니가 무엇보다도 소중하다. 어머니의 안부를 알지 않고는 도저히 마음을 잡고 근무를 할 수 없구나.'

이렇게 생각한 김숙흥은 어머니의 생일과 아버지의 제삿날을 맞추어 며칠 휴가를 얻어 가지고 한달음에 집으로 달려갔다.

'벌써 이태만이니, 이 불효자를 보시면 어머니가 얼마나 반가워 하실까?'

그처럼 꿈에 부풀어 이윽고 집에 도착한 김숙흥은 큰소리로 어머니를 부르며 대문 안으로 들어섰다. 그러나 어머니는 쌀쌀한 태도로 아들을 대했다.

"아니, 네가 갑자기 어떻게 왔느냐?"

"마침 어머님 생신도 돌아오고 아버님 제사 때도 되었으므로, 위에다 사정하여 휴가를 얻었답니다."

김숙흥이 머쓱해서 대답하자, 이씨는 노여운 음성으로 꾸짖었다.

"도대체 네가 지각이 있는 사람이냐? 국방을 책임지고 있는 장수가 자리를 비우다니. 만일 네가 없는 사이에 부하들이 무슨 일을 저지른다든지 오랑캐들이 쳐들어온다면 어떻게 되겠냐."

"……"

"어미의 생일을 기억하고 선친의 제사를 생각하는 것이 고맙기는 하나, 나라의 막중한 일을 맡은 사람이라면 그런 사사로운 일은 생각할 필요가 없다. 그런 태평한 생각을 가지고 있다가 무슨 일을 당하는 경우, 너 한 몸 망치는 것은 둘째로 치고 나라에 그런 불충이 없을 것이다. 그래 가지고서야 나중에 어떻게 아버님과 조상 어른들을 뵐 수 있겠냐."

"……"

"기왕 왔으니 이 어미의 얼굴을 본 것으로 되었다. 그러니 지체할 생각말고 당장 떠나거라."

"잘 알겠습니다, 어머니. 소자의 생각이 짧았습니다. 그럼 안녕히 계십시오."

김숙흥은 마당에 넓죽 엎드려 어머니께 절을 올리고는 그대로 말에 올라 근무지로 향해 떠났다. 그러는 그의 눈에는 이슬이 맺혔고, 자기를 그처럼 매정하게 쫓아보낸 어머니의 눈에서도 뜨거운 눈물이 쏟아지고 있었다.

이씨의 그런 정성과 기원이 헛되지 않아 김숙흥은 훌륭한 장수가 되었으며, 현종 2년 거란의 제2차 침입 때에는 용장 양규와 더불어 결사 항전으로 맞서 오랑캐 2만여 명을 죽이는 치명타를 입혀 물러가게 하는 한편, 그들에게 끌려가던 고려 양민 3만여 명을 구출하는 전과를 올렸다.

그는 전장에서 이따금 군량이 떨어져 군사들을 먹일 방도가 없어지면 어릴 때 어머니의 명령으로 두꺼비를 먹던 일을 생각해 내고는 부하들을 시켜 산개구리를 잡게 하고 산나물을 채취하게 하여 허기를 때우는 임기응변을 발휘하기도 했다.

고려왕조 야사

2

왕호 부부의 슬픈 이별

예성강 하구는 송나라를 찾아가는 고려의 사절들이 출발하던 곳이니, 그래서 강 이름도 국제적 예의를 다한다는 뜻에서 예성강이라 했다고 한다.

도읍인 개경은 이 예성강을 끼고 중국과의 교역으로 문물을 받아들여 융성했던 터이므로, 강 하구에는 상인들의 거리가 크게 형성되어 있었다. 들어오고 나가는 물건들이 산같이 쌓이고 떠들썩한 분위기 속에 거래가 이루어지니, 그곳 경기가 곧 나라의 재정에 영향을 미칠 정도로 차지하는 비중이 대단히 컸다.

그곳에 거점을 잡고 있는 거상들은 고려인 뿐만 아니라 중국인들도 많았는데, 워낙 이재에 밝은 그들이라, 오히려 예성강 상권은 중국 상인들이 그 주도권을 잡고 있을 정도였다.

하두강도 그런 중국 거상 중의 한 사람이었다. 송나라 출신인 그는 일찍부터 고려에 건너와 근검 절약을 좌우명으로 10여 년 동안 기를 쓰고 장사를 하다 보니 지금은 몇 손가락 안에 드는 부자로 성공해 있었고, 그

동안 고려의 언어와 풍습도 익혀 반 고려인이 되어 있었다.

어느 날, 하두강은 자기 집 응접실 뒷창문을 열어 제치고 뚱뚱한 몸을 의자 등받이에 기댄 채 차를 마시며 무심히 바깥을 내다보고 있다가 하마터면 찻잔을 떨어뜨릴 뻔할 정도로 마음에 충격을 받았다.

담 너머로 보이는 이웃집 대청마루에 기가 막힐 정도의 미인이 서 있었기 때문이다.

'아니! 세상에 저런 미색이 있었단 말인가. 양귀비나 서시가 환생해도 저보다는 못할 것 같구나.'

하두강은 자기도 모르게 찻잔을 놓고 몸을 일으켜 창가로 다가갔다. 그러자 여인은 문득 하두강을 발견하고는 얼른 주렴 안으로 들어가 버렸다.

그 이웃집은 거상들을 찾아다니며 흥정을 붙이는 고려인 거간꾼 왕호의 집이었다. 왕호의 아내가 미인이라는 소문은 하두강도 들은 적이 있었으나, 실제로 그 모습을 본 것은 처음이었다.

'저런 미인 아내와 사는 왕호란 사나이는 얼마나 행운이람. 꿈에서라도 한 번 그녀를 품고 싶구나.'

하두강은 엉뚱한 욕심을 품게 되었다. 그녀의 모습이 눈앞에 어른거려 일이 손에 잡히지 않을 지경이었다.

그날부터 하두강은 응접실 뒷창문을 열어놓고 그쪽을 내다보는 일이 버릇처럼 되었다. 손님을 맞아 이야기를 하면서도, 중요한 흥정을 하면서도 눈길이 그쪽으로 쏠려 있을 정도였다.

그렇게 왕호의 아내한테 욕심을 내던 하두강은 왕호의 먼 일가뻘이 되는 노파 하나를 매수하는 데 성공했다. 그래서 그 노파를 통해 값비싼 패물로 왕호의 아내를 유혹하려고 했다. 그러나 노파를 통한 수작은 실패로 돌아가고 말았다.

　"어제 저녁에 불러내어 옥가락지를 내밀며 그랬지요. 하대인께서 이웃에 사는 정리로 동네 아낙네들 한테 하나씩 선사하는 물건이니 받으라고 말이우. 다른 사람들 같으면 그 귀한 물건을 보기만 해도 입이 딱 벌어질 판인데, 그 여편네는 거들떠보지도 않으면서 하는 말이, 어찌 남편 아닌 다른 남자의 가락지를 정표로 받을 수가 있느냐는 거유 글쎄. 그러니 단념하시는 것이 좋겠수."

　노파가 그러면서 패물을 도로 내놓으니, 하두강은 낙심천만이었다. 그는 사례는 얼마든지 할 테니 단 한 번이라도 정을 통할 수 있게 해달라고 졸라댔다.

　하두강이 하도 결사적으로 매달리자, 노파는 할 수 없다는 듯이 그럼 이렇게 해보라고 한 가지 계교를 일러주었는데, 노파의 말에 귀를 기울이던 하두강의 어두운 얼굴이 금방 환하게 펴졌다.

　"그것 정말 기막힌 방법이로군요."

　"이번에는 성공할 것이 틀림없수. 나중에 내 공을 잊지나 마시우."

　"여부가 있겠소."

　하두강은 노파한테 많은 사례를 하며 고마워했다.

　2,3일 후에 하두강은 상거래 일로 찾아온 왕호를 붙잡아 놓고 자못 친절하게 말을 붙이다가, 심심한데 바둑이나 한 판 두지 않겠느냐고 제의했다.

　왕호는 바둑을 몹시 좋아했을 뿐 아니라 실력도 상당했으므로, 그 제의를 흔쾌히 받아들였다.

　"그냥 두면 흥미가 덜하니, 조금이라도 걸고 내기 바둑을 둡시다. 그게 어떻겠소?"

"좋을 대로 하시지요."

"그럼 한 판에 은전 다섯 닢을 겁시다."

그렇게 하여 바둑을 두었는데, 결과는 왕호의 승리로 끝났다.

하두강은 보란 듯이 꽉 들어찬 돈궤짝을 열고 은전 다섯 닢을 집어내어 왕호에게 주었다.

"왕형의 실력이 대단하외다. 한 판 더 두어도 되겠지요?"

"그러지요."

져봐야 본전이므로 왕호는 사양하지 않았다. 그런데 이번에도 왕호의 승리로 판이 끝났고, 하두강은 군말없이 은전 다섯 닢을 내놓았다.

바둑은 무려 네 판에 걸쳐 진행되었는데, 판판이 왕호의 승리로 돌아가 그의 수중에는 은전 스무 냥이라는 적잖은 돈이 떨어졌다. 왕호는 저절로 입이 벌어지려는 것을 참으며 짐짓 위로의 말을 건넸다.

"하대인의 솜씨도 보통이 아닌데, 오늘은 운이 안 닿는 모양이군요. 아무튼 미안합니다."

"천만의 말씀. 즐겁게 바둑을 두고 왕형과 이렇게 우정을 돈독히 했으니 무슨 불만이겠소. 내일도 와서 한 판 어울립시다."

"그렇게 하겠습니다."

그날부터 왕호는 바둑을 두러 하두강의 집에 출입하는 것이 일과처럼 되었다. 본업인 물산 거간의 일은 손을 놓다시피 했다. 남의 장사에 흥정을 붙이려고 갖은 소리를 늘어놓고 애쓰지 않아도 하두강과의 내기 바둑으로 수중에 들어오는 돈이 적지 않아 오히려 본업의 수입을 능가하게 되었다. 그러니 거간꾼 노릇에 흥미가 있을 리가 없었다.

처음에는 다섯 닢으로 시작했던 판돈이 열 닢이 되고, 다시 스무 닢으로 늘어났다. 그런데도 하두강은 판판이 졌고, 지고나면 군말없이 돈궤짝을 열어 왕호한테 지불을 했다. 돈 같은 것은 아무래도 좋고 오로지 좋은 친구와 바둑을 즐기는 것만이 목적의 전부인 것처럼 너털거려서, 처음에는 상대방의 기분에 신경을 쓰던 왕호도 어느덧 만성이 되고 말았다.

'이런 미련하기 짝이 없는 놈 같으니. 네가 그렇게 바둑을 좋아한다면, 네 녀석의 돈궤는 내 것이나 마찬가지야.'

왕호는 속으로 쾌재를 부르며 자기의 행운을 기뻐했다.

어느덧 두 사람은 형이야 아우야 할 정도로 절친해졌고, 같이 청루각 홍등 밑에 앉아서 술잔을 주고받기도 했다. 하두강은 그렇게 왕호를 후대하는 외에도 비싼 비단과 패물 따위를 특별한 정표라며 주기도 했다. 그 비단과 패물이 그의 아내한테 전달되리라는 것을 알고 베푸는 호의였다.

날이면 날마다 낮에는 내기 바둑을 두고 밤에는 술집으로 돌아다니는 사이에 왕호의 간덩이도 커져서, 어느덧 어리고 예쁜 기생첩까지 두게되었다. 그는 자기가 스스로 파멸의 길로 가고 있음을 알리가 없었다.

그러던 어느 날, 내기 바둑을 두기에 앞서 하두강이 뜻밖의 말을 했다.

"왕형, 내가 날마다 왕형을 위해서 돈궤짝을 열었다 닫았다 하기가 귀찮으니, 오늘은 좀 색다른 내기를 합시다."

"어떤 내기를 말인가요?"

"내가 지면 저 돈궤짝을 통째로 드리겠소이다."

왕호는 눈이 휘둥그레졌다.

"아니, 저 많은 돈을 단번에 걸겠다는 것이오?"

"그렇소. 그 대신 왕형도 그만한 정도의 값어치를 걸어야 하오."

"나한테 그만한 값이 나갈 것이 뭐가 있어야지요. 마누라를 걸면 또 모를까."

그러자 그 말이 나오기를 기다렸다는 듯이 하두강이 얼른 받아 넘 겼다.

"그것도 좋겠지요."

"뭐요?"

"나는 내 전 재산을 걸고 왕형은 부인을 건다면 피차 밑지는 내기랄 것도 없지 않겠소. 허허허."

"아니, 정말 그렇게 걸고 두잔 말이오?"

"그렇다마다요."

왕호의 표정이 심각해졌다. 그냥 농담으로 흘려버릴 수도 있는 일 이었다.

세상에 자기 아내를 거는 내기가 어디 있단 말인가. 그러나 아무리 농담일망정 자꾸만 시선이 하두강의 돈궤짝으로 향하면서 욕심이 끓어올랐다. 아무튼 잘만 하면 저 어마어마한 재물이 내 것이 될 수도 있지 않을까 싶은 것이다.

그래서 그는 하두강이 약속을 지키면 지키는 대로, 그냥 없던 것으로 덮어버리자면 덮어줄 수 있다는 심정으로 말했다.

"하대인의 생각이 그러시다면 어디 한 판 겨루어 봅시다."

"좋소이다. 한두 푼을 걸고 하는 것도 아니니까, 이번에는 증서를 써야겠지요."

하두강은 그러면서 지필묵을 가져오니, 왕호는 슬며시 오기가 발동 했다.

'이 작자가 아무래도 정신이 나간 모양이군. 네가 정 그렇게 나온다면

나도 다시 생각하지 않을 수 없지. 어디 한 번 당해 봐라.'

상대방의 바둑 실력이야 지금까지 수십 판을 두는 동안 파악할 대로 파악하고 있었다. 따라서 자기가 이기리라는 점에 대해서 추호도 의심의 여지가 없었다. 그래서 왕호는 못 이긴 척하고 하두강이 원하는 대로 증서를 작성하여 서명을 했다.

그런 다음 두 사람은 바둑판을 사이에 두고 마주 앉았고, 역사적인 대국이 시작되었다. 어느덧 두 사람 다 긴장된 얼굴에 말이 없었다.

그렇더라도 왕호로서는 지금까지 두어온 가늠이 있는 만큼 승리를 자신하고 있었는데, 포석이 끝나 중반전으로 돌입하는 과정부터 이상하게도 자기가 원하는 방향으로 판이 짜여지지 않았다. 싸움을 걸면 물러나고 그래서 이쪽이 집을 지으려고 하면 어느새 영역 한복판에 뛰어들어와 세력을 어지럽혀 놓고 살겠다고 나오는 것이다.

'아니, 이 되놈이 여태까지 두어오던 바둑하곤 다르지 않은가'

왕호는 더럭 의심이 일어났다. 자기가 뭔가 무서운 속임수를 당하고 있는 듯한 느낌이 들었다. 그러나 이미 저질러 놓은 일이었다. 이제 와서 그만 두자고 할 수도 없는 일, 어떻게 하든지 이기는 것밖에 방법이 없었다.

그러나 눈이 따끔따끔하고 목구멍에서 단내가 올라오도록 전심전력을 쏟아 바둑을 두어 나갔지만, 형세는 자꾸만 왕호 자신에게 불리하게 돌아가고 있었다.

마침내 바둑 한 판이 끝났을 때, 왕호는 눈앞이 노랗게 보이는 아득한 절망감을 맛보았다. 지고만 것이다.

쓰러질 것처럼 얼굴이 창백해지는 왕호를 조소의 눈길로 바라보며 하두강은 너털웃음을 터뜨렸다.

"허허허! 어쩌다 내가 이기는 때도 있군그래. 어쨌든 내기는 내기인 만큼 왕형은 약속을 지켜야 할 거요. 아시겠소? 허허허!"

그제서야 왕호는 지금까지의 모든 과정이 하두강의 음흉한 속임수였다는 사실을 뼈저리게 깨달았다. 머리카락을 쥐어뜯고 손바닥이 터지도록 땅바닥을 두들겨도 시원치 않을 일이지만, 이제는 어쩔 도리가 없었다. 엄연한 증서가 있는 만큼 관가에 고변을 한다 해도 유리할 것이 없었다.

더군다나 하두강의 세력은 고려의 관청에서도 함부로 간섭할 수 없을 정도로 막강했고, 그한테 빌붙어서 뇌물을 얻어먹은 관리들이 그의 영향력을 물리치고 자기를 두둔해줄 리도 없었다.

그렇게 되어 남편을 떠나 하두강의 첩살이를 하게 된 왕호의 아내는 하늘이 무너지는 것 같았다. 세상에 이런 기구한 팔자가 어디 있단 말인가.

그러나 모든 조건이 그렇게 되어 있는 만큼 그녀는 어쩔 수 없이 지금까지 살던 집을 떠나 하두강의 집으로 거처를 옮겨야 했다.

하두강은 벌어진 입을 다물지 못했다. 그토록 몽매에도 그리던 여인을 이제 품에 넣은 것이다. 그는 갖은 패물을 안겨주어 여인의 환심을 사려고 노력하며, 비계살진 거대한 몸집에 어울리지 않게 곰삭굵게 굴었다.

여인은 눈물로 하루하루를 보냈다. 살아 있어도 산 것 같지 않았고, 아무리 기름진 음식을 입에 넣어도 목구멍을 넘어가지 않았다.

그렇게 되자 하두강도 슬며시 걱정이 되었다.

'차라리 송나라로 데려가 버릴까? 그러면 어쩔 수 없다고 생각하여 마음을 정리하겠지.'

그렇게 생각한 하두강은 마침내 사업을 정리하기로 했다. 그에게는 그 많은 재화보다 왕호의 아내가 더 값진 보물이었던 것이다.

하두강이 자기 나라로 돌아가려고 한다는 소식은 누구보다도 왕호한 테는 청천벽력이었다. 비록 속임수에 아내를 빼앗기기는 했으나, 그토록 사랑하는 아내를 단념할 수는 없었다. 비록 당장은 어쩔 수 없지만, 무슨 수를 쓰더라도 아내를 되찾아야겠다는 결심을 하고 그 방법을 찾아보던 왕호였다.

그런데 하두강이 자기 나라로 돌아간다고 하니, 아내 역시 그한테 끌려 송나라로 갈 것이 불을 보듯 뻔한 노릇이었다. 내 나라에다 지척거리에 두고도 속수무책인데, 하물며 수만 리 바다 건너 이국으로 가버리고 나면 영원히 다시는 만날 수 없는 이별이 되는 것이다.

아내를 내기 바둑으로 잃은 놈이라는 세상의 비웃음과 욕설쯤은 참아낼 수 있는 왕호였으나, 이 경우는 죽는 것보다도 더한 고통이었다. 그래서 관가에 찾아가 호소도 해보고 하두강한테 직접 사정도 해보았으나 소용없었다. 관리들은 코웃음만 쳤고, 하두강은 그를 문 안에 발도 들여놓지 못하게 했다.

그러는 중에 마침내 하두강이 출발하는 날이 왔다.

송나라의 거상으로 고려에 나와 10여 년이나 활동하다가 돌아가는 거물이고 보니 하두강을 전송하러 나온 벼슬아치들과 상인들로 예성강 강변이 인산인해를 이루었고, 송별연이 반나절 동안이나 계속되었다.

그 속에서 왕호의 아내는 눈물을 흘리며 생각했다.

'세상에 어찌 나같이 기구한 운명이 있을소냐. 엄연한 남편을 두고 되놈의 계집으로 몸을 망친 위에 다시 만리 타국으로 끌려가게 되다니. 차라리 이 강물에 빠져 죽는 것이 낫겠구나.'

이런 결심을 한 여인은 기회를 엿보았다. 그러나 하두강이 그런 여자의 기미를 알아채고 한시도 감시의 눈길을 늦추지 않았기 때문에 실행에 옮길 수가 없었다.

마침내 배가 닻을 끌어올리고 강기슭에서 미끄러져 나가기 시작했을 때, 울부짖으며 사람들 틈새를 비집고 헐레벌떡 달려오는 사람이 있었다. 바로 왕호였다.

"여보!"

"서방님!"

남편과 아내는 서로를 부르며 대성통곡을 했으나, 무심한 배는 물결에 밀려 점점 떠내려갈 뿐이었다.

왕호는 강기슭을 따라 달리며 아내를 부르고 또 불렀다. 넘어져 무릎이 깨어지고 가시덤불에 긁혀 얼굴에 피가 흘렀다. 그래도 그는 미친 듯이 울부짖으며 달려갔다.

이윽고 배가 완전히 강어귀를 벗어나 바다에 떴을 때, 왕호는 덩실덩실 춤을 추며 목이 터져라 하고 노래를 불렀다.

가시리 가시리잇고

나난 바리고 가시리잇고

날러는 엇디 살라 하고

바리고 가시리잇고

잡사와 두어리마라는

선하면 아니 올세라

서른님 보내압노니

나난 가시난닷 도셔오쇼셔…….

순종의 여인들

11대 문종 21년 정월, 착공한 지 12년 만에 흥왕사가 마침내 준공을 보았다.

이름 그대로 임금이 잘 되기를 염원하는 뜻으로 건립된 이 절은 당시의 국가 재정이나 사회 분위기로 보아 말썽의 소지가 많았으나, 임금의 불교 선호가 워낙 대단해서 중신들의 반대에도 불구하고 모든 국력을 기울이다시피 하여 공사가 강행되었던 것이다.

크기가 2,800칸이나 되는 흥왕사는 그 거대하고 웅장한 규모도 규모려니와 울긋불긋 화려한 단청으로 보는 사람의 눈이 어지러울 정도였다.

정월 대보름날 연등회가 시작되었는데, 당시의 연등은 국가적인 행사로서 왕실을 비롯하여 일반 백성들까지 참가하는 성대한 놀이였다. 그 해의 왕실 연등 행사는 임금의 명에 의하여 특별히 흥왕사에서 낙성식을 겸하여 진행되었다.

대웅전 넓은 전각 안에는 새로이 부처님이 안치되었고, 후면 벽은 찬란한 탱화로 채워졌으며, 부처님의 대자대비한 미소 앞에는 커다란 향로가 놓여져 그윽한 향취 속에 향연이 무럭무럭 피어오르고 있었다. 대궐과 홍왕사 사이에는 각색 비단으로 채붕綵棚을 만들어 오색이 영롱한 비단 조각들이 바람에 펄럭거렸다.

드디어 문종의 거둥이 시작되었다.

가마를 탄 임금의 뒤에는 한 쌍의 홍문대기紅門大旗가 군관의 손에 들리워졌고, 그 뒤에 군사 40명이 붙었으며 뒤이어 천하태평기天下泰平旗, 사해영청기四海永淸旗, 이의교태기二儀交泰旗, 오방기五方旗, 백택대기白澤大旗, 채기綵旗와 각종 짐승을 상징하는 기들이 따랐고, 다음에는 각종 군기軍器와 금정金鉦, 큰 북, 월부鉞斧, 은장도 등이 따랐다.

뒤이어 왕후와 태자의 행렬도 역시 각각의 위의를 갖추어 지나갔고, 마지막으로 문무 대신들의 수레가 따랐다.

임금이 거둥하는 길 좌우에는 수십 개의 채색 등을 한 묶음으로 모아 달아 마치 산을 형성한 듯했는데, 그것을 등산燈山이라 하였다. 그와 같은 등산을 몇 십 걸음 간격으로 만들어 놓았으며, 등산과 등산 사이에는 화수火樹라 하여 나뭇가지마다 등불을 매달아 그 밝기가 대낮과 같았다.

이윽고 문종의 행차가 산문에 들어서자, 새 가사 장삼을 입은 1천여 명의 중들이 염주를 들고 도열하여 불호를 외며 합장 배례하고 국궁했다. 문종이 만족스런 미소를 띠고 가마에서 내려 절 마당으로 들어서니, 수천 명의 선남선녀들이 임금을 우러러보며 천세 만세를 불렀다.

문종은 그 군중에게 축복을 내린 다음 대웅전으로 들어갔다. 넓은 대웅전 안의 불탁 앞에는 산중의 진미가 상다리가 휠 지경으로 차려져 있었고, 범패 소리가 좌우에서 일어났다.

문종이 왕후와 태자, 백관들을 거느리고 부처 앞에서 향을 피운 다음

막대한 금품을 시납하니, 수천 명의 중들이 일제히 불경을 읽으며 임금의 만수무강과 국가의 태평을 봉축했다.

그렇게 의식이 끝난 다음 임금의 일행은 각각 정해진 숙소로 향했다. 고려의 오랜 풍속에 의하면, 누구든지 연등날에는 근처의 절을 찾아가서 불공을 드리고 그날 하루를 절에서 묵는 것으로 되어 있었다.

더군다나 그 해의 왕실 연등은 흥왕사의 낙성을 겸했기 때문에 행사가 닷새에 걸쳐 계속되었다. 그러니 밤낮으로 불경 소리가 그치지 않았고, 드넓은 경내가 향을 태운 연기로 자욱할 지경이었다.

젊은 태자는 동궁의 신하들과 시녀 수십 명을 거느리고 절 뒤쪽 정경이 좋은 곳에 숙소를 잡고는 아침 저녁으로 부왕을 문안하고 또한 부처님 앞에 나아가 향불을 피워 불공을 드리는 것으로 일과를 삼고 있었다. 그 또한 신심이 돈독하여 언제나 불단에 많은 은전을 시납했으므로, 중들이나 불도들은 임금에 못지 않게 태자를 우러러 모셨다.

특히 젊은 여자들은 태자의 늠름하고 잘 생긴 인물에 반하여 불공은 뒷전이고 그의 얼굴을 쳐다보기에 바빴는데, 서북면병마사 김양겸의 딸도 그 중의 한 사람이었다.

김 처녀는 대신의 귀족 신분으로서 흥왕사 연등 행사에 많은 사람들과 함께 참가하고 있었는데, 그녀는 이따금 쳐다보게 되는 태자의 귀골에 홀딱 반하여 어떻게 하면 접근하는 기회를 얻을 수 있을까 하고 노렸다. 그러다가 열엿새날 밤에는 마침내 용기를 내어 스스로 태자의 처소에 찾아갔다.

태자의 숙소는 큰 법당의 뒤쪽으로, 아주 한적한 곳이었다.

마침 태자는 시종 별배들이 모두 달구경을 한다고 뒷산에 올라간 다음 시녀 두어 사람만 데리고 잡담을 하고 있었는데, 갑자기 방문 앞에서 아리따운 여자의 음성이 들렸다.

"대신 김양겸의 여식이 태자마마께 문안 올리나이다."

호기심이 발동한 태자는 문을 열었다.

"김 병마사의 따님이라고?"

"그렇사옵니다."

"얼굴을 들어라."

부끄러운 듯이 두 눈을 내리깐 채 쳐드는 얼굴을 본 태자는 매우 흡족했다. 드물게 보는 아름다움이었기 때문이다.

"몇 살이냐?"

"열여덟 살이옵니다."

"이리 들어오너라."

김 처녀는 태자의 지시에 따라 방으로 들어와서 부복하고 섰다.

"너도 어제 대왕마마의 행차를 따라왔겠지?"

"그렇사옵니다."

"그래, 불공은 잘 올렸느냐?"

"소녀는 태자마마께서 불공드리는 모습을 먼 발치에서 뵙고, 부처님께 태자마마의 만수무강을 축원했사옵니다."

"매우 기특한 말을 하는구나. 너의 어른들과 집안 번성을 축원할 일이지, 왜 나의 일을 생각했느냐."

"태자마마께서 만수무강하셔야만 대왕마마의 천세 이후에 이 나라를 복되게 다스리지 않겠습니까. 마마의 넓고 어지신 덕을 이미 백성들이 알고 있습니다."

태자는 몹시 흡족했고, 그런 말을 하는 김 처녀가 사랑스러웠다. 김 처녀의 언동은 노골적인 유혹이었으며, 혈기 왕성한 나이의 태자이고 보니 두 사람 사이의 감응이 빠르고 뜨겁지 않을 수 없었다.

태자와 김 처녀는 다음날 밤에도 그 다음날 밤에도 만났고, 그리하여 금방 사랑하는 사이로 발전했다.

이윽고 닷새 동안의 연등행사를 마친 문종이 환궁함으로써 태자도 동궁으로 돌아갔다. 김 처녀 또한 부모와 함께 자기 집으로 간 다음, 아버지인 서북면 병마사 김양겸이 곧 임지로 출발함으로써 함께 따라가지 않을 수 없게 되었다. 태자와 김 처녀는 그렇게 이별을 했으나, 이미 두 사람은 잊으려고 해야 잊을 수 없는 사이가 되어 있었다.

이윽고 겨울 추위도 다 가고 봄이 왔을 때, 태자는 더 참을 수 없어 부왕 앞에 나아가 간청했다.

"아바마마, 소자는 병마사 김양겸의 딸을 정실로 맞아들여 태자비로 봉하고 싶습니다. 성은으로 윤허하여 주십시오."

그 말을 들은 문종은 얼굴을 찌푸렸다. 태자는 이미 장가를 갔기 때문이다. 정의태자비 왕씨가 바로 그녀로서, 당시의 세태 풍습으로는 종친간 결혼은 별로 이상할 것이 없었다.

"이미 정실을 두고 있으면서 무슨 말을 하는 것이냐?"

"황송하오나, 남아로서 두 지어미를 거느리는 것이 법도에 어긋나는 일은 아닌 줄로 압니다."

"그래, 네가 또 내실을 보겠다면 못하게 말릴 일은 아니다. 그러나 멀쩡한 정실을 물리치고 새 장가를 가서 태자비를 삼겠다는 것은 용납할 수 없다."

"내자 왕씨는 불민해서 장차의 국모 자격을 갖추지 못했습니다."

"듣기 싫다. 어쨌든 김양겸의 딸은 더더욱 태자비로 부적격이다. 너한테 솔직히 말하거니와, 이 아비는 김씨들이 높은 벼슬살이를 하고 궁중에 드나드는 것이 꺼림칙하다. 그들이 어떤 사람들이냐. 경주 김씨들은 부득이 하여 우리 왕씨한테 나라를 넘겨준 사람들이라는 사실을 잊지 말아라. 그들이 큰 세력을 얻게 되면 무슨 짓을 하게 될지 알 수 없는 일이다."

"하오나 그것은……."

"네가 정 김양겸의 딸을 잊지 못하겠다면 장가를 들라. 그러나 태자비는 절대 불가하니, 뭣하면 궁주宮主로 봉하도록 하라."

"알겠습니다. 분부대로 거행하겠습니다."

태자는 썩 만족스럽지는 않았으나, 어쨌든 사랑하는 여자를 데려올 수 있게 된 것이 기뻤다. 그리하여 김 처녀는 태자와 결혼하여 동궁에 들어와 연복궁주의 호를 받고 행복한 나날을 보낼 수 있게 되었다.

김양겸을 비롯한 김씨 일파는 연복궁주를 태자비로 승격시키기 위한 공작을 다방면으로 펴면서 기회를 엿보았으나, 문종의 태도가 완강하여 뜻을 이루지 못했다.

그러던 중에 정의태자비 왕씨가 병으로 갑자기 세상을 떠났다. 장례를 치른 다음 태자는 부왕 앞에 나아가 연복궁주 김씨를 정실로 승격시켜 달라고 요청했다. 그러나 문종은 여전히 고개를 저었다.

"그것은 허락할 수 없다. 정식으로 왕실의 신임이 없이 너희들 마음대로 만나 인연을 맺은 사이니, 후일에 왕후의 자리에 앉을 자격이 없다. 너의 마음은 섭섭할 테지만, 열성조列聖朝에 면목이 서지 않는 일이다. 그러니 단념하라."

부왕의 뜻이 그렇듯 완강하고 보니 태자로서도 어떻게 해볼 도리가 없었다.

김양겸은 딸이 승격하지 못하는 것을 보고 안달이 나서 기회 있는 대로 입궐하여 임금의 기색을 살피거나 은근히 공작을 펴기도 했다. 그러던 중에 묘한 꼬투리로 복잡한 사건을 일으키고 말았다.

당시 대궐에는 문종의 손녀가 병으로 장님이 되어 나이 스무 살이 넘어도 시집을 못 간 노처녀가 있었다. 수안택주라는 호로 불리는 그녀는 자기 신세를 한탄하고 세상을 원망하던 중에 마음 붙일 일거리를 찾는다고 몰두한 것이 복술 공부였다. 그래서 수안택주의 거처에는 점을 치려는 대궐 안 사람들의 발길이 끊이지 않았다.

김양겸은 입궐한 참에 수안택주를 은밀히 찾아가 자기 딸이 언제쯤에나 왕후가 될 수 있을지 물어보았다. 그러자 수안택주가 서슴없이 말했다.

"하늘이 무너져야만 될 수 있을 것이오."

하늘이 무너진다는 것은 임금의 승하를 의미하는 것이다. 김양겸은 짐짓 시치미를 떼고 물었다.

"허허, 그럼 글렀군요. 하늘이야 무너질 턱이 없으니."

"아닙니다. 머잖아 무너질 거예요."

"그게 정말이오?"

"내 복술을 믿으세요. 태자께서 연부역강하시면서도 아직 하늘을 날지 못해 갑갑하실 것이오마는, 조만간 나시게 될 것입니다. 그렇게 되면 자연히 연복궁주께서도 함께 나실 게 아닙니까."

"그러면 그때 택주마마를 다시 찾아뵈오리다."

복채를 두둑이 지불하고 나온 김양겸은 춤이라도 추고 싶을 지경이었다. 곧바로 동궁 딸의 처소에 들어가 은밀히 만나 수안택주가 한 말을 옮겼다. 그러나 연복궁주는 기뻐하기는커녕 걱정스런 표정을 지었다.

"아버님, 이곳이 구중궁궐이라고는 하나 무슨 말이 나오기만 하면 금방 소문으로 퍼집니다. 낮말은 새가 듣고 밤말은 쥐가 듣는다는 것을 아셔야지요. 이곳은 명색이 동궁이지만 언제 무슨 변고가 닥칠지 모른답니다. 그러니 아버님은 궁궐에 들어오시는 것을 삼가시고, 멀리 피신하는 것이 좋을 듯싶습니다."

"궁주, 무슨 뜻인지 알겠소. 그러나 아무리 출가 외인이라 하지만, 궁주는 경주 김씨란 근본을 잊지 마시오. 우리 신라의 옛 도읍은 잡초만 우거져 있소. 그 풀을 누가 뽑겠소? 우리 자신의 손으로 뽑아야 하는 거요."

"아버님, 무슨 말씀을 그렇게 하십니까. 나라의 흥망성쇠는 국운이 아닌 천운입니다. 마땅히 천운을 따라야지요."

"그렇지만 천운도 사실은 사람이 만드는 것이오."

그렇게 말하고 있을 때, 문밖에서 시위 소리가 들려왔다. 태자가 입시한 것이다. 그 바람에 김양겸은 뒷문으로 황급히 빠져 나가지 않으면 안 되었다.

다음 해인 문종 26년 9월, 대궐에 불의의 사변이 일어났다. 왕실 종친인 왕진이 교위 거련과 결탁하여 임금을 폐위시키자는 모역 사건이었다.

거련은 부하 1천여 명을 동원하여 문종의 아우 평양공 왕기를 옹립하려고 음모를 꾸몄으나, 공교롭게도 왕기가 병으로 세상을 떠나는 바람에 주춤해지고 말았다. 그럴 때 거련의 부하 장선이 그 음모를 밀고함으로써 주모자 거련은 능지처참을 당하고 그 외의 도당들도 각각 처벌을 받았다.

문종은 일단 그렇게 위기를 모면했으나, 아무래도 뒤끝이 개운하지 않았다. 그래서 거련의 음모에 연루된 자들을 엄중히 문초했고, 나중에는 수안택주에게 점 보러 드나든 자들에 대해서도 철저하게 조사하라는 엄명을 내렸다.

사건은 점점 확대되어 김양겸은 마침내 파직을 당했고, 따라서 연복궁주에게도 본가로 돌아가라는 칙명이 떨어졌다.

억울한 것은 연복궁주였다. 오로지 태자와 백년 해로하는 것밖에 바라는 것이 없는데, 다른 쪽에서 벌어진 굿 장단에 연루되어 사랑하는 사람과 생이별을 하게 된 것이다.

칙서를 받아든 연복궁주는 눈물을 비오듯이 흘리며 태자에게 말했다.

"신첩이 불민하여 마마의 마음을 이렇듯 상하게 하였으니 그 죄가 매우 큽니다. 용서해 주십시오."

"아니오. 이 일은 궁주의 잘못이 아니라 순전히 부왕마마의 고집에서 나왔을 뿐이오."

"그런 말씀을 하시면 안 됩니다."

"아버님은 무슨 일이든 한번 작정하시면 끝내 관철하시는 분이오. 궁주에 대해서는 처음부터 탐탁하게 여기지 않으셨소."

"그러니 더더욱 신첩은 마마께 면목이 없습니다. 미미한 신첩을 지금까지 그토록 사랑해 주셨으니, 이렇게 물러간들 무슨 원망이 있겠습니까. 아무쪼록 만수무강하소서."

"영영 못 볼 사람처럼 말하지 마오. 우리의 정이야 변할 리가 없으니, 오로지 가는 세월을 부채질하며 몸 상하지 않도록 조심하오."

두 사람은 서로 손을 붙잡고 서러워했으나, 칙서를 받들고 온 내시가 어서 떠나기를 재촉하는 바람에 단장의 이별을 하지 않으면 안 되었다.

연복궁주가 본가로 쫓겨 간 후, 태자는 부왕의 명으로 이자연의 손녀를 다시 아내로 맞아들였다. 장경궁주 이씨가 그녀다.

새파란 나이의 처녀한테 새장가를 들었으나, 태자의 마음은 한결같이 연복궁주한테로만 쏠려 있었다. 그러니 신혼 살림의 재미가 있을 수 없었고, 젊은 아내와의 사이 또한 아기자기한 사랑이 피어날 리가 없었다.

그러던 중 문종 37년 7월에 임금이 예순다섯 살의 나이로 세상을 떠났다. 그리하여 태자가 즉시 보위에 오르니, 그가 곧 12대 순종이다.

대궐과 온 나라가 슬픔에 싸인 가운데 오직 한 사람 연복궁주만은 또다시 새로운 봄을 맞은 셈이었다. 즉일로 어명에 의하여 입궐하게 된 것이다.

순종은 건덕전으로 대신들을 소집해 놓고, 연복궁주를 정식 왕후로 봉하는 문제를 매듭지으려고 했다.

"연복궁주가 그동안 선왕의 명으로 부득이 본가에 돌아가 있었으나, 이제 짐이 보위에 오름에 따라 환궁했으니 왕후의 지위를 회복함이 마땅하다 생각하오. 그러니 경들은 신속히 절차를 밟도록 하오."

하지만 대신들은 묵묵부답, 서로 얼굴만 쳐다보았다. 그런 가운데 문하시랑평장사 이정공이 앞으로 나와 아뢰었다.

"대왕마마의 하교하심이 실로 중대한 사안인데, 지금은 국상 중이므로 시기가 적절하지 않다고 생각합니다. 더구나 선왕의 재궁梓宮이 아직도 빈전에 계시지 않습니까. 그러니 왕후 책봉 문제는 나중에 거론하시는 것이 옳을 줄 압니다."

깐깐하기로 정평이 난 이정공이 그렇게 말하자, 다음에는 중서시랑평장사 김양감이 거들고 나섰다.

"지금 상주한 이 시랑의 말씀이 지당합니다. 감히 이치를 따져 여쭌다면, 정식으로 태자비에 봉해지신 바 있는 장경궁주께 응당 그 우선권이 돌아가야 할 것입니다. 대왕마마께서는 선왕의 뜻을 거스르는 불효를 어찌 행하시려 하십니까.”

중신들이 그렇게 반대하고 나서니, 갓 보위에 오른 풋내기 임금으로서는 자기 의지를 강하게 밀고 나갈 수가 없었다. 기분이 상하기는 하지만 경우가 경우인 만큼 한 발짝 물러서는 것이 상책이었다.

“경들의 생각이 정 그렇다면 대행왕의 장례가 끝난 후에 다시 이야기합시다. 그러나 미리 말해 두거니와 짐의 뜻은 이미 굳어져 있으니 그런 줄 아시오.”

순종은 8월에 선왕의 유해를 불일사 남쪽에다 장사 지내고 환궁하자마자, 다시 연복궁주의 왕후 책봉 문제를 들고 나왔다. 그러나 대신들은 이것저것 이유를 대면서 임금의 뜻에 따르지 않았다.

순종은 마음이 몹시 상했지만, 성미가 과격하지 못한 그로서는 대신들을 휘어잡아 일을 강행할 수가 없었다. 그렇지만 회경전 깊숙한 궁실에서 연복궁주와 원도 한도 없이 사랑을 속삭일 수가 있는 것만 해도 다행이었다.

풍염한 육체로 임금을 사로잡은 연복궁주는 짐짓 한 자락을 깔았다.

“신첩이 대왕마마의 하해 같은 사랑과 은혜를 입은 지 수년이 되는데도 아직 혈육으로 보답하지 못해 그 죄가 클뿐 아니라, 열성조에 면목이 없습니다. 이 노릇을 어쩌면 좋습니까.”

“궁주의 나이가 몇인데 벌써 그런 말을 하오. 자식이란 때가 되면 생기는 법이니, 너무 신경 쓰지 마오.”

“신첩은 그렇다 치고, 장경궁주는 아직 젊은 나이인데도 소식이 없으니 어찌된 노릇입니까?”

"흥! 그 사람 말은 하지도 마오. 아버님이 당신 뜻대로 맞아들인 것이지, 내가 원해서 만난 사람이 아니잖소. 그러니 내가 그 사람한테 무슨 정이 있겠소. 근처에 얼씬도 하지 않으니 자식이 생길 리가 없지."

"그러시면 안 됩니다. 지금부터라도 자주 그분의 침소를 찾아가셔야 합니다."

"무슨 소리, 내 핏줄은 궁주의 몸에서 잉태되어야 하오. 궁주에게서 태어난 태자가 짐의 뒤를 이어야 한단 말이오."

그러면서 억센 힘으로 끌어안으니, 연복궁주로서는 온 천하를 다 얻은 것만큼이나 행복에 겨웠다.

한편 장경궁주는 태자비로 책봉되어 입궁할 때만 해도 구름 위에 오른 듯한 기분이었다. 그러나 그 기쁨도 잠시뿐, 자기 처소에 출입하는 태자의 발걸음이 점점 뜸해지더니, 임금이 되고 더구나 연복궁주가 입궁하고 나서부터는 아예 얼굴을 쳐다보기도 힘들게 되었다.

그러니 임금이 야속하지 않을 수 없었고, 연복궁주에 대한 원한이 가슴속에 쌓이지 않을 수 없었다. 젊디젊은 몸으로 날마다 독수공방을 지내기란 참으로 힘든 노릇이었다.

한쪽에서는 철철 넘치는 사랑으로 세월이 흐르는 것조차 안타까울 지경인데, 장경궁주의 처소에는 언제나 쓸쓸한 가을 바람만 불었다.

연복궁주와의 사랑에 빠진 순종은 시월에 접어들면서 몸이 점점 쇠약해져 갔다. 건강한 중년 여인의 정염에 너무 기력을 빼앗긴 것이 가장 큰 원인이었다.

더군다나 선왕의 소상이 끝나지 않은 까닭에 아침저녁으로 영단 앞에 나아가 통곡하며 차를 올렸는데, 그것은 고려 역대의 풍속이었다. 그뿐 아니라 독실한 불도인 임금은 흥왕사에 나가 재를 올리기도 하고,

때로는 대궐 회경전에 도장을 만들어 반승飯僧하기도 하였다.

그처럼 심신이 고단하다 보니 끝내 병석에 드러눕게 되었고, 온갖 약을 다 써도 전혀 차도가 없이 앓다가 마침내 죽음을 앞두게 되었다. 그러니 대궐과 온 조정이 야단법석이 아닐 수 없었다.

"내가 아무래도 틀렸나 보오. 궁주를 두고 먼저 떠나게 되어 미안하구려."

순종이 기어들어 가는 소리로 간신히 말하니, 연복궁주는 눈물을 비 오듯 쏟았다.

"무슨 말씀을 하십니까. 대왕마마 안 계신 이 세상을 신첩이 혼자 어떻게 살아가라구요. 안 됩니다. 제발 일어나셔야 합니다."

"나도 그러고 싶소. 그러나 하늘의 부르심을 어떻게 하겠소."

순종은 힘없이 미소를 짓고 나서, 이번에는 장경궁주를 찾았다. 오랫동안 박대한 그녀에 대하여 양심의 가책을 느낀 것이다.

"내가 궁주한테는 특별히 죄를 많이 지은 것 같구려. 좀 더 따뜻하게 대해 줄 것을……. 용서해 주오."

"대왕마마! 그게 무슨 말씀이오니까. 마마께서 군왕으로서 건재하여 주시는 것만으로도 신첩은 더 바랄 것이 없습니다."

"고맙소. 그 마음씨에 보답할 길이 없으니……."

순종은 힘없이 말하고 그대로 눈을 감았다. 왕위에 오른 지 겨우 석 달 만이니, 한 나라의 임금으로서 그처럼 박복한 경우는 다시없을 것이다.

온 나라가 그야말로 줄초상을 만난 격이었다. 온 대궐과 조정이 흉흉한 먹구름에 싸이고, 백성들은 맥이 빠져 한숨만 쉬었다.

이정공, 김양감, 왕석, 유홍 등 조정 대신들은, '대왕께서는 효로써 병이 되시어 거연히 세상을 떠나셨다.'는 간단한 성명을 발표하고, 이자인을 고상사^{告喪使}로 요나라에 보냈다.

임금의 죽음에 누구보다도 타격을 입은 사람은 연복궁주와 장경궁주 두 미망인이었다. 깨졌던 거울을 가까스로 원상 복구한 셈이던 연복궁주도, 한 번도 남편으로부터 알뜰한 사랑을 입어보지 못했던 장경궁주도 이제는 완전히 기댈 언덕이 없어지고 만 것이다.

장경궁주가 먼저 스스로 대궐을 떠났고, 연복궁주 역시 새 임금 선종의 명령에 따라 대궐에서 쫓겨나 불행한 말로를 걷게 되었다. 그나마 장경궁주는 선왕의 정부인으로 정식 간택을 받았던 신분이므로 그녀의 처소는 조촐하나마 모든 위의를 갖추어 좌우첨사, 주부, 녹사, 기관, 사인, 궁노 등 여러 관속을 거느리는 특권이 주어졌으나, 홀몸이 된 그녀로서는 모두가 귀찮은 존재에 지나지 않았다. 그래서 모든 관속을 다 물리치고 사인 두 명과 궁노 몇 명만 남겨 두었다.

궁노들 가운데 명이란 자가 있었는데, 명이는 근본부터 궁노가 아니라 문종 때 발생했던 거련의 역모 사건에 연루되어 몰락한 어느 종실의 후예로서 인물이 잘 생기고 어딘지 모르게 왕족으로서의 풍모를 잃지 않고 있었다.

장경궁주는 명이를 특별히 신임하여 온갖 심부름을 도맡게 하여 가까이 했는데, 이 명이가 궁주의 내실에까지 들락날락하는 동안에 그만 두 사람 사이에 사랑이 싹터서 넘어서는 안 될 선을 넘고 말았다. 서로의 박복한 신세를 동정하는 마음이 사련의 불길에 더욱 기름 역할을 했고, 이제는 도저히 떨어질 수 없는 사이가 되었다.

선종 3년, 개경의 모든 상춘객이 송악산 밑으로 가서 봄 경치를 즐길 때, 장경궁주도 명이를 데리고 나가서 사람들의 눈을 피하여 사랑을 즐겼다. 궁주의 인생에 늦게 찾아온 봄의 싱그러움은 너무나 그 향기가 짙었다.

아름답지 못한 소문은 입에서 입을 건너 마침내 대궐 안에까지 알려지고 말았다.

선종은 반신반의했으나, 그 추문이 사실임을 알게 되자 불같이 노하여 장경궁주의 지위를 **빼앗아** 서인으로 만들어 버렸고, 그 타격을 극복하지 못한 장경궁주는 얼마 못 가서 불귀의 객이 되고 말았다. 순종도 그의 여인들도 하나같이 그 운명의 뒤끝이 불행했던 것이다.

그나마 연복궁주는 장경궁주 같은 실수를 하지 않았기에 나중에 순종의 묘에 부묘되어 선희왕후로 추존되었으니 다소 낫다고 할 수 있을지 모르겠다.

명장 강감찬

   '극진하구나, 하늘이 이 백성을 사랑함이여. 나라에 화패(禍敗)가 올 때는 반드시 명현을 내시어 이것을 구하시는구나. 목종 말년과 현종 원년에 역신이 난을 조작하고 거란의 강적이 내습하여 안으로 내홍이, 밖으로는 외란이 있어 나라가 위급했을 때, 강공이 없었더라면 장차 나라가 어찌되었을지 알 수 있으랴.'

   『고려사절요(高麗史節要)』 속의 강감찬을 극찬하는 대목이다. 역사를 기술 하는 사람의 안목은 예나 지금이나 냉철하고 부동심이며, 당연히 그렇게 되려고 노력한다. 그런데도 한 개인에 대하여 이 정도의 찬시를 아끼지 않은 것만 보더라도 강감찬은 시대의 영웅이며 행운아임에 틀림없다.

   정종 3년 948년의 일이다.

   어느 대신이 금주(지금의 시흥)를 지나가는데, 갑자기 하늘에서 큰 별 하나가 떨어져 내려왔다. 깜짝 놀란 대신이 바라보니, 그 별은 마을에 있는 어느 초라한 기와집 지붕 위로 떨어져 사라지는 것이었다.

'기이한 일이로다!'

놀란 가슴을 쓸어내린 대신은 말을 몰아 그 집을 찾아갔다. 그러자 집안에서 갓난아기 울음소리가 새어 나왔다. 사내아이임을 증명하는 우렁찬 울음소리였다.

'옳거니!'

대신은 무릎을 쳤다. 그러고는 "이리 오너라" 하고 사람을 불렀다.

이윽고 안에서 누군가가 대문을 열고 나오는데, 그 사람의 얼굴을 보고 대신은 다시 한 번 놀랐다. 알만한 사람이었기 때문이다.

"여보시오, 강공!"

"아니, 공께서 여기는 웬일이오이까."

집주인의 이름은 강궁진, 신라 귀족 가문 출신으로 태조 때 출사하여 삼한벽상공신에 오른 사람으로서, 지금은 은퇴하여 한가하게 살고 있었다.

대신은 지나가다가 본 것을 이야기하고 축하하여 마지않았다.

"오늘 강공 댁에 태어난 아기는 나중에 필시 크게 될 것이오. 가문을 빛내고 나라의 간성이 될 재목이 틀림없으니, 부디 잘 기르도록 하오."

"감사하오이다. 당부 말씀 잊지 않겠습니다."

강궁진은 아들의 이름을 은천이라 했다가 나중에 감찬으로 고쳤으며, 교육에 각별히 정성을 들였다.

강감찬은 어려서부터 총명하고 지략이 뛰어났으며 학문을 좋아했다. 서른다섯 살되던 성종 2년에 진사과에 합격했고, 다시 임금이 친히 참석하여 실시하는 임헌복시 갑과에 장원 급제함으로써 그 탁월한 재능을 유감없이 증명해 보였다.

신라 시대에는 관리를 등용할 때 신분 제도인 골품骨品과 무술 실력으로 뽑아 썼으며, 통일신라 원성왕 때 독서출신과라하여 과거를 부분적으로 실시했다. 그러다가 고려 초기에 넘어와 광종 때 비로소 과거 제도를 정식으로 도입했지만, 아직 틀이 잡힌 정도는 아니었고, 다만 진사과와 명경과, 기술관 시험인 잡과 세 종목으로 실시했다.

진사과는 시문詩文으로, 명경과는 유교 경전으로, 잡과는 각기 그 전문 기술로 시험을 보았는데, 고려 사회에서는 조선 사회와 달리 유교보다도 한문학을 더 중시했으므로 진사과가 가장 선비들의 동경의 대상이 되어, 거기에 합격하는 것을 큰 명예로 생각했다.

강감찬은 그 진사과에 합격했을 뿐 아니라 임헌복시에서 갑과 1명, 을과 2명, 명경과 1명을 뽑는 가운데 갑과 장원을 했으니 그 영예가 어떠했는지를 미루어 알만하다.

그때부터 강감찬은 순탄한 출세 코스를 밟아 어느덧 조정의 중심 인물이 되었다.

고려 5백여 년 역사의 큰 줄기는 강대하고 호전적인 외세와의 사활을 건 투쟁이었다고 해도 과언이 아닐 것이다.

건국 초기에는 몽고족의 일파인 거란족이 세운 요나라와 국가 존망을 건 싸움을 전개하지 않을 수 없었는데, 성종 때 일어난 거란의 제1차 침입은 서희가 화전 양면 작전을 펼쳐 조공을 약속하는 대가로 오히려 강동 6주를 되찾는 것으로 다행스럽게 종결되었다.

요나라로서는 중원의 송나라와 큰 싸움을 준비하고 있던 참이어서 후방의 고려와 친교를 맺어 놓는 것이 전술상 유리하다는 그들 나름의 판단이 있었으므로 영토 일부 반환의 파격적인 조건에도 불구하고 화의를 맺었던 것이다.

그 후 고려가 '조공과 송나라와의 단교'라는 약속을 지키지 않고 계속 냉담하고 적대하는 태도를 견지하자, 요나라는 본때를 보인다는 의미로 강조가 일으킨 목종 폐위 사건에 대한 추궁으로 현종 원년 동짓달에 40만 대군을 이끌고 쳐들어왔다. 이것이 거란의 제2차 침입이다.

고려군은 행영도통사 강조의 지휘 아래 용감히 분전하여 초전을 승리로 이끌었으나, 작은 성공 뒤의 정신 해이라는 허점을 드러내는 바람에 두 번째 싸움에서 대패하고 강조는 거란군에 잡혀 죽고 말았다.

거란군이 서경을 깨뜨리고 물밀듯이 쳐내려오자, 조정에서는 다급히 대책을 논의했다. 대부분의 대신들은 항복을 하자는 견해 쪽에 서서 그 방법을 논의했다. 그때 그것을 정면으로 반대한 사람이 강감찬이었다.

"오늘의 사태가 이렇게 된 것은 강조 때문입니다. 요나라로서는 그 강조를 죽인 이상 명분을 충족한 셈이고, 더구나 지금은 겨울이라 그들 로서도 군사 행동의 고난이 막심하여 어서 전쟁을 끝내고 싶을 것입니다. 우리는 단지 중과부적으로 일시 어려움을 겪고 있으나, 일단 예봉을 피하여 서서히 반격의 기회를 노리면 타개가 가능하리라고 믿습니다. 항복을 하게 되면 천추의 한으로 남을 것입니다."

강감찬의 논리 정연한 주장에 따라 지구전으로 대응한다는 방침이 정해졌고, 임금은 남쪽으로 몽진을 떠나게 되었던 것이다.

그러는 동안 양규가 국지전에서 거란군을 깨뜨리고 조정에서는 하공진을 보내어 달래는 등 화전 양면 작전을 구사함으로써 마침내 요 나라는 강화를 맺는 조건으로 군대를 되돌렸으니, 당시 조정의 논의대로 섣불리 항복을 하기라도 했더라면 그 이후의 국면은 돌이킬 수 없는 방향으로 전개되었을 것이 틀림없다.

그 이후에도 국경에서는 고려군과 거란군의 소규모적인 충돌이 끊이지 않았는데, 요나라는 위협과 타이름으로써 강동 6주를 되돌려 받고 고려로 하여금 송나라와 관계를 끊도록 하려고 했으며, 고려는 적당한 구실을 붙여 그 요구를 들어주지 않았다.

마침내 거란의 제3차 침입이 일어난 것은 현종 9년이 되던 1018년 섣달이었다. 요나라 장수 소배압이 10만 강병을 이끌고 국경을 넘은 것이다.

'거란 오랑캐 대군이 다시 쳐들어온다!'

그 소식은 온 고려를 발칵 뒤집어놓았다. 지난 두 번의 거란과의 싸움에서 당한 고난을 생각만 해도 끔찍했기 때문이다.

조정에서는 즉시 대책회의를 열고 평장사 강감찬을 상원수로 삼고, 대장군 강민첨을 부원수로, 내사사인 박종검과 병부낭중 유참을 판관으로 임명하여 20만 8천 명의 군사로 거란군을 막게 했다.

"나라의 운명이 오로지 경에게 달렸소. 경은 그 탁월한 재능으로 적을 섬멸하고 나라를 누란의 위험에서 구해 주기 바라오."

"신명을 바쳐 나라의 은혜에 보답하겠으니 너무 걱정하지 미십시오."

강감찬은 임금 앞에서 그처럼 결의를 다지고는 군대를 이끌고 용약 출전했다.

영주에 주력을 주둔시킨 강감찬은 흥화진 산골짜기에 날랜 기병 1만 2천 병력을 매복시켜 적이 도착하기를 기다렸다. 이윽고 거란군이 나타나자, 고려 기병은 성난 파도처럼 일제히 돌진했다. 방심 상태로 접근하던 기란군은 창칼에 죽고 말발굽에 밟혀 죽어 삽시간에 대참패를 당하고 말았다.

간담이 서늘해진 소배압은 난공불락 흥화진을 포기하고는 우회하여 곧장 도성인 개경으로 쳐들어간다는 방침을 정했다.

그것을 안 강감찬은 부원수 강민첨으로 하여금 군사를 이끌고 추격하도록 했다. 강민첨의 추격군이 자주^{慈州}에서 거란군을 따라잡아 공격을 가하고 시랑 조원 역시 마탄^{대동강 미림진}에서 거란군을 죽이니, 여기서 소배압은 군사의 10분의 1을 잃고 말았다.

그런 타격을 입으면서도 소배압은 우직하게 개경을 향하여 군사를 몰았다. 도성을 함락하고 임금만 잡으면 어쨌든 전쟁에서 이기는 셈이 되기 때문이다.

그러나 상황은 소배압의 기대대로 전개되지 않았다. 적의 의중을 너무도 잘 아는 강감찬은 병마판관 김종현에게 1만 명 군사를 주어 도성과 왕궁을 지키게 하는 한편, 추격군을 따라 붙여 적의 행군을 지지부진하게 만들었기 때문이다.

강감찬이 밖에서 그렇게 시간을 벌어주는데 힘입어 조정에서는 거란군이 개경에서 1백 리 떨어진 신은현^{신계}에 이르렀을 때 도성 밖의 백성들을 모조리 안으로 불러들이고 적으로 하여금 군량미 등 군수 물자의 현지 조달을 못하도록 하는 청야 작전^{淸野作戰}을 전개했다.

고려군의 집요한 공세를 겨우겨우 따돌리며 이듬해 정월에 간신히 개경 가까이 도착한 소배압은 기가 막혔다. 궁성 수비는 철통같았고, 성 밖의 민가에서는 사람은커녕 쌀 한 톨도 발견할 수가 없었기 때문이다.

'이것 큰일났구나. 적은 사납게 달려들고, 군량은 바닥이 났는데도 마련할 길이 막막하니, 이 노릇을 어찌할꼬.'

소배압은 간담이 서늘했다. 자기의 종말이 보이는 것 같았다. 그는 더 싸워 볼 의욕을 상실하여 회군 명령을 내렸다.

그러나 그들이 온전히 돌아가도록 뒷짐지고 바라보기만 할 강감찬이 아니었다. 금교역금천, 연주개천, 위주영변 등 요소요소에서 달려들어 거란군을 무찔러 그들의 수를 현저하게 줄였다.

강감찬은 거란군이 구주구성를 통과할 때 그들에게 결정적인 타격을 가하기로 마음을 굳혔다.

"제장은 들으라. 거란 오랑캐는 영명하신 태조대왕께서 개국하신 이래로 우리 고려를 넘보며 괴롭혀 왔다. 이제 그들을 여기서 섬멸하면 다시는 감히 노략질을 못할 것이요, 온전히 돌아가도록 퇴로를 열어주면 또 언젠가는 이번 같은 병란을 겪어야 할 것이다. 그러므로 제장은 투구 끈을 단단히 매고 군령에 따라 일사불란하게 움직여 한 치의 소홀함도 없이 작전에 임하라. 엄한 군율이 그대들의 공과를 지켜볼 것이다."

강감찬의 결의에 찬 훈시에 장수들은 숙연히 승리를 다짐했다.

그해 2월, 아직도 겨울 찬바람이 몰아치는 속에 소배압이 거느린 거란군은 구주를 통과하려고 했고, 기다리고 있던 고려군은 강감찬의 군령에 따라 총공격을 가했다.

지금까지는 싸우는 족족 피를 흘려야 했던 거란군이었으나, 이번 싸움이 사느냐 죽느냐의 마지막 결정이란 사실을 아는 그들은 최후의 힘을 다하여 대항했다. 그리하여 승패를 가늠할 수 없을 지경에 이르렀을 때, 개경으로부터 거란군의 뒤를 추격해 온 김종현의 군대가 도착했다. 게다가 금상첨화로 갑자기 남풍이 크게 불어 고려군은 바람을 등지게 되고 거란군은 바람을 안게 되니, 그와 같은 풍세에 고려군은 천우신조다 하여 용기 백배한 반면 거란군은 기가 꺾여 버리고 말았다.

전세는 삽시간에 결정이 났다. 거란군은 죽을등 살등 모르고 달아나기에 바빴으며, 고려군은 성난 파도처럼 그들을 덮쳤다. 석천을 건너 반령에 이르기까지 들판에는 거란군의 시체가 헤아릴 수 없이 깔렸으며,

고려군이 노획한 물자와 마필과 포로가 엄청나게 많았다.

적장 소배압은 갑옷과 병장기도 팽개친 채 달아나기에 바빴고, 구주 싸움에서 간신히 목숨을 건져 돌아간 거란군의 수효는 겨우 수천 명에 불과했으니, 10만 대군이 거의 전멸 당한 것이다. 고려로서는 엄청난 대승이었고, 요나라로서는 일찍이 당해 본 적이 없는 참패인 셈이었다.

강감찬의 예상대로 요나라는 그 후로 고려에 대한 대규모적인 침략 전쟁은 삼가게 되어 임금과 백성들은 한시름을 놓을 수 있게 되었다.

소배압이 이 패전 소식을 올리자, 요나라 임금은

"경적필패라고 했는데도 적중에 깊이 들어가 그 꼴이 되었으니 무슨 면목으로 짐을 보겠다는 것이냐. 내 마땅히 네 놈의 얼굴 가죽을 벗긴 후 죽일 것이다."

하고 노발대발했다고 한다.

강감찬이 싸움에 이기고 귀로에 오르자, 현종은 친히 영파역까지 나와 잔치를 베풀고 장졸들의 노고를 치하했다. 특히 강감찬에 대해서는 머리에 금화팔지金花八枝를 꽂아주고 오른손에는 금잔을 들고 왼손은 강감찬의 손을 잡고서 건배를 할 정도로 상찬이 지극했다.

"경이 아니었다면 이번 싸움에서 어찌 대승을 거둘 수 있었겠소. 종묘사직을 구하고 백성을 지켜 내었으니 경의 공은 천추만대에 빛날 것이오."

"황공하오이다. 대왕마마의 어지심에 열성조께서 음덕을 내리신 것이지, 어찌 신의 능력이었겠습니까."

강감찬은 사은 숙배하고 임금이 내리는 잔을 받았다.

현종은 도성에 돌아와서도 명복전에 다시 큰 잔치를 베풀어 삼군을 위로했고, 강감찬에 대해서는 더욱 극진하였다.

이윽고 평화가 돌아와 전란의 피해를 복구하기 위한 노력이 한창일 때, 강감찬은 임금을 뵙고 은퇴하기를 청했다.

"신은 이제 헛된 나이 일흔두 살이나 되어 몸은 늙고 능력도 부치므로 고향에 돌아가 여생을 보내고 싶으니 부디 윤허하여 주시기 바랍니다."

그 말을 들은 현종은 깜짝 놀라서 눈이 둥그레졌다.

"아니, 그것이 무슨 말씀이오? 경이 짐의 곁을 떠나려 하시다니, 절대 허락할 수 없소."

"하오나……."

"전역戰役을 치르고 와서 편히 쉬시지 못한 것은 인정하오. 그렇다면 사흘에 한 번씩만 입조해도 무방하니, 부디 짐을 버리고 떠난다는 말씀은 하지 마오."

현종의 뜻은 단호했다. '검교대위 문하시랑 동내사문하 평장사 천수현개국남'이라는 거창한 작위에다 식읍食邑 300호를 내리며 붙들었으므로, 강감찬도 할 수 없이 은퇴 의사를 번복하고 말았다.

강감찬은 그해 12월에 '추충협모 안국공신'의 작호를 받고, 이듬 해에는 다시 '검교태부 천수현개국자에 식읍 500호의 특전을 받았다.

현종 21년에는 문하시중에 올랐고, 그 이듬해에 '검교태사시중천수현개국후' 작위에 식읍 1천 호를 받았으니 그 영예가 신하로서 극에 달했다.

나라에 끼친 공적을 감안하면 응분의 대가라고 할 수 있겠지만, 강감찬은 너무 과분하다 하여 그럴수록 겸손하고 소박한 태도를 보였다. 신분이 일인지하 만인지상 귀족임에도 불구하고 옷차림은 보통 사람처럼 수수했고, 청렴결백한 생활 방식을 고수했다. 또한 나라에서 받은 좋은 밭 12결을 부하 장병들에게 나누어 주기까지 했으니, 그 인품의 고결함을 알 수 있다.

강감찬은 체구가 왜소한데다 어릴 때 천연두를 앓아 얼굴이 얽었다고 한다. 그처럼 풍채는 보잘 것 없었지만, 조정에서는 엄정하게 국사를 결정하고 전장에 나가서는 지략과 용맹으로 적을 물리치는 출장입상出將入相에 문무를 겸전한 거인이었으니, 그를 존경하고 우러러보지 않는 사람이 없었다.

어느 땐가 송나라 사신이 고려에 왔다가 강감찬을 만나 보고는,

"문곡성文曲星을 오래 못 보았더니, 지금 여기 계시는구나!"

하고 자기도 모르게 흥분하여 외치며 자리에서 내려와 절했다고 한다.

문곡성이란 문성文星이라고도 하며, 점술에서 문운을 주관하는 별로 알려져 있다.

현종 원년 거란의 제2차 침입을 겪은 후, 강감찬은 임금에게 나성羅城의 축조를 강력히 주장했다.

"이번 전란에 도성이 쉽게 함락되고 대궐이 불타게 된 것은 보호벽이 없었기 때문입니다. 장차 똑같은 화를 당하지 않기 위해서는 마땅히 나성을 쌓아야 할 것입니다."

나성이란 궁성을 보호하는 목적뿐 아니라 바깥의 민가까지 빙 둘러싸는 외성을 말한다.

"나성이라고 하면 구체적으로 어느 정도의 규모를 말하는 거요?"

"둘레 2만 7천 보에 높이 27척, 성곽의 두께는 12척, 낭옥廊屋은 약 5천 칸 정도가 되어야 할 것입니다."

"그런 어마어마한 성곽을 어느 하시절에 완성한단 말이오. 인력 동원으로 백성들을 고단하게 만들 뿐 아니라, 그 비용도 엄청날 텐데……."

"그렇더라도 오랑캐의 환란보다야 더 하겠습니까. 국가적 1백 년

대계로서 하루라도 빨리 수축하지 않으면 안 될 것입니다."

"경의 뜻은 알겠소만, 그 막중한 축성 임무를 수행할 만한 인물이 있을까?"

"왕가도가 적임자인 줄 아옵니다."

왕가도는 본명이 이자림으로서, 임금으로부터 왕씨 성을 하사받은 인물이었다.

그리하여 왕가도를 공사 책임자로 한 외성 축조 공사가 시작되어 무려 20년 만에 마침내 완공을 보았는데, 그동안 동원된 연인원은 인부 24만 명에다 기술자 8,500명에 달했으니 얼마나 엄청난 대공사였는지 알 수 있다.

실제로 거란의 제3차 침입 때는 성이 아직 다 축조되기 전이어서 별로 쓸모가 없었으나, 나성이 완공된 후에는 몽고 등의 침략을 받았을 때 전략상의 상당한 효과를 발휘했던 것이다. 그 사실만 보더라도 강감찬의 예측력과 경륜을 알 수 있다.

이 위대한 겨레의 은인은 재위 22년의 현종 시대를 마감하고 제9대 덕종이 즉위한 1031년 8월에 여든네 살의 나이로 세상을 떠났다.

덕종은 사흘 동안 조회를 중단하고 부의를 후하게 내리는 한편, 백관을 장례식에 참석시켰으며, 인헌仁憲이란 시호를 내리고 현종의 묘정廟庭에 배향했다.

이자현의 아내 사랑

이자현은 고려 예종 때 사람이다. 중서령 이자연의 손자요, 산기상시지추밀원사 이공의의 아들이니, 상당한 명문가 출신인 셈이다.

이자현은 자를 진정, 호는 희이자라고 했으며, 인물이 훤칠하게 잘 생긴 데다 성품이 곧고 맑아서 세상 사람들의 칭송이 자자했다.

스물세 살에 과거에 급제하여 스물아홉 살에 대악서승으로 승진할 때까지는 명문가 출신으로 벼슬살이를 하는 순탄한 출세길을 걸었으나, 아내의 죽음과 더불어 그의 인생이 180도로 바뀌어져 버렸다.

그는 아내를 지극히 사랑했고, 금슬이 너무 좋아 주위로부터 말을 들을 정도였다. 그런데 그런 아내가 위중한 병이 든 것이다.

"아무래도 다시 일어나지 못하고 눈을 감을 것 같으니, 서방님께 죄스러워서 어쩌지요?"

아내가 병석에서 눈물을 글썽이며 하는 말을 듣고, 이자현은 가슴이 찢어지는 것 같았다.

"그런 말 마오. 사람이 살다보면 몸이 아프기도 하거늘, 어찌 그렇게 간단하게 죽는단 말이오?"

"아닙니다. 제 병은 제가 더 잘 압니다. 제가 죽더라도 부디 상심마시고 좋은 배필을 다시 만나 여생을 행복하게 사세요."

"임자를 여의어 놓고 무슨 재미로 행복하게 살겠소? 나를 생각해서라도 기운을 차려 일어나도록 하오."

이자현은 갖은 정성으로 아내의 병을 구완했으나, 불행히도 그녀는 끝내 저 세상으로 가고 말았다. 그는 대성통곡을 하며 아내의 장례를 치렀다. 그리고 너무나 상심한 나머지 식음을 전폐하고 생각에 잠겼다.

'태어나서 성장하고 늙어 죽음이 사람의 한평생인데, 아내는 아직도 새파란 나이에 벌써 이승을 떠났으니 얼마나 가엾은 노릇이냐! 이제는 그 아름다운 모습을 꿈에서나 행여 만날 수 있을까. 참으로 서글프고 덧없는 것이 인생이로구나.'

그런 생각을 하자, 모든 것이 귀찮고 부질없게 느껴졌다.

'부귀는 무엇이고 영화는 무엇이란 말인가. 아무리 거기에 매달려도 고작 짧은 한 생애에 불과하다. 부자라고 해서 재물을 무덤까지 가져갈 수 없고, 고귀한 신분이라고 해서 죽어 그 몸뚱이가 썩지 않는 것은 아니다. 모든 것은 허상에 지나지 않는다. 그러니 거기에 집착하고 욕심내는 것은 얼마나 어리석은 짓이냐.'

그와 같이 크게 깨달은 이자현은 벼슬을 아낌없이 내던졌다. 임금을 비롯하여 주위 사람들이 깜짝 놀라 만류했으나, 이미 그의 마음을 돌이킬 수는 없었다.

괴나리봇짐 하나 달랑 짊어지고 집을 나선 이자현은 임진강 나룻배 위에서 맹세를 했다.

'이제 이 강을 건너면 다시는 송도에 발을 들여놓지 않으리라.'

그렇게 집을 떠난 이자현은 전국 방방곡곡의 빼어난 산천을 구경하고 유명한 절과 옛 성현들의 유적을 답사하며 세월을 보냈다. 그러다가 마침내 다다른 곳이 춘주^{지금의 춘천}의 경운산에 있는 보현원이란 작은 암자였다. 거기서 여생을 마칠 작정을 한 것이다.

경운산 보현원은 곡절이 있는 암자였다. 신라 말기에 당나라의 영현선사라는 고승이 신라에 건너와서 살았는데, 신라가 망하고 고려가 일어서자 경운산에 들어와 백암선원을 세우고 그곳에서 죽었다.

그 후 이자현의 아버지 이공의가 춘주도감 창사로 부임해 와서는 경운산의 빼어난 경치를 사랑하여 백암선원 터에다 다시 깨끗한 암자를 짓고 그 이름을 보현원이라고 했던 것이다. 따라서 이자현은 아버지의 유적지에 찾아온 셈이었다.

이자현은 산 이름을 청평산으로, 암자 이름은 문수원으로 고쳐 부르도록 했다. 그러고는 문수원 뒤에 따로 작은 방 한 칸을 지었는데, 마치 따오기 알같이 동그란 모양이었으며, 스스로 이름을 식암^{息菴}이라고 지었다. 얼마나 작았던지 가부좌를 틀고 겨우 앉을 수 있을 정도였다.

그는 낮이나 밤이나 그 속에 들어가 있었고, 어떤 때는 며칠이 지나도록 한 번도 나오지 않기도 했다. 불교의 심오한 이치를 탐구하며 특히 조용한 명상으로 참선하는 것을 즐겨했고, 그런 한편 누비옷을 걸치고 푸성귀를 먹는 것으로 생활의 만족을 찾았다.

예종 12년, 이자현의 나이 57세가 되던 해였다.

예종은 모처럼 남경^{지금의 서울}에 행차하였다가 이자현을 만나보고 싶어 사람을 보내어 간곡한 말로 그를 불렀다.

이자현은 가고 싶은 생각이 없었으나, 임금이 부르는데 거절할 수가 없어 할 수 없이 어려운 걸음을 하게 되었다.

"대왕마마, 오래 못 찾아뵈온 불충한 신이 삼가 인사올립니다. 그동안 옥체 안녕하셨습니까?"

이자현이 엎드려 절하자, 예종은 눈물을 글썽이며 그를 부축하여 일으켰다.

"경을 자나깨나 그리워했더니, 이제서야 만나는구려. 사람이 어찌 그다지도 무심하오?"

"황공하옵니다."

"몇 번이고 경을 부르려고 했지만, 임진강을 지나며 다시는 강을 건너 송도개경에 돌아오지 않겠다고 맹세했다는 말을 듣고 차마 경의 뜻을 무시할 수가 없었소. 그러나 여기는 남경이니 그 고집에 저촉되지 않겠지요?"

"물론입니다, 대왕마마."

실로 오랜만에 임금과 신하는 마주 앉아 한가롭게 차를 마셨다. 예종은 이자현한테 수신양성修身養性의 도를 물었다.

"예. 수신양성에는 욕심을 버리고 가능한 한 마음을 비우는 것 이상으로 좋은 방법이 없습니다. 대왕마마께서는 과욕이 모든 화의 근원이라는 사실을 부디 명심하십시오."

그러고는 '심요心要'라는 한 편의 절구를 적어드리고 다시 청평산으로 돌아가 버렸다. 예종은 이자현이 적어준 심요 절구를 걸어놓고 항상 외며 그것을 좌우명으로 삼았다.

예종의 뒤를 이은 인종도 이자현을 경모하여 차와 향과 약을 보내주었고, 자기가 보위에 오른 지 3년 만인 1125년, 이자현이 65세의 나이로 세상을 떠나자, 진락공이라는 시호를 내려 그를 흠모하였다. *

김부식과 정지상 귀신

고려는 일어선 지 거의 2백 년이 지나도록 나라가 평안하지 못했다. 그 가장 큰 이유는 거란, 여진 같은 강대한 세력의 오랑캐가 북쪽에서 항상 말썽을 일으켜 괴롭혔을 뿐 아니라, 이따금 대군을 몰고 쳐들어와서 온 나라를 짓밟아 놓곤 했기 때문이었다.

그러다 보니 고려는 국경 단속과 전쟁 수행으로 국고가 바닥이 날 수밖에 없었고, 백성들은 전란의 직접 피해 외에도 물자 동원과 인력 동원에 시달리느라고 편할 날이 드물 지경이었다.

그런 어려움 속에서도 나라가 결딴나지 않고 줄기차게 명맥을 이어올 수 있었던 것은, 초기에 광종이나 성종 같은 올바른 임금이 있어 과감한 정치 개혁으로 행정의 효율성을 극대화하고 중앙집권 제도 확립으로 호족이나 관리들의 전횡을 억제하는 한편, 인재들을 과감하게 발탁하여 썼으며, 그와 같은 정치 원리가 꽤 오랫동안 통했기 때문이다.

그러나 중앙집권 제도 아래에서 정치의 주도 세력으로 성장한 계층이 하나의 특권 계급으로 기반을 굳혀 가면서 모순과 병폐가 불거지기 시작했다. 이른바 문벌 귀족 사회를 형성한 그들은 국가 권력을 독점했고, 능력이 없어도 자자손손 벼슬을 얻었으며, 제도상의 특전으로 나라의 부를 독점하다시피 했다.

농토가 피폐해지면 잡초가 쑥쑥 올라오듯이 나라의 사정이 그 정도가 되면, 그 상황을 이용하여 기존 질서를 흔들려고 하는 세력이 반드시 나타나게 마련이다.

17대 인종 때 서경^{평양}에서 반기를 들고 일어선 승려 묘청이 바로 그런 사람이었다.

이웃 나라와의 사이에 분쟁이 발생하면 아무래도 그들과 접경하고 있는 지방이 위험 앞에 더 노출될 뿐 아니라 고난을 겪게 되는 것은 지리 조건상으로 어쩔 수 없는 노릇이다.

따라서 함경도나 평안도 같은 지방은 그런 상황에 더더욱 민감할 수밖에 없었고, 아래쪽보다 백성들의 고난도 막심했다. 그러니 아래쪽 지방이나 조정에 대하여 불만이 쌓이는 것은 당연한 일이었다. 더군다나 문벌 귀족 사회에 대한 적대감도 다른 지방보다 월등했다.

묘청은 그와 같은 민심을 교묘히 선동하면서, 천문을 잘 보는 백수한이란 사람과 지모를 모아 큰 야망을 실현시키려고 했다.

"오랑캐들을 몰아내고 나라를 튼튼하게 만들기 위해서는 썩어빠진 보수파 문벌 귀족 정치의 틀을 깨뜨리고, 백성을 근본으로 삼는 정치를 펴야 한다. 송도는 나라의 도읍으로 적합하지 않은 곳이므로, 왕업의 정기가 서려 있는 서경으로 도읍을 옮기는 것이 마땅하다."

묘청은 이른바 풍수지리설에 입각하여 그와 같은 주장을 내세우고 임금을 설득하며 서경으로의 천도를 적극 추진했다.

인종은 묘청의 이야기에 솔깃했으나, 조정 대신들이 벌떼같이 들고 일어나 반대했다.

"태조대왕께서 왕업을 이루시어 도읍으로 정하신 이래로 개경은 사직의 뿌리인 곳입니다. 이곳을 버리고 서경으로 천도하는 것은 어불성설입니다."

"묘청이란 중은 엉뚱한 야망으로 대왕마마의 마음을 어지럽히는 간사한 자입니다. 그를 붙잡아 엄중히 죄를 물어야 합니다."

주위에서 그처럼 극력 반대하는 형편이고 보니 인종도 마음을 돌리지 않을 수 없었다. 그로써 묘청의 계획은 일단 좌절되고 말았다. 그러나 묘청은 거기에서 포기하지 않았다.

"내가 서경 천도를 주장한 것은 나라를 일신하여 백성을 편안하게 하는 정치를 이 땅에 펴기 위함이었다. 그런데도 생각이 얕은 조정의 무리들이 기득권을 놓치지 않으려고 임금의 마음을 어둡게 하여 일을 그르치는구나. 그렇다면 어쩔 수 없다. 우리만이라도 새로운 나라, 새로운 세상을 만들자."

묘청은 그와 같은 주장 아래 추종자들을 이끌고 서경을 도읍으로 하여 대위국大爲國 창설을 선언했다. 인종 13년 1135년의 일이었다.

조정의 입장에서 불행 중 다행인 것은 묘청 일파가 일을 서두르기만 했지 세부적인 준비가 부실하다는 점이었다. 따라서 그쪽에서 세력을 정비하고 쳐내려오기 전에 토벌 계획을 수립하여 움직일 수가 있었다.

조정에서는 김부식을 원수로 삼아 묘청의 반란을 진압하도록 했다.

김부식은 일찍이 선종 시대에 과거에 급제한 후 인종까지 다섯 임금을 섬겨오는 원로대신으로서, 『삼국사기』를 편찬하여 우리나라 역사학의 큰 줄기를 세운 공로자이기도 하다.

김부식이 문신이면서도 반란 진압군 총수 자리의 적임자로 지목된 것은 그만큼 경륜이 높은 데다 판단력이 뛰어나고 임기응변에 능했기 때문이었다.

대임을 부여받은 김부식은 출정에 앞서 여러 장수들과 의논하는 자리에서 은밀히 말했다.

"묘청이란 간사한 중이 겁도 없이 반역을 꾀한 것은 그를 은근히 지원하는 세력이 있기 때문이오. 지금 조정 안에도 그와 같은 반역 도당이 있어 정보를 제공하며 유사시에는 내응하려고 하니, 먼저 그 동조자부터 없애지 않으면 안 될 것이오."

장수들은 깜짝 놀라 지휘관을 쳐다보았다.

"아니, 조정 안에 그런 자가 있다니, 누구란 말씀입니까?"

"이를테면 정지상 같은 인물이오."

그 말을 들은 장수들은 서로의 얼굴을 돌아보았다.

정지상은 평양 태생으로, 예종 때 과거에 급제하여 관도에 나선 후 간의, 지제고의 벼슬을 했으며, 그 얼마 전에 '이자겸의 난'이 발생했을 때 뒷수습에 공이 있었던 사람이었다.

문장에 있어서는 당대의 제일인자로 꼽히는 김부식과 막상막하로 명성을 다툴 정도의 인물이었고, 오히려 한 수 위라는 평판까지 들었다.

"그가 태생이 그쪽인 데다 묘청과 교분이 두텁다는 사실은 여러분들도 모르지 않을 테지요. 그러니 결정적인 시기에 정 아무개가 안에서 일어난다면 사태는 걷잡을 수 없을 것이오. 그러니 우리가 출정하기 전에 그자부터 제거하여 화근을 해결합시다."

주장의 생각이 그렇게 강경하다 보니, 부하 장수들은 더 할 말이 없었다.

정지상의 명성이 워낙 대단하므로, 그를 제거하는 일을 드러내놓고 추진하다가는 그르칠 우려가 없지 않았고, 또 그럴 시간적 여유도 없었다. 그래서 김부식이 생각한 방법은 거짓말로 그를 불러낸 다음 전격적으로 처치하는 것이었다.

임금이 부른다는 전갈을 들은 정지상은 아무런 의심도 없이 집을 나섰다. 그리하여 막 입궁하려는 찰나에 좌우에서 튀어나온 무사들이 에워싸니, 미처 영문을 알아보기도 전에 칼날 아래 무참한 죽음을 당하고 말았다.

그렇게 전격적으로 정지상을 살해한 김부식은 즉시 임금을 뵙고 사정을 보고하니, 임금인들 나라가 위태로운 판에 역적 토벌의 대임을 맡은 자가 이미 저지른 일을 따따부따할 수가 없었다. 그래서 애석하고 마음에 걸리는 대로 유야무야 덮어버리고 말았다.

그런 사전 조치를 취해 놓고 출정한 김부식이 묘청의 반란을 무난히 진압하고 돌아왔기에 망정이지, 그렇지 못했다면 정지상 참살 문제의 정치적 책임 추궁을 면하지 못했을 것이다.

그러나 공식적인 면책 획득에 성공했다 하더라도 그로써 김부식의 마음이 편한 것만은 아니었다. 왜냐하면 세상 사람들은 김부식이 정지상의 문명文名이 쟁쟁하고 시문이 자기보다 윗길이라는 사실에 오래 시기심을 품은 나머지 정치적 문제를 빌미로 옳다구나 하고 제거해 버렸다고 수군거렸기 때문이다.

세상 사람들이야 호사가적인 생각에서 그런 소리를 했겠지만, 정작 정지상 자신의 입장에서는 도저히 눈을 감을 수 없이 통분한 일임에 틀림없었다. 그래서 정지상은 죽어서도 좋은 곳으로 가지 못하고 원귀가 되어 김부식을 따라다니며 괴롭혔다.

하루는 김부식이 봄을 주제로 하여 시를 지으며 이런 구절을 읊었다.

버들가지 천 가닥이나 푸르고
복숭아꽃은 만 송이나 붉구나

그러자 정지상의 귀신이 김부식의 따귀를 올려 붙이며 나무랐다.

"이 자식아! 네가 무슨 재주로 버들가지와 복숭아꽃의 수효를 정확히 세어보았다는 거냐. 시를 제대로 쓰려면 '버들가지 가닥가닥 푸르고柳枝絲絲綠, 복숭아꽃 송이송이 붉구나桃花點點紅'라고 해야지."

그럴 정도로 김부식은 정지상의 귀신으로부터 시달림을 받았으며, 그러다 보니 병을 얻어 시름시름 앓다가 죽었다고 한다.

태수 유응규와 그의 아내

　세상이 혼란스러워지면 기강이 무너지는 바람에 관료 사회가 부패해져 사리사욕을 채우기에 바쁘고, 백성들이 생업에 대한 열의를 잃고 말기적 풍조에 빠져들기 십상인 것은, 지금이나 옛날이나 마찬가지일 것이다.

　고려 중엽에는 귀족 계급의 권세가 너무 크고 그들의 횡포가 미치지 않는 곳이 없어 나라의 사정이 한심스러울 정도였다.

　그 귀족 계급이란 모두 문신들로 구성되어 있었는데, 그들은 국가 요직을 독차지하고 모든 이권에 개입했으며, 부국안민의 열의보다는 어떻게 하면 자기 배를 불릴까 하는 쪽으로만 관심이 쏠려 있었다.

　중앙의 관료 조직은 말할 것도 없고, 지방관들도 일단 부임하면 하나같이 치부에 눈이 어두워 백성들을 들볶았으니 그 폐해가 말할 수 없을 정도였다.

　그 지경으로 정치를 어지럽힌 데다 턱없이 높아진 콧대로 무신들을 얕잡아 보고 너무 천대하다가 그들의 분노를 사는 바람에 결국에는

'무신의 난'을 초래하여 하루아침에 참혹한 몰락의 비극을 당하고 말았던 것이다.

어쨌든 그처럼 중앙과 지방 구별할 것없이 모든 관료 조직이 썩어빠졌지만, 쓰레기 속에 피어오른 꽃처럼 그중에서도 자기 이익보다는 나라의 내일을 걱정하고 백성들의 아픔을 어루만지고자 노력한 명관 또는 청백리가 가뭄에 콩 나듯 나타나기도 했으니, 사회는 그래서 결정적으로 붕괴되지 않고 유지하게 마련인가 보다.

유응규는 제18대 의종 때 사람으로, 남경 태수를 지냈다. 청렴결백한데다 선정을 베풀었기에 고을 백성들의 칭송이 자자했다.

유응규는 백성의 것은 털끝만큼도 건드리는 일이 없었다. 항상 자기 직무에 충실하여 백성들의 어려움을 잘 해결해 주고, 어떻게 하면 그들의 살림살이가 나아질 수 있을까 고민할 뿐이었다. 실로 혼탁한 세상의 한 줄기 맑은 바람이라고 하지 않을 수 없었다.

처음 유응규가 태수로 부임하자, 관속들이 돈궤짝 하나를 들고 와서 그의 앞에 내려놓았다.

"그것이 무엇이냐?"

유응규가 의아해서 묻자, 관속들이 태연히 말했다.

"사또의 취임을 환영하는 뜻으로 올리는 인사입니다."

"아니, 뭐라고?"

"얼마되지 않습니다만, 첫 번째 성의로서……."

"닥쳐라!"

유응규의 느닷없는 호통에 관속들은 찔끔 놀라고 말았다.

"도대체 무슨 소리를 하고 있는 것이냐. 첫 번째 성의는 무엇이며, 두 번째 성의는 또 뭐란 말이냐."

"……."

"본관에게 성의를 보일 양이면 맡은 바 직무에 충실하고 백성들을 잘 보살피면 된다. 금품을 상납하는 것으로 본관의 마음을 살 수 있다고 생각하면 큰 오산이니라. 이런 것을 장만하기 위해 너희들은 백성들로부터 갈취하기를 서슴지 않았으렷다."

"아, 아니올시다. 소인들은……."

"오늘날 관도의 기강이 무너져 위에서 아래까지 모든 벼슬아치가 다 썩어빠졌고, 백성들은 가렴주구에 견디지 못하여 죽고 싶어도 죽지 못하고 살아있어도 산 것 같지 않은 실정임을 알고 있다. 이러고서야 이 나라가 어찌 온전하겠느냐. 본관은 뜻한 바 있어 본관이 다스리는 고을만이라도 기강이 서고 정치가 바르게 행해지도록 할 결심이니, 너희들은 명심하여 직무 수행에 한 점 잘못도 없도록 하라. 만일 도리에 어긋난 짓을 한다든지 백성들한테 민폐를 끼치다가 발각될 때는 목이 열 개라도 살아남지 못할 것이니, 각별히 명심해야 할 것이다."

관속들은 잔등에 식은땀이 흘렀다. 새로운 태수가 오면 뇌물을 진상하는 것이 관례가 되어 있었으므로 아무 생각없이 한 일이었는데, 뜻밖에도 대꼬챙이같이 바르고 거울같이 맑은 상전을 모시게 된 것이다.

그 점에 대한 아랫사람들의 반응은 대체로 세 갈래였다. 저런 꼬장꼬장한 상관을 모시게 되었으니 먹을 것도 못 먹고 힘들게 되었다고 투덜대는가 하면, 그 청렴 의지가 얼마나 오래 버티는지 두고 보자고 비웃기도 했고, 개중에는 이제야 제대로 된 상관을 모시게 되었으니 뭔가 달라지기는 달라질 것이라고 기대하는 사람도 있었다.

그와 같은 주목 속에 유응규는 오로지 바른 정치와 청렴결백한 처신으로 일관하여 관아의 분위기를 새롭게 만들었으며, 그 명성이 입에서 입으로 퍼져나가 유명 인사가 되었다.

그런데 유응규가 그처럼 청렴한 선비로 이름을 날릴 수 있었던 것은 물론 본인의 인품이 고결했기 때문이지만, 부인의 도움에 힘입은 바도 적지 않았다. 부창부수라고 할까, 내조의 극치라고 할까, 유응규의 부인은 남편 못지않게 곧고 바른 사람이었기 때문이다.

다음과 같은 일화가 그 부인의 사람됨을 말해 준다.

어느 때, 부인이 심한 젖앓이로 열이 나서 오래 누워 있은 적이 있었다. 상당한 시일이 지나 열도 내리고 젖앓이도 거의 나았으나, 워낙 입맛을 잃어 영양실조 상태에 있었기 때문에 쉽게 일어나지를 못했다. 더군다나 사는 형편이 지위에 어울리지 않게 너무 가난하여 고기 한 점, 생선 한 마리를 사먹을 여유가 없었다. 그런 까닭에 그의 집에서는 아침 저녁 찬거리를 전혀 걱정하지 않아도 되었다. 오로지 쓰디쓴 나물국이 유일한 찬이었기 때문이다.

주인들은 원체 그런 인품이어서 자기야 청빈에 만족하여 산다고 하겠지만 조석으로 밥상을 올리는 하인의 입장에서는, 더구나 병중에 있는 마님이 빨리 일어나도록 해야 하기에 더욱 난감하지 않을 수 없었다.

'어떻게든 앓는 분이 맛있게 잡수실 수 있게 해드려야 정신이 드실 텐데……'

하인이 그런 걱정을 하고 있을 때, 밖에서 나직이 부르는 소리가 났다. 고개를 들어보니, 태수부 관속으로서 안면이 있는 사람이었다.

"나리께서 웬일이십니까?"

"마님의 병환 소식을 들었네. 좀 어떠신가?"

"그저 그렇습죠."

"저런! 그럼 차도가 없으신 게로군."

"그렇지는 않습니다. 병은 이제 물러간 모양인데, 병 뒤끝에 도통 변변히 잡수시는 것이 없으니⋯⋯."

하인은 말을 잇지 못하고 눈시울을 붉혔다.

그러자 관속은 등 뒤에 숨겨 가지고 있던 꿩 한 마리를 내밀었다.

"받게나."

"아니, 웬 것입니까?"

"쉬이, 안에서 들으실라."

관속이 얼른 주의를 주었다. 이심전심이라 할까, 태수 부인의 성품을 아는 그들은 이내 말소리를 낮추었다.

"지나가는 길이기에 마침 들려볼까 하고 저잣거리에서 산 것이야. 잡수시고 기운을 차리도록 국을 끓여 드리게."

"감사합니다."

"마님께서 어떤 분이신가. 사정을 아시면 돌려주라고 하실 게 뻔하니, 각별히 신경을 써주게."

"염려 마십시오."

하인은 몹시 기뻤다. 그러면서도 한편으로는 걱정이 되었다. 관속 한테는 큰소리를 쳤지만, 어떻게 마님의 신경을 건드리지 않고 국을 먹게 할 수 있을지 난감했기 때문이다.

아무래도 맞을 매라면 미리 맞는 것이 낫다는 생각이 들어 방에 들어가 부인한테 거짓말을 했다.

"마님, 소인이 방금 저잣거리에 잠깐 나갔다가 마침 사냥하는 친척을 만나 꿩 한 마리를 얻었답니다."

"그러냐."

"소인이 그놈을 가지고 국을 끓일까 하니, 오늘은 좀 맛있게 잡수시고 기운을 차리십시오."

하인이 그렇게 여쭙고 나서 일어서려고 하자, 그때까지 자리에 누운 채 축 처져 있던 부인이 벌떡 일어나 앉았다.

"너 방금 뭐라고 했느냐? 꿩을 어쨌다고?"

"예, 마님. 저희 친척이……."

"나를 속이려고 하지 마라. 좋은 뜻의 거짓말도 해서는 안 되는 것이다. 그러니 사실대로 말해 보아라."

"마님, 소인이 잘못했습니다. 사실은 친척한테서 얻은 꿩이 아니고, 관아에 계신 어떤 분이 마님께서 앓아 누워 계신다는 소식을 듣고 안타깝게 생각해서 잡수시고 기운을 차리게 해드리라고 가져온 것입니다. 사실대로 말씀드리면 물리칠 것 같아서 소인의 친척을 팔았을 뿐입니다."

하인이 울상을 지으며 실토하자, 부인은 미소를 지으며 부드럽게 말했다.

"네 뜻은 잘 알겠다. 나를 그렇게 생각해 주니 가상하구나. 그리고 그 관아에 계시다는 분의 마음도 고맙다. 그러나 그 꿩은 받을 수 없다."

"마님, 그것은……."

"꿩 한 마리 먹는다고 딴 살이 붙을 것도 아니지 않느냐. 그러니 성의를 고마워하더라는 말을 전하고 정중히 돌려드리고 오너라."

"마님, 무슨 대가를 원하는 진상물도 아니고 단순한 성의의 표시일 뿐이잖습니까. 친한 이웃끼리 음식을 나누어 먹는 것과 마찬가지지요. 꿩을 되돌려주는 것은 소인의 짧은 소견으로도 너무 지나친 듯합니다."

"이웃하고 음식을 나누어 먹는 것과는 경우가 다르니라. 그 점을 잘 알아야 한다. 너도 알다시피 나리께서는 오로지 나라에서 주시는 녹봉만으로 만족하실 뿐, 평생 동안 남한테 손톱만큼도 폐를 끼치지 않고 살아오신 바른 어른이 아니냐. 그런데 이제 와서 내가 그 꿩을 받아 보아라. 우리로서는 처음 있는 일이니 그 소문은 한 입 건너 두 입으로 전해질 것이며, 그렇게 되면 또 누가 무엇을 가져와서 받지 않는다고 장담할 수 있겠느냐. 그렇게 되면 나리의 청렴에는 흠결이 생기고, 또한 받은 만큼 무엇인가 고마움에 대한 대가를 생각하지 않으면 안 될 것이니, 그 뒤끝이 어떻게 되겠느냐. 나는 지어미된 몸으로서 그 어른이 정해 놓으신 금도禁道를 깨뜨리느니 차라리 죽는 것이 낫다고 생각한다. 그래도 내 뜻을 이해하지 못하겠느냐?"

"알겠습니다. 소인의 생각이 너무 짧았습니다."

"아니다. 쪼들리는 살림이라 이래저래 네가 마음 고생이 많구나."

"마님."

하인은 눈물이 핑 돌아서 물러 나왔다. 그러고는 그 길로 관속을 찾아가서 사연을 전하며 꿩을 돌려주니, 관속은 하늘을 쳐다보며 탄식했다.

"아하! 세상은 이렇게 난세인데, 어쩌면 저렇게 바르고 착한 분들이 있단 말인가. 세상에 저런 사람들 1백 명만 있어도 이 나라기 이 꼴이 되지는 않았을 것이다."

부부의 어느 한쪽은 부처님 같은데 한쪽이 악해서 남의 원한을 사고, 한쪽은 길바닥에 떨어져 있는 금덩이도 그냥 지나칠 정도인데, 한쪽은 뒷구멍으로 열심히 챙겨서 뒤탈을 일으키는 경우도 얼마든지 있다.

그런 것이 세태의 한 단면이라고 본다면, 유응규 부부 같은 사람들은 참으로 칭송을 받을 자격이 있다고 하겠다.

고려왕조 야사

3

반란의 시조 정중부

정중부는 예종 원년이던 1106년에 황해도 해주에서 태어났다.

그는 어려서부터 타고난 장골이었다. 7척 거구에 이마가 넓고 눈이 부리부리했으며 탐스러운 수염을 가지고 있어서, 그를 바라보는 사람은 누구나 주눅이 들 정도였다.

젊었을 때 군적軍籍에 올려져 개경으로 가게 되었는데, 해주 고을에서는 도중에 그가 혹시 행패를 부리지나 않을까 염려하여 두 팔을 묶어 압송하다시피 해서 데리고 갔다.

당시 재상으로서 군사를 선발하던 최홍재는 그 꼴을 보고 이상해서 물었다.

"너는 무슨 잘못을 저질렀기에 묶여 왔느냐."

"잘못한 바가 없습니다. 소인이 그저 기운을 주체하지 못해 사고를 칠까 봐 사람들이 이렇게 팔을 묶었지 뭡니까."

"허허, 별 우스운 놈 다 보겠네. 그래, 네가 그렇게 기운이 세다는 말이냐?"

"한 손으로 황소 모가지를 부러뜨릴 정도는 됩지요."

최홍재가 호기심으로 정중부의 기운을 시험해 보니 과연 천하장사였다. 그래서 어깨를 두드리며 위로하고는 임금의 친위대인 공학금군에 편입시켰다.

정중부는 워낙 무인의 재질이 탁월했으므로 무식함에도 불구하고 나이 마흔이 되었을 때는 견룡금군의 대정 지위에까지 승진했다. 그러나 당시는 문을 숭상하고 무를 천대하던 시대여서, 아무리 무인 자질이 뛰어난 정중부도 방자한 문신들한테 천대 받기는 다른 무신들과 다를 바 없었다.

인종 22년 5월, 대궐에서는 악귀를 쫓는 의식의 하나인 나례(儺禮)가 있었다. 그 의식이 끝난 다음 내시들의 다방에서는 문신들과 무신들이 어울려 놀이를 벌였는데, 이때 과거에 급제한 신출내기 문신 김돈중이 술에 얼큰하게 취하여,

"무신의 수염은 불에 타지도 않는다지?"

하면서 촛불을 정중부의 수염에다 갖다 댔다.

김돈중은 당시 나는 새도 떨어뜨린다는 세도 재상 김부식의 아들이었다.

"이런 버릇없는 놈! 어린 것이 감히……."

황망중에 애지중지하는 수염을 그을린 정중부는 화가 머리 끝까지 올라 호통을 치며 김돈중의 귀싸대기를 올려 붙였다.

"에쿠!"

김돈중은 금방 코피를 흘리며 나동그라졌다. 정중부의 기세가 예사롭지 않음을 뒤늦게야 알아차린 김돈중은 맨발로 줄행랑을 놓고, 술자리는 어수선하게 파흥이 되고 말았다.

나중에 그 소동을 전해 들은 김부식은 한낱 무신이 자기 아들에게 손찌검을 했다는 사실에 모욕감을 느꼈다. 아들을 때린 것은 자기를 욕보인 것이나 다름없다고 생각한 것이다.

"천한 무관놈이 감히 내 아들한테, 그럴 수가 있단 말이냐."

화가 치민 김부식이 즉시 임금을 뵙고 정중부를 문초할 것을 청하니, 인종은 그의 체면을 봐서 그러라고 승낙했다. 그러나 인종은 정중부의 인물됨을 잘 알고 있었으므로, 김부식의 고문을 당하지 않도록 몰래 피신시켜 주었다.

평소부터 문신들의 방자한 태도에 분노를 느끼고 있던 정중부는 그 사건이 있고부터 속으로 이를 갈았다.

'어디 두고 보자. 언젠가는 너희들이 내 손에 죽으리라.'

1146년 인종이 물러나고 의종이 보위에 올랐을 때 정중부는 대장군의 지위에 승진해 있었다. 당시 무신으로서는 최고의 지위였으나, 문신의 말단보다도 못한 대우를 감수하지 않으면 안 되었다.

새 임금 의종은 간신들과 내시들의 부추김을 받아 방탕하고 놀이나 즐기는 그릇된 임금이었을 뿐 아니라, 무신들에 대해서는 선왕과 비교도 되지 않을 만큼 천시하는 습성이 있었다.

어느 해 봄날, 의종은 대신들을 거느리고 인지재로 놀이를 나섰는데, 도중에 술과 음식을 잔뜩 장만해 놓고 기다리는 법천사 주지를 만났다. 각예라는 이름의 그 중은 예종과 궁녀 사이에서 태어난 사생아로서 신분이 조금 묘한 인물이었는데, 의종은 술이 기분 좋게 거나하게 취한 김에 일행을 데리고 귀법사라는 절로 들어가 머물렀다.

임금의 신변 보호를 위하여 목적지에서 진을 치고 있던 장졸들은 하루 종일 굶으며 이제나저제나 임금이 도착하기만을 기다렸다. 그러다가 마침내 밤중에야 임금이 엉뚱한 곳으로 간 사실을 알게 된 그들은 화가 머리 끝까지 났고, 정중부는 눈에 핏발이 서며 칼자루 쥔 손을 부르르 떨었다.

산원교위 이의방과 이고가 정중부 옆으로 와서 은근히 말했다.

"장군님, 우리 무인들이 언제까지 이런 천대를 받고도 참아야 하는 겁니까."

"참지 않으면 어쩌겠나."

"저희들은 오로지 장군님의 뜻과 지시만을 기다리고 있습니다."

"큰일 날 소리. 함부로 입을 놀리지 말고 자중하고 있으라."

정중부는 짐짓 부하들을 다독거렸으나, 그들이 무엇을 바라고 있는지를 알고는 큰 힘을 얻었다. 만일의 경우 자기가 움직이기만 하면 부하들이 모두 호응하여 뒤따를 것임을 확인한 것이다. 그러자 새로운 힘이 솟았다.

그런 줄도 모르고 의종은 매일같이 잔치와 야외 놀이를 즐겼고, 무신들을 대하는 태도도 전과 다름이 없었다.

하루는 화평재로 놀이를 나갔는데, 이번에도 의종은 도중에 가마를 멈추게 하고 문신들과 더불어 시를 짓고 술을 마시며 좀체로 움직이려 하지 않았다. 그들은 술과 음식에 배가 불렀지만, 호위 장졸들한테는 주먹밥 한 덩이, 술 한 잔을 나누어 주지 않았다.

놀이에 지치고 술에 곤죽이 된 임금과 문신들이 부른 배를 두드리며 귀로에 올랐을 때, 그들을 호위하는 장졸들은 배고픔에 지쳐 걸음을 옮기기도 힘들 지경이었다. 그런 부하들을 핏발 선 눈으로 바라보며, 정중부는 속으로 부르짖었다.

'아직 때가 이르다. 조금만, 조금만 더 기다리자.'

마침내 그 때가 왔다. 임금의 분별없는 놀이 행각도, 무신들에 대한 홀대도 여전했을 뿐 아니라, 정중부와 그 일당의 반란 모의도 무르익을 대로 무르익었던 것이다.

의종 24년 8월 스무아흐렛날, 임금은 연복정, 흥왕사, 보현원으로 이어지는 긴 놀이 행각에 나섰다. 그리하여 그날 흥왕사에서 하룻밤을 묵게 되었을 때, 정중부는 이의방과 이고를 몰래 불러서 말했다.

"이제는 더 참을 수 없다. 만약 임금께서 이 정도로 잔치를 끝내고 환궁하시면 도성과의 거리가 가까우므로 오늘은 그만두지만, 만일 장단의 보현원까지 놀이가 이어진다면, 이 기회를 놓쳐서는 안 된다. 어떻게 생각하는가?"

"장군께서 결심이 그러시다면, 저희들은 목숨을 버릴 각오가 되어 있습니다."

"그러나 섣불리 경거망동하지 말아야 할 것이다."

그처럼 정중부를 중심으로 한 무신들의 음모가 무르익어가는 중인데도 임금과 문신들은 그 사실을 까맣게 모르고 있었을 뿐 아니라, 예정대로 이튿날인 8월 그믐날에 보현원으로 향했던 것이다.

마침내 보현원 문밖에 이르렀을 때, 의종은 또 술잔치를 벌였다. 그러고는 엉뚱한 영으로 무신들이 봉기할 빌미를 제공하고 말았다. 문신과 무신 간에 오병수박희五兵手博戱 대결을 하라고 한 것이다.

오병수박희란 다섯 명씩 한 조가 되어 맨손으로 겨루는 무예인데, 무신으로서 맨 먼저 지목을 받은 사람은 노장 이소응이었다. 그러자 상대역을 자청하여 선뜻 나선 사람은 한뢰라는 젊은 문신이었다.

아무리 무부라 하여도 수염이 허연 늙은이가 새파란 젊은이를 힘으로 당할 수는 없다. 이소응은 손과 발이 마음대로 움직여지지 않아 잠시의 대련 끝에 그만 패하여 달아나고 말았다.

"평생을 무부로서 지낸 장군이 어찌 이토록 비겁하단 말이냐."

의기양양한 한뇌가 외치면서 달려가 이소응을 붙들어 가지고는 냅다 따귀를 올려붙이니, 임금과 문신들은 재미있다고 박장대소하며 이소응에게 야유를 퍼부었다.

아무리 문신과 무신의 신분 차이가 현격한 당시라 하더라도 수백 명의 장졸들 앞에서 한뇌가 취한 행동은 경거망동이 아닐 수 없었다. 지위 고하를 막론하고 모든 무신들이 자기가 모욕을 당한 것처럼 얼굴이 흙빛으로 변하는 가운데 정중부가 성큼 나섰다.

"벼슬이 3품이나 되는 연로한 장신將臣한테 새파란 젊은 놈이 어찌 이토록 모욕을 준단 말이냐!"

부리부리한 눈을 치켜뜨며 소리치는 그의 살벌한 모습은 분위기를 압도하고도 남음이 있었다. 문신들이 찔끔해서 웃음을 거두는데, 성미가 급한 이고가 칼을 뽑아들었다. 잔치는 금방 엉망이 되고 말았다.

임금은 서둘러 보현원 문안으로 들어가 버렸고, 문신들도 예삿일이 아님을 눈치채고는 웅성웅성 그 자리를 피할 채비를 했다.

그러나 때는 이미 늦었다. 이고가 순검군을 이끌고 달려와 임금이 총애하는 임종식과 이복기를 한 칼에 베어버리니, 조금 전까지 흥겹던 잔치자리는 아수라장으로 변했다.

정중부의 수염을 태운 일이 있는 김돈중은 술에 취한 척 말에서 떨어져 소란한 틈을 타 줄행랑을 놓았고, 이소응의 따귀를 때린 한뇌는 잽싸게 보현원 안으로 도망쳐 임금의 술상 밑으로 기어들어가 숨었다.

갑작스러운 사태 악화에 어쩔 줄 모르고 있는 의종 앞에 달려간 정중부는 눈에 불을 켜고 소리쳤다.

"마마, 소신의 부하 장졸들을 격노케 한 한뇌란 놈을 어서 내놓으소서. 그렇지 않고서는 사태가 가라앉지 않을 것입니다."

얼이 빠진 의종이 어떻게 해야 할지 몰라 망설이고 있을 때, 이고가 뛰어들어와 한뇌를 개끌 듯이 끌고 나와서는 한 칼에 목을 날려 버렸다.

그때 군사 하나가 소리를 질렀다.

"좌승선 김돈중이 빠져나가 도망을 쳤소!"

모든 문신을 꼼짝달싹 못하게 감시하라는 명령을 내리고 있던 정중부는 그 소리를 듣고 아차 싶었다. 누구보다도 먼저 잡아 죽이고 싶은 것이 김돈중인 것이다.

하필 그 김돈중이 도망을 친 것도 분하려니와, 만일 그가 개경으로 달려가 태자를 모시고 성문을 굳게 닫은 다음, 반역도 처단의 명분을 내세워 관군을 동원한다면 결과는 장담할 수 없게 되는 것이다.

"일부 군사들은 보현원을 철통같이 지키고, 나머지는 내 뒤를 따르라!"

정중부는 그렇게 소리친 다음 말을 달려 개경으로 향했다. 그리하여 도성에 입성하자마자 곧장 대궐로 들이닥쳐 추밀원부사 양순정 등 내직 문관들을 죽인데 이어 태자궁으로 달려가 행궁별감 김거실 등을 죽였으며, 다음에는 의종의 사저인 천동댁으로 달려가 별상원 10여 명을 단숨에 처치했다.

일단 대궐을 그렇게 쑥밭으로 만든 다음, 정중부는 부하 장졸들에게 잔인한 명령을 내렸다.

"문관文冠을 쓴 자는 지위 고하를 막론하고 그 자손까지 모조리 죽여라!"

거기에 고무되어 살기등등한 장졸들은 문신들의 집으로 달려가서 닥치는 대로 칼을 휘둘렀다. 그 바람에 허홍재, 서순, 최온, 김돈시 등 임금의 신임을 받던 문관 50여 명과 기족들이 처참한 도륙을 당했다.

그처럼 일대 살육극을 치르고 나자, 정중부는 의종을 군기감에, 태자를 영은관에 감금했다가 다음날 의종은 남쪽의 거제도로, 태자는 진도로 유배를 보내고는 의종의 동생 익양공 왕호를 새 임금으로 옹립했다. 그가 곧 제19대 명종이다.

한편 정중부는 난을 피하여 감악산에 숨은 김돈중을 기어이 찾아내어 철천지 원한을 풀었다.

피를 본 악귀처럼 살기등등한 무신들은 아직 목숨을 부지하고 있는 문신들을 하나하나 잡아다 모조리 죽이자고 했으나, 정중부는 고개를 저었다.

"안 될 말이다. 우리가 그동안 붓대 놀리는 자들한테 천시 받아왔기에 그 원한이 뼈에 사무쳐 난을 일으켰으나, 솔직히 말해서 정치 경험도 능력도 없지 않은가. 우리의 힘이나 얕은 지식만으로는 이 어지러운 정국을 수습할 수가 없다. 우리 중에 글을 아는 사람이 과연 몇이나 되는가. 그러니 이 정도에서 피는 그만 보기로 하자."

그답지 않게 제법 올바른 사리에 입각한 소리를 했던 것이다.

어쨌든 그렇게 하여 살육극을 용하게 모면한 일부 문신들이 겨우 목숨을 보전할 수 있게 되었는데, 그들은 문극겸, 서공, 노영순 등 평소에 무신들에게 동정적이거나 호의적인 태도를 보였던 사람들로서 무식하고 경험이 없는 무신 정권에 대한 자문역을 나중에 톡톡히 해주었다.

명종은 자기를 옹립한 무신들에게 후한 벼슬과 상을 내렸다. 정중부는 참지정사, 이소응은 좌산기상시, 그리고 일개 교위에 불과하던 이고를 대장군위위경, 이의방을 대장군전중감에 임명하고 각각 집주를 겸하게 했으며, 모두 국가에 지대한 공로가 있다 하여 벽쪽공신에 봉했다.

세상은 하루아침에 천지개벽을 했고, 이제 온통 무신들의 세상이 되었다.

　피는 피를 부르고, 변란은 또 다른 변란을 낳는다. 지난날에는 문신들이 정치적 전횡을 일삼았고, 백성들을 못 살게 들볶았으며, 부정 축재에 열을 올렸었다. 그러다가 세상이 뒤집혀 무신들의 세상이 되었지만, 사람이 바뀌었을 뿐이지 정치의 난맥상이나 백성들의 고난은 하나도 개선된 것이 없었다.

　더군다나 무신들 중에는 일단 정권 탈취에 성공하고 나자 서로 간에 마찰을 일으켜, 어제의 동지였으면서도 죽이고 죽는 사태가 잇달아 벌어졌다.

　진준, 한순, 한공 같은 비교적 온건한 성향의 무신들은,

　"우리가 미워한 것은 한뇌, 이복기 등 젊은 문관들 몇 사람뿐인데도 모든 문신들을 죽이고 그들의 집까지 부수어 마음대로 약탈한 처사는 너무 심하다."

　"이의방, 이고 등이 함부로 조신들을 죽여 그 피해가 선량한 사람들한테까지 미쳤으니, 이러고도 어찌 의로운 봉기라고 할 수 있단 말인가."

　하고 불평하다가 오히려 그들에게 체포되어 죽임을 당하고 말았다.

　이의방, 이고는 원래 가난하고 미천한 출신으로 일자무식이었다. 무재武才 하나만으로 벼슬길에 나섰다가 무인들의 반란에 하급 장교에서 일약 대장군으로 벼락 출세를 하고 보니 눈에 보이는 것이 없었다. 그래서 미처 날뛰는 황소처럼 권력을 마음 내키는 대로 휘두르니, 그 험상한 기세는 정중부도 위협을 느낄 지경이었다.

　처음에는 권력의 중심축이 분명히 정중부였으나, 어느덧 이의방,

이고 등과 더불어 이른바 정족지세鼎足之勢를 형성하기에 이르렀다.

어쨌든 조정이 온통 무신들 손에 들어가서 정의도 질서도 없이 엉망진창이 되자, 외곽으로부터 반발이 일어나기 시작했다.

맨 먼저 전 간의대부 동북면병마사 김보당이 이경직, 장순석 등과 결속하여 무신 역도들을 몰아내고 쫓겨난 임금을 복위시킨다는 명분 아래 남쪽에서 군사 행동을 일으키니, 그때가 명종 3년1173년 8월이었다.

그들은 의종을 거제도에서 구출해 내어 경주에 옮겨놓고 동조 세력을 규합하며 기세를 올렸다.

"하룻강아지 범 무서운 줄 모른다더니……."

정중부, 이의방, 이고 등은 코웃음을 치고, 장군 이의민에게 군사를 주어 반란을 진압하도록 했다.

이의민은 관군을 이끌고 득달같이 달려가서 김보당의 군사를 간단히 깨뜨렸다. 피도 눈물도 없이 잔인한 이의민은 경주 곤원사 북문 밖으로 의종을 직접 끌고나가 껄껄거리면서 태연히 등뼈를 부러뜨려 죽이고는 반란군 우두머리 김보당을 도성으로 끌고 돌아왔다.

김보당에게는 혹독한 고문이 가해졌다. 공모자를 실토하라는 것이었다.

아픔에 견디다 못한 김보당은 문신들 모두가 공모자라고 외쳤고, 의도한 대답을 얻어낸 이의방, 이고 등은 옳다구나 하고 또다시 나머지 문신들을 거의 멸족시키는 만행을 저지르고 말았다.

김보당 일파의 봉기가 실패로 돌아가고 나자, 이번에는 승려 집단이 들고일어났다. 이듬해인 갑오년 정월에 귀법사 중들이 개경 북문을 공격하는 것을 신호로 하여 여러 절의 2천여 명의 승병들이 도성으로 쳐들어와 가장 악명 높은 이의방을 살해하려고 했던 것이다.

그러나 이의방이 휘하의 군사를 이끌고 맹렬한 반격을 가하는 바람에 승병들은 여지없이 참패하고 말았고, 절들은 화재와 약탈을 피할 수 없게 되었다.

무신정권에 대한 저항은 조위총의 난에서 절정에 달했다. 그해 9월에 병부상서 겸 서경유수 조위총이 격문을 띄우고 조정의 반역적 무신들을 징벌한다는 명분을 내세우자, 절령지금의 자비령 이북의 40여 성이 호응하고 나선 것이다.

"듣자니까 요즈음 개경의 중방重房에서는 북쪽 지방의 여러 성들이 고분고분하지 않으므로 이를 정토해야 한다는 소리가 높아 이미 군사를 일으켰다고 한다. 그러니 가만히 앉아서 죽느니보다 병마를 합쳐 도성으로 달려가서 그 역도들과 싸워야 하지 않겠는가."

이처럼 명분을 만들어 선동을 하는 바람에 동병상련의 입장에 있는 여러 성주들이 벌떼같이 일어선 것이다.

이 소식을 들은 정중부는 중서시랑 윤인첨과 장군 두경승을 보내어 토벌하게 했다. 맞붙은 양쪽 군대는 일진일퇴의 싸움을 전개한 끝에, 전황이 마침내 토벌군 쪽으로 기울었다.

다급해진 조위총은 부하 서언을 금나라에 보내어 도움을 청했다.

"전 임금은 스스로 물러난 것이 아니라, 역적 정중부 일당에게 시해 당했습니다. 이제 자비령에서 압록강에 이르기까지 40여 성을 바치려고 하니, 황제 폐하께서는 속히 군사를 보내 주시기 바랍니다."

"닥쳐라, 어찌 반신들을 도와 양국의 친선을 망치겠느냐."

금나라 세종은 오히려 호통을 친 다음, 도리어 서언을 포박하여 고려 조정으로 넘겨주었다.

거기에 고무된 조정에서는 관군을 총동원하여 서경을 공격했으며,

그 결과 마침내 서경이 함락되고 조위총은 체포되어 사형당하는 것으로 사태는 일단락되었다.

그처럼 반란이 끊이지 않고 일어나므로, 정중부와 그 일당으로서도 생각을 달리 하지 않을 수 없었다.

"이처럼 자꾸만 잇달아 역도들이 소요를 일으키니 큰일이구려. 무슨 대책을 세워야 하지 않겠소."

정중부가 우려의 뜻으로 말하자, 이의방이 발끈했다.

"덤비는 족족 한 칼에 도륙을 내면 그만이지, 무슨 걱정이란 말이오."

"토벌군을 자주 동원하느라 바닥이 난 국고와 흉흉한 민심을 어찌 걱정하지 않을 수 있소. 아무래도 전 왕의 장례를 제대로 지내어 민심을 다독거리는 것이 좋겠소."

그리하여 이의민이 죽인 의종의 시체를 다시 거두어 개경 동쪽 희릉에 봉장하고 그 영정을 해안사에 봉안하여 제사를 지내게 했다. 그러나 그와 같은 수습 방안도 일시적인 효과를 가져왔을 뿐 정국의 불안은 계속되었다.

관료 계급의 반발과 반란만 문제가 된 것이 아니었다. 농민, 천민, 노비들이 신분 해방을 부르짖으며 잇달아 민란을 일으켰다. 그것은 한낱 무부에 지나지 않는 정중부 일당이 국권을 장악하는 모습을 보고, 자 기들도 집단적인 힘을 동원하면 하층계급에서 탈피하는 것도 얼마든지 가능하다고 생각한 것이다.

지방에서는 무신정권에 대한 저항 운동과 신분 해방 운동이 잇달아 일어나 사회적 불안이 가중되는 속에서도 중앙의 정중부를 비롯한 무 신들은 각자 경제 기반을 확대하고 정치 권력을 장악하기 위한 암투에만 급급하고 있었다.

정중부는 무신들의 난을 주도적으로 지휘하기는 했으나, 이의방, 이고 등이 갑자기 두각을 나타내게 됨으로써 정권을 독차지하지는 못했다. 따라서 권력은 공평하게 분산되었고, 지난날 대장군 또는 장군들의 군사 문제 협의 장소였던 중방은 세 권력자가 협의로 국정을 결정 처리하는 최고의 정치기관으로 변하였다.

이 중방회의는 각자의 정치 능력이나 경험이 중요한 것이 아니라 그들이 확보하고 있는 무력의 크고 작음이 효력을 발휘하는 살벌한 정치 무대였다.

따라서 서로서로 힘으로 견제하면서 세력 균형 유지에 급급하였고, 암암리에 자기 세력을 확장하는 데 전력을 기울이게 되었다. 그러다 보니 마찰이 일어나는 것은 어쩔 수 없는 일이 되었고, 그와 같은 알력이 그들의 몰락을 앞당기는 결과를 가져오고야 말았다.

가장 먼저 몰락한 것은 이고였다. 거리의 무뢰배들과 법문사, 개국사 등 절의 중들을 동원하여 난을 일으켜 정권의 주도권을 독차지하려던 이고는 음모가 탄로나는 바람에 도리어 이의방한테 죽임을 당하고 만 것이다.

정족지세의 균형이 깨지고 나자, 상황은 자연히 정중부와 이의방이 맞서는 것으로 정리되었다. 두 사람은 겉으로는 화합하는 척했으나 보이지 않는 암투는 실로 치열했다.

이의방은 정중부를 견제하기 위한 술책의 하나로 자기 딸을 억지로 태자에게 시집 보냈다. 왕실과 인척 관계를 맺으면 권력 유지가 용이할 뿐 아니라 신변도 그만큼 안전해진다는 계산이었다. 이는 과거 문신들이 곧잘 쓰던 수법이었다.

정중부는 그런 이의방을 지켜보며 속으로 이를 갈았다.

'이런 간교한 놈 같으니! 역시 너를 제거하지 않고는 내가 무사할 수 없겠구나. 아디 두고 보자.'

그렇게 벼르던 정중부는 아들 정균, 중 종담 등과 은밀히 이의방 제거 계획을 수립했다. 그리하여 명종 4년[1174년] 섣달에 선의문 밖에서 이의방을 급습하여 쳐죽이는 데 성공했다.

여기서 정중부가 조금만 겸양의 도리를 지키고 조심했더라면 결과는 또 어떻게 달라졌을지 모른다. 그러나 이제 정권을 독차지하여 조정을 한 손아귀에 넣고 보니 세상에 두려울 것이 아무것도 없었다.

그는 스스로 조정의 최고위직인 문하시중에 오르는 한편, 사위 송유인을 추밀원부사 겸 병부상서에 임명하여 군권을 맡겼으며, 아들 정균은 승선으로 임명하여 임금을 곁에서 보필하는 한편 감시하도록 했다. 그렇게 되자 나라의 일은 모두 정중부의 뜻대로 처리되었고, 명종은 이름만의 임금일 뿐이었다.

이제 세상에 걸릴 것이 없어진 정중부 일족은 제멋대로 횡포를 부렸다. 아버지 덕에 승선이 된 정균은 태후의 별궁터에 멋대로 집을 지었고, 명종의 딸인 수안공주한데 야욕을 품어 뜻있는 사람들의 분노를 샀다.

또한 송유인은 자기의 정치 기반을 확고히 하기 위하여 정중부가 정권을 장악할 때부터 조정이 주요 문신으로 개직해 온 원로대신 문극겸, 한문준 등을 좌천시키기도 했다.

정중부 일족의 행패가 여기에까지 이르자, 그들의 세력 기반인 군부에서조차 반발의 기운이 일어나기 시작했다.

명종 6년 공주에서 망이, 망소이 등 천민들의 난이 일어났을 때 병사들이 익명으로 다음과 같은 내용의 방을 붙여 정중부 일족의 간담을 서늘하게 만들었다.

시중 정중부의 아들인 승선 정균, 사위인 복야 송유인이 권세를 마음대로 방자하게 휘두르는 바람에 오늘날 남적南賊이 일어나고 말았다. 만약 군사를 일으켜 남적을 토벌하고자 한다면, 먼저 이들을 제거한 후에야 가능할 것이다.

이 사실만 보더라도 정중부 일문의 횡포가 얼마나 극심했는지를 알 수 있다. 어쨌든 정중부는 역대의 숭문천무崇文賤武 정책에 분개하여 굶주림과 학대를 모면하려고 일어나 문신들을 제거하고 무신정권을 수립했으나, 이제는 기구하게도 그 자신이 숙청의 대상이 된 셈이 되었다.

이때 등장한 인물이 경대승이다.

청주 사람 평장사 경진의 아들인 경대승은 무예가 출중하고 장수의 재질이 있어 빠르게 승진한 젊은 장군이었다. 그는 심지가 굳고 기개가 있는 인물로서 나라를 진정으로 걱정했으며, 정중부 일족의 횡포를 보다못하여 제거할 결심을 했다.

경대승의 모의에 가담한 사람은 김광립, 준익, 허승 등 젊은 군관들이었다. 그중에서도 견룡대정 허승은 정균의 가까이에서 신임을 받고 있었는데, 그는 정균의 젊은 첩을 사랑했으므로 그녀를 얻기 위해 경대승의 모의에 가담하고 있었다.

"지금 정중부의 세력은 하늘 끝까지 닿았으니, 이제 내려올 때가 되었어. 민심도 이미 그에게서 떠난 것으로 보인다. 그의 나이 이미 칠순을 넘었으니 곧 죽을 것이고, 그렇게 되면 아들놈이나 사위놈이 대를 이어받겠지. 그러기 전에 그 일족을 쳐죽여서 사직을 붙들지 않으면 안 돼. 그것이 임금과 나라의 은혜에 보답하는 길이다."

경대승의 말에 모두들 숙연히 귀를 기울이고 있는 가운데 김광립이 허승에게 말했다.

"우리 모의의 성공 여부는 자네 손에 달렸다고 해도 과언이 아닐세. 자네는 늘 정균 가까이에 있으니, 기회를 보아 그를 쳐죽이라구. 아들 놈만 제거하면 늙은 아비는 아무 힘도 쓰지 못할 테니까."

"섣불리 하다가는 정균의 목을 치기 전에 내 목이 먼저 날아갈걸."

그 말을 듣고 경대승이 계책을 내놓았다.

"장경회藏經會가 열리는 9월 열엿샛날 밤을 거사일로 하는 것이 좋겠네. 불사가 끝나면 대궐을 지키는 군사들이 모두 피로하여 잠에 곯아 떨어질 것이고, 정균의 호위 군졸들 역시 마찬가지일 테지. 나는 화의문 밖에 복병을 배치해 놓고 있을 터이니, 허 대정은 곧장 정균을 죽이고 휘파람을 불도록. 그러면 내가 복병을 일으켜 그 일당을 쓸어버릴 테니."

그렇게 해서 거사일과 방법이 결정되었다. 모두 맹세로써 결의를 다지고 헤어졌다.

장경회란, 궁중에서 대장경을 읽는 성대한 집회를 말한다. 문제의 9월 16일 밤, 대궐에서는 초저녁부터 여기저기 촛불을 켜고 괘불掛佛을 달았으며, 그 앞에는 상다리가 휘어지도록 푸짐한 예불상이 몇 십 개나 놓여졌고, 수백 명의 중들이 가사장삼을 떨쳐 입고 줄지어 돌아가며 불경을 읽었다.

이윽고 자정이 지나 독경이 끝나자 시장한 중들은 음식상에 붙어앉아 먹기 시작했다. 대궐을 지키는 군졸들한테도 이런 날은 술과 음식이 충분히 돌아가기 마련이었다. 출출하던 참에 배가 터지도록 먹고 마신 중들과 군졸들은 여막에 들어가 쓰러져 코를 골았다.

정균 역시 자기 처소로 가지 않고 정원政院 앞의 여막에 들어가서 자리에 누웠다. 막 잠이 들려고 하는데, 세 명의 괴한이 소리없이 들어왔다.

"너희들은 누구냐!"

본능적으로 위기 의식을 느낀 정균이 벌떡 일어서는 순간, 칼이 공기를 가르며 번득였다. 정균은 아버지를 닮아 몸이 장대하고 기운이 장사였으나 불의의 습격에는 속수무책, 외마디 신음과 함께 숨이 끊어지고 말았다.

정균의 죽음을 확인한 허승은 밖에 나가 휘파람을 불었다. 그 신호를 받은 경대승이 30명의 결사대와 함께 담장을 타고 넘어 들어와 대장군 이경백 등을 쳐 죽인 다음 잠자고 있던 임금 명종을 깨웠다.

"대왕마마, 신 경대승 아뢰옵니다. 정중부는 사사로운 원한으로 조정 대신들을 살육하고 권력을 잡은 뒤 아들 사위와 더불어 재물을 탐하고 안하무인의 전횡을 일삼아 그 죄악에 분개하지 않는 사람이 없습니다. 이를 더 두고 볼 수 없어 소신이 뜻있는 동지들과 더불어 방금 정균과 그 일당을 죽이고, 다시 역적의 괴수 정중부를 잡을까 하오니 윤허하여 주십시오."

자다가 놀라 일어난 명종은 경대승의 기세를 보고 믿는 마음이 생겨 정중부 제거를 허락했다.

임금의 지원으로 경대승은 용기백배했고, 따라서 대세는 명분을 업은 경대승에게로 기울어졌다.

이 소식을 들은 정중부는 혼비백산했다. 누구보다 든든하게 믿은 아들이 이미 죽었다 하고, 자기는 허리마저 구부러진 늙은 몸인 것이다. 그는 옷도 제대로 입지 못한 채 버선발로 도망쳐서 어느 민가에 몸을 숨겼다가 뒤쫓아 온 금부 군사들에게 체포되고 말았다.

'아아, 이것이 운명인가. 진작 적당히 내 분수를 지킬 것을.'

개끌리듯 끌려 나가면서 정중부는 하늘을 우러러 탄식했다. 후회한들 이제는 소용이 없었다. 칼날이 번쩍하는 찰나에 정중부의 늙은 목은 몸통에서 떨어져 나가, 마침내 개경 거리에 효시되었다. 일세의 풍운아는 그렇게 최후를 장식했으며, 자신이 기를 쓰고 탈취한 권력의 희생물이 되고만 것이다.

송유인 역시 아들과 함께 참변을 당했다. 그로써 정중부 일문의 전횡과 영화는 일단락되었다.

모든 문신들은 정중부의 몰락을 기뻐했지만, 그러나 그가 심어놓은 무신 권력의 뿌리는 그렇게 호락호락하지 않았다.

"정 시중은 대의로써 일어나 문신들을 제거함으로써 오랫동안 쌓여 온 우리의 울분을 풀어주었으니 그 공이 이를 데 없이 크다. 그런데 지금 경대승이 정 시중을 비롯한 네 사람을 죽였으니, 우리는 언젠가 그를 토멸하지 않으면 안 될 것이다."

정중부의 잔당 중에는 이렇게 복수를 외치는 사람도 있었다.

그 세력이 만만하지 않으므로, 경대승도 그들이 어떻게 나올지 몰라 마음을 놓을 수가 없었다. 그래서 자기 집에 도방都房을 설치하고 힘센 무사 수백 명으로 하여금 철통같이 지키도록 했다.

명종은 정중부 일당을 없앤 경대승의 공헌을 기려 시중에 임명하려고 했다.

"대역무도한 역적을 없앤 장군의 공은 청사에 빛날 것이다. 앞으로는 짐을 보좌하여 올바른 정사가 이루어지도록 하라."

경대승은 임금 앞에 엎드려 간곡히 말했다.

"성은이 망극하오나, 소신은 글을 많이 배우지 않아 정무를 볼 능력이 없으니 시중이란 높은 벼슬은 당치도 않습니다. 이번 거사도 오로지 역적을 없애자는 것이 목적일 뿐, 다른 뜻은 없었습니다. 분부를 거두어

주십시오.”

“그렇다면 승선으로서 짐을 곁에서 도와주는 것이 어떨까?”

“승선의 직품은 문신이 맡아야 합니다. 신 같은 무부에게는 어울리지 않습니다.”

사심 없는 경대승의 진정을 확인한 임금 명종은 그를 더욱 신임하고 의지하게 되었다.

경대승은 오로지 대의를 생각하여 정중부를 제거했고 그 일이 성공리에 끝나자 본래의 직분으로 돌아갔으나, 허승의 경우는 그렇지 않았다. 태자부의 장군으로 특진하여 태자를 옆에서 모시게 된 허승은 방약무인한 태도로 거들먹거렸을 뿐 아니라, 지금은 본가에 돌아가 있는 정균의 첩을 자기 여자로 만들기 위해 갖은 수단을 부렸다.

그 정균의 첩이란 공부상서 김이영의 딸 난아로서, 이름난 미인이었다. 그녀는 정균이 협박하다시피 하여 첩으로 삼았던 것인데, 정균이 죽고 그 재산과 노비가 적몰될 때 친정으로 돌아가 있었다.

역적의 가족은 죽임을 당하거나 관노로 전락하는 것이 상례이지만, 그녀의 경우는 특수한 처지임이 감안되었던 것이다.

허승은 지난날 정균의 집에 들락거릴 때 난아를 보고 흑심을 품었기에 경대승의 모의에 적극 가담했으므로, 반란이 성공한 지금에 와서는 공을 따지더라도 역신의 첩을 차지하는 것쯤은 아무런 문제가 될 것이 없다고 생각했다.

그런 허승의 야욕을 가로막은 것은 경대승이었다.

“그 여사는 정균의 강제에 못이겨 그의 첩이 되었던 처지일 뿐 아니라 대신의 딸이다. 이번 거사에 그대의 공이 큰 것은 사실이지만, 그렇다고 그 공을 내세워 억지를 부리는 행위는 용납할 수 없다.”

경대승의 반대에 부딪혀 일단 좌절한 허승은 깊은 원한을 품었다. 그는 태자한테 갖은 모함으로 경대승을 헐뜯었으며, 기회가 오면 그를 제거하고 자기가 전권을 휘어잡으려는 야망까지 품게 되었다.

그러고도 못내 난아를 단념하지 못한 허승은 마침내 부하들을 시켜 난아를 납치하여 태자부로 데리고 오도록 했다. 강제로라도 그녀를 자기 여자로 만들지 않고는 견딜 수 없었던 것이다.

"내가 그대를 얼마나 사모하는지 그대는 짐작할 것이오. 그동안 그대를 한순간도 생각하지 않은 적이 없었소. 이제 마침내 역도의 굴레에서 벗어났으니, 이 진정을 받아들여 내 사람이 되어주오."

허승이 정열적으로 설득했으나 난아는 싸늘하게 말했다.

"저는 원했건 원하지 않았건 이미 한 지아비를 모셨던 몸입니다. 팔자가 기구하여 이제 친가에 돌아가 있으나, 지난 일을 생각하면 마음만 괴로울 뿐입니다. 조용히 살도록 내버려 두어주세요."

"그럴 수는 없소. 내가 정균을 죽인 것도 다 그대 때문이란 말이오."

"그것이 저와 무슨 상관이지요? 더구나 인륜과 사리로 따진다 하더라도 장군은 지아비를 죽인 원수일진대, 그런 장군의 계집이 된다면 세상에서는 얼마나 비웃을 것이며, 또한 우리 아버님의 체면은 무엇이 됩니까. 그러니까 단념하세요."

"사나이 진정을 그렇게도 몰라준단 말이오?"

허승은 자신의 뜻이 거부당하자 심통이 뒤틀려 소리를 질렀고, 납치까지 해온 이상 강제로 욕을 보이더라도 기어이 난아를 자기 여자로 만들려고 덤벼들었다. 그러다 보니 옥신각신 다툼이 벌어졌다.

바로 그때였다.

"이놈! 지엄한 태자부 안에서 이 무슨 해괴망측한 짓이냐"

난데없는 호통 소리가 떨어졌다. 깜짝 놀란 중에도 방해를 받은 데 대하여 화가 난 허승은 벌떡 일어나 마주 소리를 질렀다.

"어느 놈이 감히 나한테 그 따위 소리를 해?"

"이런 무엄한 놈!"

경대승이었다. 딸이 납치당하자, 김이영이 달려가 사정을 호소했던 것이다. 그렇잖아도 허승의 행태에 눈살을 찌푸리고 있던 경대승은 이 기회에 본때를 보여야겠다고 생각하여 부하 장졸들을 거느리고 태자부로 달려온 참이었다.

"네가 감히 나한테 대들려 하느냐?"

"흥! 나도 공신인데, 당신보다 못할 것이 뭐야."

"뭐가 어째?"

경대승이 칼을 뽑으려 하자, 허승도 얼른 칼자루로 손을 뻗었다. 그러나 경대승이 한 수 위였다.

벽력 같은 고함과 함께 경대승의 칼이 허공을 가르자, 허승은 그대로 고꾸라졌다. 자기 분수를 잊은 또 한 사람 우둔한 무부의 가엾은 말로였다.

경대승은 무신들의 기강을 단단히 단속함으로써 지난날과 같은 불행한 사태 발생의 싹이 자라지 않게 하려고 애를 썼다. 그러나 애석하게도 그의 나이 불과 서른 살에 과로로 죽고마니, 조신하고 있던 무신들이 올가미 풀린 짐승처럼 이때다 하고 너도나도 마구 날뜀으로써 피비린내 나는 무신 철권 정치가 다시 수십 년 간이나 이어지게 되었다.

김취려 장군의 지혜

개성 송악산은 이름 그대로 소나무 숲이 울창한 것으로 유명한데, 그 숲은 고려 태조 왕건이 조성한 것으로 알려져 있다.

태조가 어느 날 꿈을 꾸었다. 용 한 마리가 새로 태어났는데, 그 용이 태조에게 하는 말이, 자기는 깊고 넓은 바다 속이 아니라 울창한 숲속에서 살고 싶으니 빨리 푸른 숲을 만들어 달라고 했다.

꿈에서 깨어난 태조는 용이 지적한 곡령에다 솔씨를 많이 뿌려 소나무 숲을 만들도록 하고, 산 이름도 송악산으로 바꾸었다는 것이다.

때는 제22대 강종 시절, 송악산의 푸른 숲을 쳐다보며 혼자 중얼거리는 소년이 있었다.

"사람의 성명에는 죽은 이름이 있는가 하면 산 이름도 있다. 내가 그럭저럭 살다가 죽으면, 내 살과 뼈가 썩어 없어지는 것과 마찬가지로 내 이름도 사라질 것이다. 그러나 내가 대장부로 태어난 보람이 있게 살다가 죽으면, 비록 살과 뼈는 썩어 없어질지라도 내 이름만은 산 이름이 되어 저 송악산 소나무 숲의 푸르름처럼 영원히 전해질 것이다. 그렇다면 어떤 대장부가 될 것인가? 문장으로 이름을 떨치는 문인이 될까, 아니면 칼 들고 말 달리는 무인이 될까?"

이렇게 중얼거리며 한참을 생각하던 소년은 벌떡 일어나며 외쳤다.

"그렇다. 붓대로 세상을 요리하는 문인도 나쁘지는 않지만, 나라의 방패로서 국토와 백성을 안전하게 하는 무인이 되자. 나의 기질상 그쪽이 적성에 맞을 것이다."

이렇게 생각한 소년은 그날부터 무예를 익히기 시작했다. 송악산을 무도 연습장으로 삼아 칼쓰기, 창쓰기, 활쏘기와 말타기를 연마했다. 나무를 적장으로 간주하여 칼과 창을 휘두르고, 말을 달리며 활을 쏘아 맞히기도 했다. 열의가 뒷받침이 되다 보니 그 솜씨가 나날이 빠른 속도로 발전했고, 그래서 소년의 마음은 흡족과 자랑으로 넘쳤다.

그러던 어느 날이었다. 그날도 소년은 무기를 지니고 말을 몰아 송악산에 올랐다. 그리하여 평소처럼 창으로 이 나무도 찍고, 칼로 저 나무도 치곤 하는데, 별안간 등 뒤에서 말소리가 들려왔다.

"원, 싱거운 사람 다 보겠네. 왜 죄 없는 나무들을 진물 내고 괴롭힌담."

그 말을 들은 소년이 연습을 멈추고 소리나는 쪽을 돌아보니, 허수룩한 산골 아이 하나가 작대기를 들고 서 있었다.

"너 지금 뭐라고 했지?"

"죄 없는 나무, 생채기 내지 말라고 했다."

"그게 무슨 버르장머리 없는 소리냐."

"내 버르장머리 탓할 것 없이, 네 그 시시한 장난 그만두는 것이 어때."

"남은 한창 무예 연습을 하고 있는데, 시시한 장난이라고? 그따위 고약한 말버릇이 어디 있어."

"흥! 네가 암만 그래도 내 눈에는 형편없이 우습게 보이는걸."

"뭣이 어째? 도저히 참지 못하겠구나."

소년은 화가 치밀어 말에서 내려와 산골 아이한테 달려들었다. 그러나 산골 아이는 픽 웃으며 소나무 뒤로 잽싸게 몸을 피해 버렸다. 소년이 그쪽으로 달려가면 또 다른 나무 뒤로 숨으며 놀려댔다. 실로 민첩하기 짝이 없는 몸놀림이었다.

소년은 분을 참지 못해 창을 던졌다.

산골 아이는 그 창을 살짝 피해 버리고나서 솔방울 두 개를 집어 한 개씩 공중에 던졌다. 그러자 먼저 던진 솔방울과 나중에 던진 솔방울 사이에서 별안간 무지개와 같은 빛이 일어나 확산되더니, 소년의 전후좌우 사방에 산골 아이와 똑같은 모습의 분신이 나타났다.

그와 동시에 분신들이 사방에서 휘파람을 불자, 갑자기 음산하고 차디찬 바람이 불기 시작하여 나뭇잎이 우수수 떨어지고 골짜기마다 천병만마가 달려오는 듯, 마치 송악산 전체가 무너지는 것 같았다.

소년이 겁이 덜컥 나서 사시나무 떨듯 몸을 떨기만 할 뿐 어쩔 줄을 모르자, 산골 아이가 꾸짖듯이 말했다.

"이 정도에 겁을 내면서 뭘 뽐내느냐?"

그 소리가 너무 커서 귀청이 떨어질 것 같았으므로, 소년은 깜짝 놀라 산골 아이를 쳐다보았다.

이상한 일이었다. 그 순간 여러 명의 분신은 감쪽같이 사라졌고, 바람소리도 잦아들었다. 그 대신 산골 아이의 얼굴이 점점 붉어지고 머리털이 희어지면서 두 눈에서 쏟아져 나오는 광채는 보는 이의 가슴을 서늘하게 만들 정도였다. 소년 정도의 나이에서 갑자기 늙은 노인의 모습으로 변한 것이다.

그제야 소년은 그가 보통 인물이 아님을 알아차렸다.

"미련하여 고명하신 어른을 몰라 뵙고 죽을 죄를 저질렀습니다. 부디 너그럽게 용서해 주십시오."

소년은 넓죽 엎드려 머리를 조아렸다.

노인은 소년더러 일어나라고 했다. 그러고는 들고 있던 작대기를 휙 던졌는데, 작대기는 화살처럼 빠르게 날아가 소나무에 꽉 박혔다.

"어디, 너 저 작대기를 뽑아올 수 있겠느냐?"

간담이 서늘하여 얼굴색이 변하는 소년에게 노인이 말했다.

소년이 어정어정 걸어가서 작대기를 잡아당겼으나, 얼마나 깊고 단단히 박혔는지 꼼짝도 하지 않았다. 발을 소나무 밑둥에 대고 버티며 젖먹은 힘까지 동원하여 끙끙거렸으나, 도저히 뺄 수가 없었다.

"무얼 하느냐?"

"잘 뽑히지 않습니다."

"그것도 못하면서 무얼 그리 뽐내고 으스대느냐."

노인은 다가와서 힘 하나 들이지 않고 작대기를 쑥 뽑았다. 그러고는 소년을 향하여 부드럽게 말했다.

"들어보아라. 병법에 크게 꺼리는 것이 다섯 가지 있다. 첫째는 적을 가볍게 보는 것, 둘째는 진중에 여자를 들이는 것, 셋째는 진중의 길흉을 점치는 것, 넷째는 여러 사람의 마음을 요동시키는 것, 다섯째는 거짓말을 하는 것. 이 다섯 가지를 오기五忌라고 하는데, 그중에서도 가장 중요한 것이 첫째 항목이다. 적을 가볍게 보는 것은 사람이 신중하지 못하다는 증거다. 적의 실력을 제대로 알지 못하고 자신만만하기만 하면 큰일을 그르치기 십상이다. 그런데 너는 약간의 재주를 믿고 그렇게 으스대니, 그래 가지고야 어찌 대성을 바라볼 수 있겠느냐?"

소년은 크게 부끄러워 노인 앞에 넓죽 엎드렸다.

"어린놈이 미련한 탓입니다. 아무쪼록 저를 거두어주시어 사람으로 만들어주십시오. 스승님의 은혜에 결초보은하겠습니다."

"잘 들어라. 『용도龍韜』라는 병서를 보면, 장수가 될 수 있는 조건으로서 다섯 가지 지킬 것과 열 가지 버릴 것이 있다고 되어 있다. 그 다섯 가지란 충성, 용맹, 지혜, 어진 것, 그리고 믿음이니, 이것을 오덕五德이라 한다. 열 가지 버릴 것이란 첫째로 앞뒤 헤아림이 없는 것, 둘째로 급한 것, 셋째로 재물을 탐내는 것, 넷째로 참을성이 부족한 것, 다섯째로 겁이 많은 것, 여섯째로 남을 의심하는 것, 일곱째로 사람을 사랑하지 않는 것, 여덟째로 게으른 것, 아홉째로 방자스러운 것, 그리고 마지막 열 번째가 남에게 의지하는 것이니, 이것을 말하여 십과十過라고 한다. 무릇 장수가 되려고 하는 사람은 마땅히 오덕을 닦고 십과를 버리려고 노력하지 않으면 안 된다. 너 자신을 생각해 보아라. 이 오덕과 십과에 대한 노력을 얼마나 기울였는지를……."

노인의 말은 계속 이어졌다.

"돌이켜보건대, 성종대왕 이후로 나라의 기강이 몹시 해이해져 왕실은 힘이 약하고, 관리들은 부패하며, 백성들은 자기 직업에 충실하지 않는 폐단이 생겼다. 이것은 대단히 우려스러운 일이다. 더군다나 북쪽에서는 오랑캐들이 끊임없이 위협을 가하고 있으니, 이러고도 어찌 사직이 온전하기를 바라겠느냐. 너는 보아하니 자질이 상당하여 잘 다듬으면 괜찮은 장수 재목이 될 수 있을 것 같구나. 그러니 내가 말한 오덕 십과를 금과옥조로 삼아 심신의 연마에 힘쓰라. 그러면 원하는 바를 이룰 수 있을 것이다."

"스승님의 높은 말씀은 구구절절 가슴에 와 닿고, 안개 속에서 해를 찾아낸 것 같습니다. 부디 저를 거두어 제자로 써주십시오."

"이 늙은이는 너를 거두어들일 형편이 아니거니와, 네가 뜻을 이루고 못 이루고는 너 자신에게 달렸느니라."

"잘 알겠습니다. 그러면 존함이라도 가르쳐 주십시오."

"이름은 알아서 무엇하느냐. 운도산인雲道山人이라고만 알아둬. 그럼 잘 가거라."

말을 마치자마자, 노인의 모습은 홀연히 사라졌다.

소년은 깜짝 놀라 주위를 두리번거렸다. 그러나 노인의 모습은 어디에도 보이지 않았다. 그야말로 눈 깜짝할 사이에 자취를 감춘 것이다.

운도산인이라고 자칭한 노인은 유명한 도승인 정사대사로서, 그는 불법의 도만 깨친 것이 아니라 병서, 술서, 천문, 지리 등 다문박식하여 '승중룡僧中龍'이란 별명을 듣고 있었다.

우연히 소년이 무술을 연마하는 광경을 보니 자질이 비범하므로 나라의 재목으로 키우고 싶으나, 중의 신분으로 자청하여 나서기가 마땅하지 않았다. 그래서 신인神人의 행동으로 가르침을 주는 것이 감명이 더하리라 생각하고 잠시 술법을 써서 소년을 놀라게 한 것이다.

소년은 운도산인의 가르침을 가슴 깊이 새기고 기량 연마와 품성 함양에 힘쓴 결과 벼슬길에 나아가 훗날 나라의 큰 기둥이 되었는데, 그가 바로 고려 말기의 명장 김취려 장군이다.

그 무렵 고려의 북쪽인 만주 대륙의 정세는 실로 어수선하기 짝이 없었다.

고려의 서북쪽은 거란의 요나라가 차지하고 있었고 동북쪽은 여진족이 세운 금나라가 차지하고 있었는데, 금나라가 요나라를 멸하고 만주 전체를 장악함으로써 고려는 새로운 강적을 머리 위에 두게 되었다. 여진은 원래 발해의 부속 부족인 말갈족으로서, 발해가 망한 다음에는 고려를 상국으로 섬겨왔는데, 세력을 무섭게 확장하여 요나라를 치고 만주의 새로운 패자가 된 것이다.

그러나 13세기에 들어와 칭기즈칸이 통일한 몽고가 남동쪽으로 세력을 확장해 오면서 금나라는 급속히 약화되었다. 그 기회를 틈타 거란족인 야불사가 요동에 대요수국을 세우고, 금나라의 반장포선만노가 대진국을 세웠다.

금나라는 고려에게 몽고의 남침에 공동 대처하자고 요구해 왔으나, 고려의 입장에서 볼 때 몽고든 여진이든 거란이든 모두 경계해야 할 북쪽 오랑캐에 지나지 않으므로 그 요구를 선선히 들어줄 리가 없었다.

고종 3년에 거란의 장수 아아을노가 군사를 이끌고 압록강을 건너 쳐들어온 것은, 몽고 세력의 핍박을 피하는 동시에 비협력적인 고려에 대하여 응징한다는 그들 나름의 이유가 있었다.

놀란 고종은 장군 조충을 원수에, 김취려를 선봉장에 임명하여 거란의 침공을 막게 했다.

"이제 적도의 무리와 한판 승부를 겨루어야 할 판인데, 선봉장으로서 어떤 방책을 쓸 작정이오?"

조충이 묻자, 김취려가 말했다.

"적장 아아을노는 용맹이 무쌍한 자로 알려져 있습니다. 따라서 정면 대결로 격파하려고 하다가는 아군의 피해가 막심할 것이므로, 계교를 써야 할 것입니다."

"어떤 계교가 있소?"

"소장이 생각해 둔 바가 있습니다."

이때 거란군은 벌써 묘향산에까지 이르러 보현사에 불을 질렀고, 군사를 풀어 민간에 대한 약탈과 살인, 부녀자 겁간 등 악행이 이루 말할 수 없을 지경이었다.

김취려는 당장의 생각 같아서는 급히 아아을노와 사생 결단을 내고 싶었으나, 운도산인의 가르침을 생각하여 분한 마음을 잠시 달래고 신중한 작전을 강구했다.

우선 지세를 살펴보니, 백두산의 웅장한 줄기가 남쪽으로 마천령을 바라보고 내려오다가 중턱에서 대각봉大角峰을 일으켜 서쪽으로 곁가지를 내어 후치령, 부전령, 황초령이 되어 함경도를 이루고, 거기서 다시 동백이니 소백이니 하는 백산白山의 줄기가 마치 다섯 손가락을 펴놓은 것과 같이 벌어졌다.

그 엄지손가락에 해당하는 것은 백두산으로부터 뻗어내린 대간령大幹嶺이요, 둘째손가락인 것은 함경도와 평안도 북쪽의 경계를 지나서 설한산령과 아득개령이 되어 바로 압록강의 중강진을 거쳐 올라간 북쪽 산줄기요, 가운데 손가락은 평안도의 중턱을 타고 내려와 백마산이 되어 용천, 철산으로 떨어진 서쪽 산줄기며, 약손가락은 평안도 중턱을 거쳐 청천강 남쪽으로 흘러 서해쪽으로 강서, 용강까지 이르는 산줄기이고, 나머지 새끼손가락은 평안도와 함경도 남쪽의 경계를 이루면서 황해도와 강원도로 갈라져 내려가는 대동강을 낀 남쪽 산줄기인 것이다. 그리고 그 다섯 손가락의 한복판에 해당되는 곳이 바로 묘향산이었다.

또한 수세水勢를 살펴보니, 묘향산 오른편으로는 대동강이 흐르고 있는데 그 묘향산 어귀의 박단봉을 끼고 이리저리 구부러진 물줄기가 상당히 깊고 넓었다. 강을 건너 언덕을 따라 들어가니 좌우의 산세가 은근하고 편편하여 남아 대장부가 칼을 휘두르고 말을 달리기에 부족함이 없는데, 외사자 물목을 지니면 울창한 수풀이 군마를 숨기기에 적당했고, 내사자 물목을 지나면 질펀한 골짜기가 펼쳐져 있어 적을

216

유인해 들이기에 안성맞춤이었다.

김취려는 그와 같이 산세와 수세를 면밀히 살핀 다음, 먼저 군사의 일부는 대관령에 매복시켜 황해도와 강원도의 길목을 지키게 하고, 일부는 화공火攻 준비를 시켜 내사자 물목에 잠복시켰으며, 청천강 어귀와 대동강 어귀에는 수전水戰에 대비한 군사를 숨겼다.

이와 같은 수륙 양용의 매복 진형은 이른바 '오운진烏雲陣'이라고 하는 것으로서, 가령 남쪽이 적과 접전하면 북쪽이 협공하고 동쪽이 부딪치면 서쪽이 호응하는 식으로 상호 긴밀한 연계로 기동성을 살려 효율적으로 응전하는 것이 마치 구름이 흩어지고 까마귀가 모여드는 형세와 같다 하여 오운진이라고 하는 것이다.

김취려는 그처럼 오운진을 벌인 다음, 군중에서 젊고 얼굴이 고운 병사 몇 명을 골라 여장을 하게 하고 보퉁이를 들려주었다. 그러고는 여러 가지 계교를 일러서 내보낸 다음, 묘향산 아래 주력군을 배치해 놓고 진문을 굳게 닫았다.

이때 아아을노는 고려군이 산 아래에 진을 치고 있다는 말을 듣고 즉시 군사를 보내어 싸움을 걸게 했다. 그러나 고려군은 성책 안에서 꿈쩍도 하지 않았다. 아무리 약을 올리고 충동질을 해도 소용이 없었다.

그런 대치 상태로 며칠이 지나자, 아아을노는 더럭 의심이 생겼다.

"허! 알 수 없는 일이로군. 대체로 고려군은 용맹하고 그 장수는 걸출하다고 알고 있거늘, 저들이 저렇게 움직이지 않는 것은 웬 까닭일까? 무슨 계략을 쓰고 있는 것은 아닐까?"

그러던 어느 날 밤이었다. 거란군 진영 앞에서 보초를 서고 있던 병사들이 문득 이상한 광경을 목격했다. 흐릿한 달빛 아래 여러 명의 여자들이 머리에 보퉁이를 이고 저만치 앞을 살금살금 지나가고 있었던 것이다.

"저것이 웬 계집들이냐?"

"싸움을 피하여 도망하는 모양이로군."

"그렇잖아도 따분하고 심심하던 참에 잘 되었네그려."

초병들은 좋아라 하고 달려가서 여자들을 붙들었는데, 가만히 보니까 모습만 여자일 뿐 아무래도 남자 같았다. 실망도 실망이지만 더럭 의심이 발동한 초병들은 그들을 자기네 선봉장인 올탑에게 끌고갔다.

올탑이 문초에 들어갔다.

"숨김없이 고백하렷다. 너희들은 사내가 틀림없지?"

"사실입니다."

"고려군의 군졸들이고?"

"그렇습니다."

"무슨 까닭에 여자로 위장했으며, 어디로 가려 하였느냐?"

그러나 사내들은 이유를 대지 않았다. 호통을 치기도 하고 달래기도 했지만, 그래도 입을 열지 않는 것이다.

올탑은 부하들로 하여금 창칼을 들고 크게 위세를 보이도록 하여 겁을 준 다음, 다시 문초하기 시작했다.

"너희들의 신분이 드러난 이상 살려 둘 수 없다. 마땅히 목을 벨 것이지만, 우리한테 협력만 한다면 살려줄 뿐 아니라 상을 내릴 것이다. 어떻게 할 테냐?"

"부디 살려주십시오."

"그럼 묻겠다. 어찌하여 고려군은 싸우려고 하지 않는 것이냐?"

"사실은 조 원수께서 크게 병이 들었는데, 이번에는 김 선봉장마저 학질에 걸려 도저히 싸울 수 없는 처지입니다. 그래서 진을 쳐서 군사들로

하여금 방비만 하게 하고, 두 분 장군은 내사자골로 들어가 병을 다스리고 있는 중입니다."

그 말을 들은 올탑은 크게 기뻐했다. 한달음에 아아을노한테 달려가서 그 사실을 보고했다. 아아을노 역시 자기 무릎을 쳤다.

"왜 꿈쩍도 하지 않는가 했더니 그런 일이 있었군."

"그러게 말입니다. 장수는 없고 졸개들만 성책을 지키고 있다니, 좋은 기회가 아닙니까?"

"옳은 말이다. 단번에 깨뜨려버리고 말겠다."

아아을노는 벌떡 일어나 출동 명령을 내렸다.

내사자목에 숨어 화공을 준비하고 있던 고려군은 거란군이 나타나는 것을 보고 불을 질렀다. 충천하는 화광에 더 이상 전진하지 못한 거란군이 뒤로 물러서려고 하자, 배후에서 기회를 노리고 있던 고려군이 튀어나와 화살을 퍼부으며 협공을 가했다. 바람에 흩날리는 빗발처럼 쏟아지는 화살에 거란군은 추풍낙엽으로 나가 떨어졌다. 실로 지옥 같은 광경이었다.

"이때다! 돌격하라!"

김취려는 창을 비껴들고 군사를 휘몰아 거란군의 본진을 강타했다.

그때 어지럽게 우왕좌왕하는 거란군 속에서 서봉장 올탑이 보였으므로, 김취려는 말을 달려 덤벼들었다.

"이놈!"

호통 소리와 함께 한 창에 올탑을 찔러 말에서 꺼꾸러뜨렸다. 그 바람에 거란군은 더욱 전의를 상실하여 어쩔 줄 모르는 중에, 적장 아아을노는 어떻게 하든지 부하들을 수습하여 퇴각의 혈로를 뚫으려고 혼신의 힘을 다하고 있었다.

그 모양을 본 김취려는 말을 달려 아아을노에게 덤벼들었다. 용맹하기로 만주 별판에 그 이름이 높은 아아을노였지만, 그런 상황에서는 어쩔 수 없었다. 칼 한 번 제대로 써보지 못한 채 김취려의 창에 찔려 말에서 떨어지고 말았다.

싸움은 고려군의 대승리로 끝났고 살아서 돌아간 거란군은 불과 얼마 되지 않았다.

고종은 그 승전의 소식을 듣고 크게 기뻐하여 조충에게는 도원수 겸 평장사를 제수하고, 김취려에게는 부원수 겸 병마사를 제수했다. 그리고 각 장졸들에게도 후한 상을 내렸다.

그런데 거란의 난을 물리친 칼날의 피가 채 마르기도 전에 또다시 몽고라고 하는 힘겨운 상대를 맞게 되었다. 두 번째로 쳐들어온 거란군을 반격하여 북으로 밀어내는 중에 거란을 추적하여 온 몽고군과 접촉하게 된 것이다.

몽고군의 대장은 진합이라고 하는 용맹한 장수였다. 진합은 대병을 거느리고 압록강에 이르러 고려 임금에게 전할 말이 있다고 했다.

조정에서는 도원수 조충으로 하여금 군사를 지휘하여 대비하게 하는 한편, 부원수 김취려에게 접대사로서 먼저 진합을 만나보게 했다. 적의 태도를 보아 임기응변을 취하기 위해서였다.

김취려가 압록강에 이르러 몽고군의 진지를 보니 과연 세계를 정복하는 군대답게 그 위용이 대단했다. 그는 속으로 감탄하면서 당당히 진합 앞으로 나아갔다.

진합은 겁을 줄 요량으로 기치 창검을 요란하게 세워 위의를 갖추고 고려의 접대사를 맞이했는데, 나타난 인물을 보고는 깜짝 놀라지 않을 수 없었다. 그 풍채가 너무나 늠름했기 때문이다.

김취려는 키가 아홉 자나 되고, 허리에 두른 요대의 길이는 넉 자였다. 더군다나 놀라운 것은 수염의 길이가 여섯 자나 되어, 관복이나 군복을 입을 때면 수염을 양쪽으로 갈라서 종자로 하여금 좌우에서 그 끝을 쳐들도록 했으니 장관이 아닐 수 없었다.

"오오, 고려에 장군 같은 인걸이 계신 줄은 몰랐소이다."

진합은 저절로 존경하는 마음이 생겨 공손한 태도로 맞이했다.

"장군의 위명은 익히 들어서 알고 있습니다만, 이 먼 곳까지 무슨 일로 오셨소?"

"우리 몽고와 고려가 힘을 합하여 거란을 섬멸하자는 의논을 하러 왔습니다."

그러면서 진합은 이 인물이 풍채는 대단하지만 지혜는 과연 어떨지 시험해 봐야겠다는 생각으로 느닷없이 손가락으로 하늘을 가리켰다. 그 모양을 본 김취려는 자기 수염을 잡고 빙빙 돌려 보았다. 진합은 이번에는 손가락 셋을 펴보였다. 그러자 김취려는 얼른 손가락 다섯을 내밀었다. 진합이 다시금 손가락 셋을 펴자, 이번에도 김취려는 다시 손가락 다섯을 내밀어 보였다.

그제서야 진합은 고개를 끄덕이며 김취려의 손을 붙잡고 자기 옆자리로 인도했다.

진합이 하늘을 가리킨 것은 하늘의 형세가 어떠한지를 물은 것이었다. 거기에 대해 김취려가 자기 수염을 보인 것은 하늘은 둥글다는 대답의 의미였다. 진합이 손가락 세 개를 내민 것은 삼강三綱의 기본 뜻을 아느냐고 물은 것이었다. 거기에 대해 김취려가 손가락 다섯을 보인 것은 삼강의 기본 뜻이란 오륜五倫이라고 대답한 것이다. 진합이 두 번째로 손가락 셋을 내민 것은 천지인天地人의 큰 뜻이 무엇이냐는 물음이었는데,

김취려가 손가락 다섯을 내민 것은 천지인의 대의란 오행五行이리는 뜻이었다.

진합은 이번에는 술 시합을 걸었다. 지혜로는 김취려를 당할 재주가 없으므로, 술 시합으로 그를 꺾으려고 한 것이다. 진합의 주량은 몽고군 전체에서도 알아줄 정도였으므로, 이번만은 너도 당할 수 없으리라는 자신감이 있었다.

시합의 조건은 술을 사양하는 경우 군벌을 가한다는 조건이었다. 그리하여 시작된 시합은 술동이가 몇 개나 들어올 때까지 계속되었다. 진합이 잔을 내밀면 김취려는 단숨에 비우고, 그런 다음 잔을 돌려 진합에게 똑같이 권하는 방식이었다.

그러던 중 김취려가 드디어 잔을 사양했으므로, 진합은 옳다꾸나 하고 속으로 기뻐서 물었다.

"장군께서 술을 사양하시니, 더 이상 마실 수가 없어 군벌을 받겠다는 뜻이오?"

"천만에요. 나는 군벌을 당할 리가 없소이다."

"방금 잔을 사양하지 않았습니까."

"그것은 장군을 위해서인 것입니다."

"나를 위해서라니?"

"내가 그 잔을 받아 마시면 그 다음에는 응당 장군께 잔을 돌려야 하는데, 보아하니 장군께서는 대취하여 한 잔을 더 마시는 경우 쓰러질 것이 뻔합니다. 그렇게 되면 장군은 스스로 정한 군벌을 받아야 할 터인즉, 그럴 수는 없지 않습니까. 그래서 사양한 것이오."

그 말을 들은 진합은 감탄하지 않을 수 없었다. 사실은 김취려의 말대로 대취하여 가까스로 정신을 가다듬고 버티는 중이었고, 한

잔이라도 더 마시면 쓰러질 지경이었기 때문이다. 그런 줄을 헤아려 보고 자기의 낭패를 미리 덜어주기 위하여 잔을 사양하는 상대이고 보니, 진합는 진심으로 존경하는 마음이 우러나왔다.

진합은 김취려의 손을 잡고 말했다.

"장군은 진실로 큰 그릇이오. 솔직히 말하면 나는 귀국을 응징하기 위해 출병한 것입니다. 그러나 장군 같은 대인물이 계신 것을 보니, 고려가 비록 땅은 작아도 결코 만만한 나라가 아님을 알았습니다. 내 나이가 분명 장군보다 아래일 것이므로, 앞으로는 형님으로 모실 터이니 뜻을 받아주십시오."

의기투합한 두 사람은 즉석에서 형제의 의를 맺었다. 그리하여 힘을 합한 고려군과 몽고군은 거란의 세력을 완전히 섬멸하는데 성공했고, 고려는 당장의 골치 아픈 국면을 모면할 수 있었다.

고려는 나중에 그 몽고와 수십 년 간의 처절한 전쟁을 치르며 마침내 국가 몰락의 길로 접어들게 되었지만, 그것은 당시 동북 아시아의 전반적인 정세로 볼 때 피할 수 없는 결과였던 것이다.

이자겸의 역모

　예종이 별안간 승하한 후 어린 태자 인종仁宗이 십오세의 소년으로 즉위하였다. 이 어린 임금을 세우게 한 사람은 바로 임금의 외조부되는 이자겸이다. 임금은 즉위하면서 태사太師라는 지위를 주었다.

　이자겸이 정권을 잡은 후에 먼저 왕위를 엿볼 사람부터 처치하기 시작하였다. 가장 강적이 인종의 숙부되는 대방공보帶方公俌로서 예종이 승하할 때 왕위를 노리고 있어 불궤不軌의 마음을 가진 자라 하여 인종이 즉위하는 동시에 멀리 경산부로 쫓아냈다.

　이것을 본 중서시랑 평장사 한안인韓安仁은 자기의 자리가 불안한 것을 깨닫고 이자겸과 동서되는 추밀원부사 문공미文公美와 상의하여 이자겸의 세력을 거세하고자 하였다.

　이때 고려에서는 호족들 끼리 혼인하여 신출로 나오는 학자들은 감히 조정에 서지도 못하는 형편이었다. 바로 문종文宗때 대학자 최충崔冲의 손되는 최시 취崔思諏는 역대로 내려오며 학지의 집에 태어난 사람으로 매우 겸손하여, 오직 학문으로써 세월을 보냈던 것이다.

이러한 문벌이 좋은 집을 골라 혼인한 사람이 이자겸의 아버지 이호李灝로서 자기의 아들 이자겸을 최씨의 사위로 만든 것이다.

당시 최씨 집과 상혼한 사람들은 대개 명문거족으로서 문공미文公美 유인저柳仁著 등은 최씨의 사위로서 이자겸과 동서벌이 되는 사람이다. 그러나 문공미는 이자겸의 세력이 점차 커지는 것을 보자 표면상으로는 서로 좋게 지내나 사실 속으론 이자겸의 세력이 너무 큰 것을 미워하며 은근히 그 반대파와 내통하고 있었다.

한안인은 어전에 부복하여 고했다.

"상제上帝 이자겸은 폐하의 지친으로서 국정에 참여하는 것은 불가하오. 예전부터 국가의 원로를 대우하는 법이 있으니 상제는 조정의 일에 참여치 말도록 할 것이요. 다만 상공上公이라 존칭하여 한가로이 세월을 보내게 하는 것이 지당할 줄 아뢰오."

그러자 이자겸도 굴하지 않고, 임금에게 고했다.

"한안인은 한낱 술사術士로서 대행하신 예종의 은총을 입어 분에 넘치게 출세한 자요. 뿐 아니라 자기의 당을 좌우에 배열하여 언제나 능상凌上의 풍을 조장하는 자입니다. 상감마마는 이런 점을 통촉하시어 한안인의 일당을 몰아내도록 하시는 것이 국가 장래에 좋다고 생각하옵니다."

두 사람이 이렇게 한치도 물러서지 않자, 임금은 이에 대해

"태사太師는 나라를 걱정하시와 조정에서 선처하도록 하오."

이 말이 떨어지자, 한안인은 목이 달아나고 그의 일당은 먼 곳으로 귀양 보내지고 말았다.

이때부터 조정에서 감히 이자겸과 상대할 만한 세력을 가진 자는 한 사람도 남지 않았다. 그야말로 이자겸은 일인지하요, 만인지상萬人之上이

되고 말았다. 이제는 누구 하나 감히 나서서 말할 사람이 없었다. 수십 년간 닦은 이자겸의 공로는 이제서야 결실을 맺게 된 것이다.

인종 2년 7월에 이자겸을 조선국공朝鮮國公으로 봉하고, 그집을 숭덕부崇德府라 하여 좌우에 관속을 두고 의친궁懿親宮이라고 불렀으며, 그의 부인 최씨는 진한국대부인辰韓國大夫人을 봉하고, 그의 여러 아들에게도 각각 중요한 벼슬을 주었다.

즉 큰 아들 이지미는 추밀원사부사를 주고, 둘째 아들 이공의는 형부시랑, 다음 아들 이지언은 공부낭중工部郎中, 이지보는 호부 낭중, 이지윤은 전중내급사, 이지원은 합문지후를 각각 주어 아들 6형제가 조정에서 곤대짓을 하게 되었다.

이제는 완전히 조정이 두 곳으로 나누어졌다. 임금이 있는 조정은 형식상 조정이고, 이자겸의 숭덕부는 사실상 나랏일을 처리하는 곳으로 되었다.

인종 4년 2월. 임금의 좌우에 있는 김찬, 안보린, 최탁, 오탁, 권수, 고석 등은 이자겸이 장차 임금의 자리까지 엿보는 것을 보고 일거에 이자겸의 당여黨與를 없애고자 하였다. 임금은 우선 이 중대한 일을 하기 전에 먼저 평장사 이수와 김인존에게 물었다. 두 사람은

"아직 시기가 이릅니다. 상감은 외가에서 생장하시어 외조부의 은덕을 입었습니다. 그 은혜를 끊기는 곤란한 노릇입니다. 더구나 지금 조정에는 이자겸의 당이 가득한데, 경동하시면 사직에 중대한 일이 생기게 됩니다. 청년 장군들의 말씀을 조심하십시오."

하고 만류하였다.

그러나 젊은 장군들은 일거에 이자겸의 당을 없애고자, 그날 밤에 궁중으로 들어가 이자겸의 가장 가까운 부하장군 척준경의 아우 척

준신, 아들 척순을 죽였다. 일은 이렇게 궁중을 중심으로 하여 살육이 벌어졌다. 그러나 젊은 장군들의 계획은 전부 와해되어 일파 수십 명이 피살되고 말았다.

이자겸은 자기를 없애고자 하는 기색을 알게 되자, 자기의 셋째 딸과 넷째 딸을 궁중으로 들여보내 강제로 왕후를 봉하였다.

인종 4년에 전개된 사건은 하루 이틀에 그치지 않고 계속하여 일어났다. 이자겸도 생각한 바 있어 부하 척준경을 시켜 궁중에 불을 지르게 하고 임금의 좌우에 있는 잔당을 전부 없앴다.

이제 남은 사람은 임금과 왕후 뿐이었다. 이자겸은 임금을 자기 처소인 숭덕부에 불러다 놓고 완전히 자기 손에서 정권을 마음대로 해보고자 한 것이다.

임금은 더 이상 자리를 보존할 수 없어, 이자겸에게

"짐은 연소하고 나약하여 국정을 바로 잡을 수 없도다. 조선국공은 시세를 바로잡아 조종의 영을 위로하도록 하라. 짐은 열성의 명을 받들어 선위코자 하노라."

하는 조서를 내리기에 이르렀다.

이에 이자겸은 자기의 생각대로 된 것을 마음에 기쁘기 한량 없었다. 그러나 아직도 현대^{縣台}의 시비가 두려워 감히 발표하지 못하고 있었다. 이런 기미를 알게 된 평장사 이수^{李壽}는 여러 조신들이 모인 중에서

"아무리 상감의 조서가 내리어 태사에게 선위하신다 하였지만, 이공이 어찌 감히 옥좌를 겁탈할 수야 있겠소."

하고 큰 소리로 떠들어댔다.

이자겸은 이 말을 들은 후 자기의 잘못을 깨닫고 즉시 조서를 임금께 올렸다.

"신이 어찌 두 마음을 두겠습니까? 부디 폐하께서는 영을 거두어 주십시오."

그러나 이자겸이 아주 단념한 것은 아니었다. 차후의 기회를 엿본 것이다.

임금은 이제 몸담을 곳조차 없어 이자겸의 숭덕부로 들어가게 되었다. 숭덕부 넓은 곳의 조그마한 서원西院을 임금의 처소로 정해 주었다. 이제 임금은 완전히 적진 중에 포위되어 있는 몸이다. 임금의 좌우에는 문을 지키는 내시 두어 사람뿐이고, 그 외에는 모두 이자겸의 당파들이었다.

이자겸은 이런 중에도 임금을 위로코자 임금의 처소로 나가 땅에 엎드려

"전에 왕후가 신의 처소에 계실 때는 태자 낳으실 것을 바랐고 성상이 탄강하신 후에는 오직 만수무강 하옵시기만 기원하였더니, 오늘날 임금을 시기하는 무리들이 신의 골육의 정을 끊어버리려고 이러한 난을 일으킨 것입니다. 성상은 잠시 휴양하실 궁궐을 중수한 후에 환어 하시도록 하시지오."

임금은 아무 소리없이 이자겸의 눈치만 보고 있을 뿐이었다. 지나간 구중궁궐 안을 생각하니 하염없는 눈물만 흐를 뿐이다. 그래도 위로 하는 사람은 어의 최사전과 임금의 왕후 이씨 뿐이다.

한편 이자겸은 임금을 자기 집에 가두고 있으니 무슨 일이든지 마음 대로 할 수 있게 되었다. 이자겸의 모사 노릇을 하는 박승중은 이자겸의 처소에서

"태사, 이제는 그물 안에 들어 있는 고기이오니 어찌 하시겠습니까? 기회를 보아 용상에 앉으시는 것이 어떠하오니까?"

하고 이자겸을 쳐다보았다.

"그 무슨 소리인가? 아무리 한들 나의 외손을 어떻게 할 수야 있나."

"자고로 큰 자리에 앉는 사람은 큰 결심을 하셔야 되는 것입니다. 사사로운 인정에 얽매여서는 되지 않습니다. 속히 용꿈을 꾸시오."

"그것이 될 뻔한 일인가. 이만하면 족하지 않은가?"

"아니올소이다. 이대로 계시면 후일에 사가史家들이 태사를 역적으로 만듭니다. 청사에 빛내도록 하시지요."

"……."

"남보다 먼저 일어나 남을 제어해야 합니다. 자고로 창업하는 임금은 용단을 내린 것입니다. 도선비기道詵秘記에도 용손 12에 진盡하고 18자子 득국得國이라 하였습니다. 때는 바로 지금입니다. 태자께서는 결심을 가지시고 득국을 하시지요."

"그렇지만 천륜의 정은 어찌하노."

"천륜의 정은 천륜의 정으로 끊어야만 하는 것입니다. 왕후마마의 손을 빌어 천륜의 정을 끊도록 하시오."

"……."

태사 이자겸은 아무 소리없이 잠자코 있을 뿐이다. 박승중은 다시

"명령만 내리시오. 우리들이 행하겠습니다."

좀처럼 이자겸은 수긍하지 않는다. 그러나 박승중은 다시 몇 번이고 졸라댔다. 나중에는 여러 사람들이

"속히 왕위에 오르소서."

하고 공공연하게 외치게 되었다.

어느 날 왕비 이씨는 부명父命으로 밥상을 가지고 임금 처소로 갔다. 암만해도 근래에 숭덕부가 뒤숭숭해서 무슨 일이 있는 것 같아 직접

수랏상을 가지고 가면서 왕비는 여러 가지로 생각하였다.

혹시 이 수랏상에 있는 음식 가운데 무슨 큰 독이나 들어있지 않는가 하는 생각이 들었다. 여러 가지로 마음이 뒤숭숭하던 중 임금의 처소로 들어가 수랏상을 내놓았다.

웬일인지 임금은 수심이 용안에 가득하여 왕비를 보고도 조금도 반색하지 않았다. 왕비 이씨는

"상감마마, 용안이 불평하시니 무슨 병환이 계십니까?"

"아니요. 아무렇지도 않소. 다만 옛날 궁중 생각이 나서 앉아 있는 것이오."

"다담상을 드시오."

"아무 생각이 없으니 그대로 가지고 나가오."

왕비 이씨는 아무런 생각없이 상을 그대로 가지고 나왔다. 어쩐지 모르게 슬픈 생각이 들었다.

다음날도 역시 부명을 받들고 왕비가 몸소 상을 가지고 들어갔다. 어제부터 어쩐지 모르게 불안에 싸인 왕비는 혹시나 무슨 불길한 징조가 아닌가, 생각하고 일부러 댓돌 앞에서 넘어지며 상을 쳤다.

"와르르……"

하는 소리와 동시에 시녀들이 나와 왕비를 부축하였다. 상이 넘어지는 바람에 상에 놓였던 국물이 옷에 튀었다. 흰 옷에 떨어진 국물 자국은 즉시로 파란색으로 변하였다.

어찌 된 영문을 몰라 나머지 음식을 뜰 아래 있는 닭에게 던져주었다. 닭은 몇 번 쪼아 먹더니 푸득푸득하고 맥없이 나뒹굴었다. 왕비는 가슴이 섬뜩하였다. 분명히 이 국 속에는 무서운 독이 들어있다는 것을 알게 되었다.

왕비는 시녀들을 뿌리치고 임금이 계신 어전으로 들어섰다.

"상감마마, 큰일났소이다. 신첩이 지금 가지고 오던 다담상에 독약이 들었나이다. 이제부터는 음식을 드셔서는 아니되옵니다."

"잘 알았소."

한마디 할 뿐 더 말이 없었다. 옆에는 어의御醫 한 사람이 있을 뿐이다. 왕비는 어의보고 자기 옷에 묻은 국물 자국을 내밀며

"어의는 많이 보았겠소마는 이 국물 자국이 이상스럽지 않소?"

어의는 몸을 굽혀 자세히 살펴보고 나서

"국 속에 독약이 들어 있다는 증거로소이다. 왕비마마 만지지 마시고 옷을 바꿔 입으시오."

"어찌하면 이 위험한 곳을 빠져나갈 수가 있겠소? 하루바삐 나가서야 합니다. 다음부터는 시녀들이 가지고 오는 음식은 일체 입에 대지 마시오. 신첩이 아버지 밥상에서 남은 것만 몰래 가져올 터이니 그것만 안심하시고 드사이다."

하고 왕비 이씨는 눈물을 흘렸다. 왕은 더욱 추연한 생각이 간절해진다.

왕비가 나간 후 임금은 어의 최사전을 보고

"장차 어찌하면 살 길이 생기겠느냐? 좋은 생각이 없느냐?"

이 말을 들은 최사전은 정색하고 나서

"상감마마, 지금 이자겸이 마음대로 세력을 부리고 능상凌上하는 것은 척준경의 군사의 힘을 믿고 하는 짓이옵니다. 척준경만 떼어놓으면 이자겸은 일개 필부에 지나지 않은 사람입니다."

"그렇지만 척준경과 이자겸은 서로 연혼하여 아주 심복이 되었는데 어떻게 떼어놓을 수가 있는가?"

"어렵지 않는 노릇입니다. 상감께서 누워 계시면 신이 약을 구한다고 나가 척준경의 심정을 떠보고 오겠나이다."

다음날부터 임금은 심정이 불안하여 누워 있게 되었다. 일체 외부와의 출입을 금지한 침전에서 나가려면 태사 이자겸의 승낙이 있어야만 했다. 어의 최사전은 즉시 태사 이자겸의 앞에 가서

"영공은 모르시오? 지난밤부터 상감께서 몸이 불편하시어 병중에 계시온데, 소인이 나가 약을 구해 가지고 오겠습니다."

이자겸은 혹시 임금이 위급한 병이나 아닌가 하고 심중 자기의 계획이 들어맞는 듯하여

"그럼 어서 나가서 약을 구해 오도록 하여라."

한마디 승낙을 받고 최사전은 즉시 척준경의 처소로 들어섰다. 으리 으리한 장군의 집은 역시 이자겸의 많은 후원으로 굉장히 큰 집을 쓰고 있었다. 최사전을 본 척준경은 먼저

"근일 상감의 신변은 어떠하시오? 아무 일 없소?"

하고 물어본다. 이에 최사전은

"장군의 염려하신 덕택에 만수무강하시옵게 지내십니다. 그러나 근자 옥체 미령하시와 약을 구하러 나온 중이요."

"어의로서는 매우 근심되시겠소."

"감사하외다. 임금을 생각하시는 마음 장군으로서 응당 가지셔야 합니다. 그런데 장군은 근자의 일을 생각지 않으십니까? 태조 이래 임금이 사사로이 한 개인의 집에 거처하신대서야 신하의 도리로 될 뻔한 일이오니까?"

"나도 그런 생각을 가지고 있기는 하지만, 태사가 하시는 일이니 무슨 염려야 있겠소. 그저 태사의 거동만 보고 있지요."

"안될 말씀이요. 장군은 이때야 말로 나라를 위하여 충성을 할 때입니다. 이자겸은 한낱 문관으로서 궁중의 세력을 믿고 임금을 마음대로 하는 것이요. 충의심이 많은 장군이 가만히 있으면 후세 사람들이 장군을 어떻게 보리까?"

"그렇지만……."

"장군은 아직도 모르시고 있구려. 저번 난리통에 장군의 아우님과 아드님이 전사하지 않았습니까? 누가 죽인 줄 아시오?"

"난리통에 알 수 있소?"

"그것은 바로 이자겸의 부하들이 죽인 것이요. 즉 이자겸이 장군의 힘을 시기하여 하나씩 하나씩 없앤 것이요."

이 말을 들은 척준경은 이때야 비로소 눈이 둥그래지며

"정말 이자겸의 부하 군졸들이요?"

"틀림없는 일이오. 그러하니 장군은 충심으로 임금을 도우셔 천추에 아름다운 이름을 날리게 하시오."

"그도 그럴 듯한 얘기요마는 태사의 세력을 어떻게 당한단 말이오?"

"장군은 아직도 모르고 있구려. 장군의 힘만 없으면 이자겸은 아무런 소용없는 사람이요. 장군의 결심 여하에 나라가 바로잡히는 것이오. 용감한 장군은 이 기회에 임금의 마음을 편하게 하시어 충신의 이름을 듣도록 하시오."

"그도 그럴듯한 말이나 어찌 내 손으로 태사를 내쫓을 수 있겠소?"

우유부단하는 척준경의 말을 듣고 최사전은 더 긴 얘기를 하지 않고 임금의 처소로 돌아왔다.

최사전은 즉시로 임금께 상주하여 척준경의 마음이 조금 돌아섰으나 아직 결심은 못하고 있으니 임금의 칙서勅書만 있으면 자진하여 일을 할 만하다고 권고하자, 즉시 칙서를 내리도록 하였다.

짐이 불민하여 이러한 처지의 변을 당하고 있다. 지금 이 일로 여러
대신들의 마음을 소란시킨 것은 모두 과인의 잘못이다. 짐은 이제부터
왕도를 닦아 덕을 일신코자 한다. 경은 이왕지사는 생각지 말고
진심으로 과인을 도와 후환이 없게 하라.

칙서를 받은 척준경은 용기 백배하여 임금께 충성을 다할 것을 맹세
하였다.
다음날 임금은 척준경에게 은장식 안장을 얹은 백마를 하사했다.
이에 감읍한 척준경은 이자겸을 없애리라 굳게 마음 먹었다.
인종 4년 이자겸은 세상에 물의가 일어날까 두려워 임금을 연경궁으로
이어移御시키고 자신은 연경궁 남쪽에 거처하는 한편 북쪽 담을 뚫고 궁을
왕래하면서 임금을 감시하고 있었다.
사방에서 원성이 들려오고 하늘도 웬일인지 가물기 시작하여 벌써 두
달이나 비 한 방울 오지 않았다. 농사 짓는 백성들은 하늘만 바라보면서
비가 오기만 고대하고 있었다. 그래도 여전히 비는 오지 않고 폭염이 연일
계속되었다. 이렇게 되자 민심은 흉흉하여 도처에서 유언이 돌았다.
"장차 이자겸이 왕위에 오른다."
"이제는 왕씨의 나라도 끝난다."
이러한 소문이 돌자, 이자겸의 부하들은 어서 임금이 되어 천하를
호령하라고 졸라댔다. 이자겸 또한 그러고 싶은 마음이 날로 더해가고
있었다.
인종 4년 5월 20일, 이자겸은 최후의 결심을 하고 부하 수백 명에

호위되어 연경궁으로 향하였다. 임금은 장차 자기의 운명이 다한 것을 짐작하고, 즉시 내시를 시켜 궁궐을 호위하라 하고 척준경에게 밀서를 보냈다.

짐이 해를 입는 것은 박덕한 탓이겠지만 통탄할 바는 태조 이래 열성의 창업이 무너지는 것이다. 이성異姓이 임금이 된다는 것은 짐의 죄뿐 아니라 보필하는 재상에게도 책임이 있는 것이다. 경은 즉시 종사를 위하여 간사한 무리를 없애도록 하라.

밀서를 받은 척준경은 원래 무식한 무부인 까닭에 그 내용을 잘 몰랐다. 즉시 예궐하여 상서尚書 김향에게 보였다.

김향은 임금의 밀서를 보고 앙천통곡하지 않을 수 없었다.

"일이 매우 화급하오. 우리는 의리상 임금을 지켜야 하오. 국공國公이 이제 거사하고 있는 중이요."

척준경은 더 지체하지 않고 부하 2천 명을 인솔하고 궁문인 광화문廣化門을 열고 들어섰다. 문전에서 이자겸의 군대를 물리치고, 즉시 어명을 빌어 이자겸을 입시하라고 하였다.

이자겸은 일이 어긋난 것을 알아채고 소복 차림으로 천복전 안에 들어섰다. 척준경은 이수와 같이 공론하고 즉시 이자겸을 가두고 그의 잔당을 모조리 체포하였다. 이로써 이자겸의 10년 세도는 끝이 났다.

중신들은 임금에게 이자겸의 목을 베라고 했다. 하지만 인종은 이런 신하들의 주청을 받아들이지 않았다.

"이자겸을 영광靈光으로 귀양을 보내라. 아무리 한들 외조부를 죽일 수야 있겠느냐."

이자겸을 살려준 인종은 이자겸의 일당에 대해 죄의 경중을 따져 처형하거나 멀리 귀양 보냈다.

간관들은 왕비 문제에 대해서도 간했다.

"왕비 이씨는 이자겸의 딸이오니 응당 폐비를 하여 멀리 귀양을 보내야 하오."

이에 대해 임금은 단호하게 말했다.

"그것은 안될 말이다. 짐이 위험할 때 왕비는 짐을 위하여 온갖 고초를 마다치 않았다. 절대로 그리할 수는 없다."

그래도 간관諫官들은 좀체로 물러서지 않았다.

이런 상황을 지켜본 왕비 이씨는

"전하, 신첩이 물러나겠습니다. 아비의 대역의 죄를 어찌 딸이 되어 받지 않을 수 있겠습니까. 성상은 오래도록 만수무강하여 이 나라 사직을 굳건히 하옵소서."

어의 최사전이 나섰다.

"전하, 폐비의 처서만 내리시고, 전과 같이 왕비로서 대하시옵소서."

인종도 더는 고집할 수 없어 왕비를 연덕궁에서 그대로 살게 하는 한편 노비奴婢까지 주어 전과 다름없는 은총을 내렸다.

비록 폐비는 되었지만, 왕비 이씨는 장수하여 명종明宗 25년에 세상을 하직했다. 훗날 인종을 이은 명종은 부왕을 생각하여 왕후의 예로써 장사 지내 주었다.

만적·이통·우본대사의 반란

그날 따라 개경 북문 밖 우시장은 팔려고 끌어다 놓은 소들과 그 임자, 그리고 소를 사러 나온 사람들로 붐볐다. 여기저기서 거간꾼은 흥정을 붙이느라 목청을 돋우고, 소들은 왜 끌려 나왔는지도 모른 채 이따금 한가롭게 울어댔다.

그 우시장에 어떤 사람이 늙은 사람과 젊은 사람 두 남자의 허리를 끈으로 묶어가지고 마치 소를 끌듯이 끌면서 우시장에 나타났다. 끌려온 두 남자는 얼굴이 핼쑥했고, 쑥 들어간 두 눈에서는 쉴새없이 눈물이 흘러내리고 있었다

두 남자를 끌고 온 사람은 그들을 묶은 끈을 마치 소를 매듯이 나무 밑둥에다 매었다. 그러고는 돌아다니며 소를 물색하기 시작했다. 그러던 남자가 마침내 마음에 드는 황소 한 마리를 발견하고 이모저모 살펴보자, 거간꾼이 다가왔다.

"이 소를 사시려오?"

"마음에 들기는 하구먼."

"좋은 놈이외다. 그렇지만 값이 수월하지 않다오."

"값을 치르지 않고 내가 가진 물건과 바꾸고 싶은데 어떻소?"

"그래도 안 될 것은 없지요. 바꾸겠다는 물건이 뭐요?"

"우리 집에서 부리던 종놈 둘이오."

그러면서 나무에 매여 있는 두 남자를 가리켰다. 그 노비들을 바라본 거간꾼은 고개를 저었다.

"안 되겠는걸."

"왜요?"

"한 놈은 너무 늙었고 또 한 놈은 젊기는 했으나 기운을 별로 쓰지 못하게 생겼으니 뭣에 쓰겠소."

"그래도 부지런하여 꽤 쓸만하다오."

"하여튼 이 황소와 저 종놈 둘은 비교가 되지 않아요. 정, 뭣하면 송아지 한 마리와 바꾸도록 해주리다."

"아니, 요즈음 종 한 놈의 값이 얼만데 그런 말을 하오?"

"종도 종 나름이지. 딴 데 가서 알아보시오."

노비의 주인은 좀 더 버텨보다가 할 수 없이 송아지 한 마리와 노비 두 사람을 바꾸었다.

노비들은 거간꾼에게 인계되었다가 다시 송아지 임자한테 넘겨져 서러운 눈물을 흘리며 소처럼 끌려갔다.

고려 시대에는 노비 소유가 제도화되어 있었으며, 중엽에는 노비의 수효가 1백만을 훨씬 넘었다. 그 노비들은 관청이 소유하는 관노와 민간이 소유하는 사노로 구별했는데, 평소에는 피와 땀을 흘리며 농사를 짓거나 힘든 일을 하고 난리가 생기면 군사가 되어 진장에 나가 목숨을 버려야 했다. 그래서 고려에는 노비군이라는 별도의 군사 편제가 엄연히 존재했다.

어쨌든 그 노비들은 인간 이하의 매우 천한 신분으로서 물건 취급을 받았으며, 그러다 보니 소와 바꾸는 식의 거래 수단으로도 통용되곤 했던 것이다.

고려 신종 원년 봄, 가슴속에 엄동설한 같은 원념을 품고 있는 한 젊은이가 있었다.

'남들은 봄이 되었다고 좋아할지 모르지만, 우리 같은 천한 놈들이야 뼈빠지게 고된 일이 시작되는 계절이지 별것 있나.'

나무를 찍다 말고 만적은 낫을 팽개치며 중얼거렸다.

댕기 꼬리를 휘휘 둘러맨 위에 때묻은 무명 수건으로 머리를 동였고, 떨어진 헝겊으로 발감개를 한 발에 앞창이 거의 다 밀려나온 짚신을 신었으며, 헐어빠지고 때묻은 옷을 걸쳤을망정 그의 눈빛은 형형했다.

'사람의 형상으로 태어났으면서도 사람 대접을 못 받고, 소나 말처럼 죽을 때까지 일만 해야 하는 이놈의 신세가 한스럽구나.'

그처럼 신세 한탄을 하던 만적은 근처에서 같이 나무를 하고 있는 네 명의 친구들을 불렀다.

"얘들아, 이리 좀 와 봐."

똑같은 사노의 신분인 친구들이 일손을 멈추고 돌아보았다.

"왜 그래?"

"글쎄, 내가 할 말이 있어서 그래."

만적은 그들 중에서 가장 힘도 세고 지혜도 뛰어나 은연중에 우두머리 구실을 했으므로, 친구들은 군말없이 그의 곁으로 모여들었다.

"할 말이라니, 그게 뭐지?"

"내 말을 명심해서 듣기 바란다. 우리는 지금까지 주인이 주는 대로 얻어먹고 시키는 대로 일하고 때리는 대로 맞으며 짐승처럼 살아오면서도 그것을 당연한 일로 받아들였다. 사람의 한평생이 짧다면 짧고 길다면 긴데, 너희들은 과연 우리가 이렇게 살다 죽어도 괜찮다고 생각하느냐?"

"괜찮지 않으면 어떻게 해. 어쩔 수가 없잖아."

"꼭 그렇다고 단정할 수는 없지. 만약 이 지긋지긋한 종노릇을 면하는 방법이 있다면, 너희들은 어떻게 할 테냐?"

"그야 방법이 있다면 목숨을 걸고라도 그 방법을 찾지. 너한테 그 방법이 있단 말이냐?"

"있고말고."

"무슨 방법인데?"

"방금 목숨을 걸겠다고 했으니, 피로써 맹세를 한다면 말하겠다."

"좋아 하고말고."

그래서 다섯 친구는 똑같이 약손가락을 깨물어 피가 흐르도록 한 다음, 그 피가 흐르는 손가락을 한데 모았다. 다섯 개의 손가락에서 흐르는 피는 한데 섞여 풀 위에 방울방울 떨어졌다.

그처럼 피의 맹세가 끝난 다음, 만적은 드디어 친구들에게 속을 털어놓았다.

"잘 들어라. 우리가 똑같은 사람으로 태어났으면서도 한낱 남의 소유물이 되어 뼈가 부서지도록 일만 하고 걸핏하면 죽도록 매를 맞는 것은 우리 자신이 그만큼 못났기 때문이다. 모든 것을 운명으로 알고 스스로 그런 일을 당연하게 받아들이는 이상 우리는 절대 이 신분에서 벗어나지 못해. 우리뿐 아니라 우리의 자식들까지 대대로 천한 종노릇을 해야 할 거야. 그렇다면 어떻게 해야 하는가. 그것은 바로 우리 자신이 힘으로 종놈의 굴레를 벗는 일이다. 그것밖에는 방법이 없어. 지난날 무관들의 난리를 보렴. 문관들한테 별별 모욕을 당하고 천시를 받던 사람들이 힘으로 상대방을 때려눕히고 나니까, 이제는 입장이 뒤바뀌지 않았어? 그처럼 우리도 힘을 합쳐 종놈의 굴레를 벗고 한번 사람답게 살아보자는 거야."

"말은 그렇게 해도 실제로는 쉬운 일이 아니잖아."

"세상에 쉬운 일이 어디 있나. 그렇지만 우리가 힘을 모으면 능히 해낼 수 있어. 먼저 뜻이 맞는 동지들을 모으는 거다. 될 수 있으면 많이 모아야 해. 그래서 한날 한시에 각각 자기 주인을 죽이고 노비 문서를 빼앗아 불태워 없애버린 다음, 도망치잔 말이다."

"사람을 죽이면 문제가 너무 커지지 않을까?"

"어쩔 수 없어. 큰일에는 으레 무리가 따르게 마련이거든. 그러고 나면 노비 문서가 이미 불탔으니 우리가 종놈이라는 아무 근거가 없고, 주인들도 이미 죽었으니 우리를 되찾으려고 할 사람도 없으므로 관으로서도 속수무책일 거야. 그러다 보면 사건은 유야무야되고, 우리는 평민이 되어 새로운 삶을 살 수 있게 될 것이다. 어떠냐?"

만적의 목소리는 우렁찼고 자신감에 넘쳐 보였다.

친구들은 감동했다. 일의 성패 여부는 나중의 일이고, 태어나서 처음으로 신분 상승의 가능성을 발견했다는 사실 하나만으로도 눈물겹고 가슴 벅찬 일이 아닐 수 없었다.

그들은 다시 한 번 결의를 굳게 하고 만적의 지휘 아래 거사를 준비하기 시작했다.

가장 중요한 일은 동지들을 모으는 것이었다. 동지가 된 사람은 종이에 正정자를 새겨 신표로 삼기로 한 다음, 한 사람이 두 사람을 모으고 그 두 사람이 네 사람을 모으는 식으로 수효를 불려나갔다. 그러다 보니, 어느덧 수백 명이 같은 목적 아래 모여들었다. 그들은 북산에 은밀히 집결하여 결의를 다진 다음, 나흘 후 야밤에 일제히 거사하기로 약속하고 헤어졌다.

그러나 그들 가운데 배신자가 생겼다. 동지들을 팔아 자기 혼자만 잘되기를 바란 그 배신자는 모의를 금부에 밀고하고 말았다.

금부에서는 그 밀고를 받고 크게 놀라 즉시 만적 일당을 잡아들이기 위해 나졸들을 풀었다. 그 정보를 뒤늦게 입수한 만적은 일이 틀어진 줄 알고 멀리 달아나려고 했으나, 간발의 차이로 나졸들의 우악스런 손아귀에 붙잡히고 말았고 그의 동지들 역시 마찬가지였다.

'종들이 무리지어 궐기하여 자기 상전을 죽이려 했다.'

그와 같은 소식이 전해지자, 개경은 물론이려니와 온 나라가 발칵 뒤집혔다. 같은 천민들은 두 주먹을 불끈 쥐며 만적의 용기를 칭찬했고, 귀족 계급을 비롯하여 노비를 소유하고 있는 사람들은 얼굴색이 변하여 걱정을 했다.

금부에서는 사건이 사건이니만큼 엄중 처단의 방침을 정하고 만적을 문초했다.

"네가 작당을 하여 상전을 죽이고 노비 문서를 불태우자고 했다니, 그것이 사실이냐?"

"사실이오."

"천한 종놈의 신분으로 주인을 잘 섬기고 일만 열심히 하면 되었지, 어찌 그런 무엄한 생각을 할 수 있단 말이냐?"

"우리는 종놈이기 이선에 사람이오. 똑같은 사람으로 태어났으면서 어떤 놈은 부귀영화를 누리고, 어떤 놈은 짐승처럼 고되게 살아야 하니, 밝은 하늘 아래 이런 불공평한 노릇이 또 어디 있겠소. 그래서 우리도 사람답게 살고자 했던 것이오."

"무엄한 놈! 국법이 그것을 용납할 줄 알았느냐?"

"흥! 그 국법이란 것이 당신네를 위해서 있는 것일 뿐, 우리 종놈들과 무슨 상관이 있소."

만적의 태도는 시종일관 당당했다. 이미 모든 것을 포기하고 죽음을 각오한 사람의 의연함이었다.

금부에서는 모의 가담자 전원에게 참형을 내리는 것으로 결말을 지었다.

당시의 시대 상황을 감안하더라도 지나치다고 하지 않을 수 없는 그 가혹한 판결은 다분히 전시용이었다. 본때를 보임으로써 유사한 움직임을 사전에 차단한다는 것이 위정자들의 생각이었지만, 그것은 충분한 효과를 가져다주지는 못했다.

한 번 실밥이 터진 자루는 아무리 잘 꿰매어도 완전하지 않듯이, 만적이 당긴 자유의 불꽃은 꺼지지 않고 불씨로 남아서 두고두고 되살아났기 때문이다.

고종 때 어사대의 대졸에 이통이란 자가 있었다. 만적이 사노였다면, 이통은 관노의 신분이었다.

이통은 종노릇을 하기에는 그릇이 큰 인물로서, 일찍이 만적이 노비 해방의 기치를 높이 들었던 사실을 알고 그를 흠모하여 마지않았다.

'만적은 비록 일을 성공시키지 못하고 죽었으나, 불쌍한 종놈들의 은인인 것만은 틀림없다. 그의 큰 뜻을 이어받지 못하면 어찌 사나이라 할 수 있으며, 죽어서 그분을 뵐 수 있으랴.'

이렇게 생각한 이통은 관청의 관노들과 대갓집의 사노들 중에서 은밀히 동지를 규합했다. 그런 한편 해적과 산적들과도 연락을 취하여 유사시에 같이 행동하기로 약속했다.

만적은 순전히 남의 집 노비들로만 동지를 끌어 모았으나, 이통은 관노와 사노는 물론이려니와 산과 바다의 도적떼에까지 손을 뻗어 그 무리가 수천 명에 이르렀으니, 실로 그 세력은 만만한 것이 아니었다.

또한 만적은 단순히 노비의 신분에서 벗어나는 것에만 목표를 두었지만, 이통의 목적은 신분 혁파에서 나아가 무력으로 기존 지배계급을 쓸어내고 정치를 혁신하는 것이었으므로 만적과는 비교가 되지 않았다.

마침 그 무렵 몽고의 난이 일어나 물밀듯이 쳐내려 오는 몽고군을 피하여 고종은 강화도로 도망하여 그곳을 도읍으로 정하고 장기전에 들어갔다. 따라서 개경은 텅텅 비다시피 했고, 다만 수성대장이 남아 성을 지키고 있을 뿐이었다.

'기회는 바로 이때다!'

이통은 무릎을 치며 기뻐했다. 즉시 부하들을 불러모아 자신감에 찬 목소리로 외쳤다.

"우리는 종노릇 아니면 도적질로 입에 풀칠을 해야 하는 불쌍한 목숨들이다. 그러므로 우리도 사람답게 살아가자는 공통된 생각으로 동지가 되어 이렇게 모였다. 그런데 지금 임금이 난을 피하여 강화도로 도망치고 도성은 텅 비어 주인 없는 성이 되었다. 이것은 천지신명께서 우리의 염원을 불쌍히 여기시어 주신 다시 없는 기회이니 우리에게 도성의 주인이 되라는 뜻이 아니고 무엇이겠느냐. 이제 우리가 주인이 되는 나라를 일으킬 때가 왔다. 동지들은 무기를 들고 나를 따르라!"

이통의 무리는 그 말을 듣고 감격하여 함성을 질렀다. 그리하여 각자

무기를 들고 이통의 지휘에 따라 도성으로 몰려가 성을 포위하고 공성
작전을 전개하니, 수성대장은 그 험상한 기세에 질려 변변히 싸워보지도
못한 채 성을 버리고 달아나고 말았다.

마침내 도성의 주인으로 입성한 이통의 무리는 기고만장했다.

국고의 물건이든 민간의 물건이든 가리지 않고 약탈 몰수하여 군
량과 군비로 전용하는 한편, 개경을 도읍으로 하는 새로운 왕국이 탄
생했음을 널리 공포했다. 그러고는 군병을 크게 모집하고, 각 사찰에도
통첩을 보내어 승병을 일으켜 합세하도록 촉구했다.

'왕씨 왕조를 대신하는 새 인민의 나라가 일어섰다.'

그 소식은 전국 방방곡곡으로 퍼져나가 엄청난 반향을 불러일으켰다.
귀족 계급과 관리들의 행패에 불만이 많았던 일반 백성들은 환영
일색이었고, 특히 누구보다 고무된 노비들은 이제야말로 자기들의 세상이
도래했다 하여 곳곳에서 무기를 들고 일어났으니, 가장 대표적인 것이
충주와 진주의 노예 반란이었다.

이때 몽고군은 주력 부대로써 고려 임금을 추격하여 강화를 포위하고
지구전에 들어가는 한편, 각 방면으로 군사력의 일부를 진출시켜
동시다발의 전선을 형성했는데, 각처에 파견된 군사들이 원거리 행군의
피로와 현지 지리 미숙 등의 이유로 고려군에 패전을 거듭할 뿐 아니라,
설상가상으로 군량미까지 동이 나서 더 이상 견디지 못할 형편이 되었다.
그래서 몽고군은 마침내 스스로 포위망을 풀고는 모두 퇴각하고 말았다.

몽고군이 물러감으로써 한시름을 놓은 고종은 즉시 날랜 군사들로
하여금 개경의 반란 적도를 토벌하라고 명령하니, 이통으로서는 갑작스런
상황 악화에 직면한 셈이었다.

이통은 부하들을 독려하여 성을 단단히 지키는 한편, 각처에 연락을

띄워 원군을 불렀다. 그러나 원군이 미처 도착하기도 전에 관군이 밀어닥쳐 치열한 공방전이 벌어졌다.

하루 종일 계속된 맹렬한 공격을 막아내느라 지칠 대로 지친 이통이 지휘소에서 잠깐 눈을 붙이는 사이, 그 기회를 틈탄 관군이 대대적인 공격을 감행해 왔다.

깜짝 놀라 잠이 깬 이통은 부하들을 독려했다.

"우리 왕국의 존망은 이번 전투에 달려 있다. 살아서 짐승처럼 학대받느니 차라리 죽는 것이 나으리라. 그런 각오로 맞서 싸워라!"

그러나 이미 기울어진 형세는 만회할 길이 없었다. 부하들은 결사적으로 맞섰지만, 결국 지리멸렬해져서 모두 죽거나 도망치고 말았고, 이통은 관군의 손에 사로잡히고 말았다.

그것은 예정된 결과라고 할 수 있었다. 단결력은 강했지만 이통의 무리는 오합지졸에 불과했고, 관군은 비록 사명감은 덜할망정 훈련으로 단련되어 있는 데다 몽고군과의 싸움으로 실전 경험이 풍부했기 때문이다.

몽고군이 물러가고 이통의 반란을 평정하여 개경을 수복했다고는 하나 조정의 걱정거리가 모두 해소된 것은 아니었다. 앞에서도 말한 충주의 노비 반란이 새로운 골칫거리로 등장했기 때문이다.

앞서 몽고군이 각 지방으로 진출했을 때, 거기에 대적한 고려군은 관군 외에도 인민 부대와 노비 부대가 있었다. 말 그대로 인민 부대는 순수한 민간 백성들로 편성된 군사였고, 노비 부대는 관노와 사노로서 편성된 군사였다.

충주에도 한 무리의 몽고군이 밀어닥쳐 치열한 공방전 끝에 고려군에게 대패하여 도망을 치고 말았는데, 그때 가장 용감하게 싸워 승리에 결정적인 공헌을 한 것이 노비 부대였다.

문제는 그 다음이었다. 몽고군이 퇴각하고 난 후 나라에서 논공행상을 할 때 포상의 시행이 공정하지 못하여 노비 부대에 돌아가야 할 상이 인민 부대의 차지가 되고만 것이다. 크게 불만을 품은 노비 부대가 인민 부대에 대하여 자기네 몫을 달라고 요구하자, 인민 부대는 코웃음을 쳤다.

"종놈들이 주제를 알아야지, 상은 무슨 놈의 상이란 말이냐."

그 말을 들은 노비 부대는 격분하여 인민 부대를 치려고 했는데, 이 때 노비 부대의 작전 참모로 뒤에서 실질적으로 조종하고 지휘한 사람은 영웅주의적인 포부를 가슴에 품은 데다 각종 병서에도 통달한 우본대사라고 하는 기묘한 인물이었다.

우본대사는 관노도 사노도 아니고 이름 그대로 중이었다. 그런 그가 얼토당토않게 노비 부대의 작전 참모가 된 것은 불교 교리에 입각하여 세상 모든 사람은 근본적으로 평등하다는 신념이 있었을 뿐 아니라, 만적이나 이통 같은 풍운아의 행적에 감명을 받았기 때문이었다.

"나무아미타불! 만적과 이통이 흘린 피는 불쌍한 천민을 위한 거룩한 피올시다. 두 사람은 거사에 실패하여 비참한 최후를 맞았으나, 그들이 흘린 피는 이 산야에 고귀한 자양으로 뿌려졌습니다. 그러므로 그 피에서 연꽃이 피어오르고, 그 연꽃의 향기가 불쌍한 천민들의 코에 스미어 그들로 하여금 떨쳐 일어나도록 점지해 주소서. 나무관세음보살!"

우본대사는 그렇게 불공을 올리고 법당을 물러 나왔는데, 거기에는 세 가지 뜻이 있었다.

첫째는 만적과 이통의 명복을 비는 한편, 그들의 음덕에 도움을 받으려고 한 것이고, 둘째는 불쌍한 노비들이 밝은 태양 아래 아무 구속도 당하지 않는 백성으로 살게 되기를 기원한 것이며, 셋째는 경전을 내려놓고 그 대신 병서를 들어 천민들을 지휘하여 새로운 세상을 만들겠다는 것이었다. 그리하여 노비 부대에 들어가 작전 참모로서 실질적인 지휘를 하게 되었다.

노비 부대는 우본대사의 작전에 따라 싸움을 전개하여 인민 부대를 깨뜨리고 충주를 완전히 손에 넣었다. 그 소식을 들은 각처의 노비 부대들이 속속 합류해 옴으로써, 그 기세대로 나가다가는 머잖아 도성을 함락시키고 나라를 뒤엎을 것 같았다.

조정에서는 고민하지 않을 수 없었다. 비록 몽고군이 스스로 물러가고 이통의 반란도 평정되었다고는 하나 오랜 전란에 시달린 뒤끝이어서 군사를 보내어 반란군을 치기가 매우 어려웠다. 그래서 여러 가지로 궁리한 끝에 회유책을 쓰기로 결정이 났다. 우본대사를 충주의 명찰 대원사의 주승으로 임명한 것이다.

그 임명장을 받은 우본대사는 코웃음을 쳤다.

"나무아미타불! 소승이 노비 부대의 책사가 된 것은 자신의 영광을 위해서가 아니라, 오로지 불쌍한 중생들을 위한 것입니다. 부처님이시여, 굽어 살피소서."

우본대사가 강경 일변도로 나오자, 조정도 어쩔 수 없이 무력으로 진압하여 노비 부대를 궤멸시켰다. 결국 풍운아 우본대사 역시 만적과 이통의 전철을 밟고만 것이다.

거듭된 노비 반란을 겪고 난 조정은 비로소 그 폐단을 인정하여 노비법을 새로 제정하고 노비에 대한 대우를 개선하기에 이르렀다.

세도가에 맞선 청백리 김지대

1217년 고종 4년, 걸핏하면 국경을 노략질하거나 침략해 와서 고려를 괴롭히던 요나라가 또다시 압록강을 건너와 강동성을 점령하는 전란이 발생했을 때 일이다.

당시 조정에서는 장군 조충을 원수로 임명하여 군대를 이끌고 나가 요군을 맞아 싸우도록 했다.

어느 날, 군사 조련을 점검하던 조충은 이상한 것을 목격하고 발걸음을 멈추었다.

당시의 관습으로는 병정들이 전장에 가지고 나가는 방패에 이상한 짐승의 형상을 그려 새기게 되어 있었는데, 그것은 자신의 용맹을 뽐내고 적으로 하여금 겁을 먹게 한다는 희망이 담겨 있었다. 그런데 그날 조충의 시선을 끈 것은 한 소년병이 들고 있는 방패였는데, 거기에는 그림 대신에 다음과 같은 시가 적혀 있었다.

나라의 근심은 신하의 근심이오

어버이의 걱정은 자식의 걱정이니
어버이를 대신하여 국은에 보답하면
충성과 효도를 한 번에 닦는 것이리

시를 읽은 조충의 얼굴에 미소가 떠올랐다.

"흠! 네 방패에 적혀 있는 글을 보니 아버지를 대신하여 전장에 나온 모양이로구나."

"그렇습니다."

"이름은 무엇이며, 고향이 어디지?"

"김지대라 하옵고, 고향은 경상도 청도입니다."

"그런데 왜 네가 대신 나왔느냐?"

"아버님은 연세도 드셨고 가정을 돌보아야 하므로 제가 스스로 원했습니다. 위기에 처한 나라를 구하러 나서는 데 노소의 구별이 무슨 의미가 있겠습니까. 장군께서는 저를 어리게 보시는 모양이나, 능히 군역을 감당할 자신이 있습니다."

그 말을 들은 조충은 감탄하지 않을 수 없었다. 다시 한 번 눈여겨 바라보니, 인물이 잘 생기고 기상이 넘쳐 보였다.

조충은 김지대란 소년병이 마음에 쏙 들었다. 그래서 그를 데려다 곁에 두고 심부름을 시키며 천분과 행동거지를 지켜보는데, 과연 첫인상대로 자질이 갖추어져 있는 인물이어서 매우 흡족스러웠다.

조충의 그런 기대가 어긋나지 않아, 김지대는 얼마 후에 과거에 급제하여 벼슬길에 올랐는데, 지방 관리인 전주사록에 임명되어 임지에 내려갔을 때, 그곳 호족들의 세도를 억누르고 백성들의 어려움을 잘 어루만져 편안하게 살게 해줌으로써 전주 사람들이 입을 모아 그 덕을 칭송했다.

여기서 이야기는 약간 다른 쪽으로 돌아간다.

일찍이 의종 때 왕이 주색에 빠져 정치를 제대로 살피지 않을 뿐 아니라 문신만 우대하고 무신을 천대하는 바람에, 의종 24년이던 1170년에 대장군 정중부가 반란을 일으켜 문신들을 모조리 죽이고는 임금을 거제도로 내쫓고 명종을 세웠다. 그러고는 조정의 대신 자리를 전부 무신들로 채우니, 문신 중심의 정치 조직은 그 기능을 상실하고 무신 중심의 독재 정치가 나타나게 되었다.

정치 경험도 없는 무신들이 집권하게 되었으니 부작용이 생기지 않을 수 없었다. 그들은 다투어 토지와 노비를 늘렸고, 저마다 사병을 길러 권력 쟁탈전을 전개했다. 경대승이 정중부를 죽이고 정권을 빼앗았으며, 그가 경호 기관인 도방을 두고 권력을 휘두르다가 병사하자, 천민 출신의 이의민이 뒤를 이어받았다. 그 이의민 역시 얼마 후에 최충헌한테 피살됨으로써, 무신 정치는 최씨 정권 60년의 철권통치로 이어지게 되었다.

앞의 정중부나 경대승, 이의민 같은 자들이 주먹밖에 모르는 무뢰배 같은 인간들이었다면, 최충헌은 그 나름의 정치 철학과 통치 능력을 갖춘 인물이라고 할 수 있었다. 그는 사병을 길러 신변 안전을 꾀하고, 집안에 신하들을 두어 나라의 크고 작은 일을 안방에 앉아서 처리했다. 그러니 임금은 허울뿐이었고, 실제로는 최충헌이 나라의 주인인 셈이었다.

그 최충헌이 24년 동안이나 권력을 휘두르다가 고종 6년이던 1219년에 세상을 떠나자 아들 최이가 정권을 이어받았는데, 여기서 이야기의 본질이 김지대한테로 되돌아가게 되는 것이다.

최이한테는 만전이란 이름의 아들이 있었다. 일찍이 중이 되어 전라도 진도의 어느 절에서 승려 생활을 하고 있었는데, 명색만 중이지 아비의 권세를 믿고는 관청에 대한 간섭과 횡포한 행실이 이만저만이 아니어서 두려워하고 분노하지 않는 사람이 없었다.

그 만전한테 통지라는 이름의 하인이 있었는데, 주인을 대신하여 부리는 행패가 이만저만이 아니었다. 그런데도 지위의 고하를 막론하고 누구 한 사람 통지를 꾸짖거나 맞서려고 하는 사람이 없었고, 그렇게 되니 전라도민 전체의 민원이 팽배하여 자못 공기가 심상치 않았다.

마침내 그러한 폐단이 조정에까지 알려지게 되어 걱정이 된 조정에서는 백성들의 마음을 가라앉힐 수 있는 적임자로 김지대를 지목하고, 그에게 전라도 안찰사를 제수하여 내려가게 했다.

김지대가 임지에 도착해 보니 관리 행정의 난맥상이나 백성들의 원성이 소문으로 듣던 바와 조금도 다르지 않았다.

'이런 죽일 놈들! 내가 온 이상 결코 용납하지 않으리라.'

이렇게 생각한 김지대는 혼찌검을 안겨 줄 기회를 노렸다.

어느 날, 김지대는 만전의 본거지인 진도로 행차를 했다. 그리하여 만전이 기거하고 있는 절에 도착했다.

만전이 아무리 권신의 아들이라고 하더라도 드러난 신분은 일개 승려인 것이다. 지방 장관인 안찰사가 왔다면 나와서 맞아들여야 하는 것이 도리였다. 그런데도 만전은 콧방귀만 뀌면서 얼굴을 내밀지 않았다. 원칙대로라면 불호령을 내려 끌어내서 치도곤을 안겨야 했지만 김지대는 아랑곳하지 않고 유유히 절의 누대 위로 올라갔다.

마침 거기에는 피리와 거문고 같은 악기들이 놓여 있었다. 본래 김지대는 음악에도 조예가 상당했기 때문에 피리를 집어들어 몇 곡 불었다. 그러고는 다시 거문고를 끌어안고 또 몇 곡 뜯었는데, 그 음률이 상당한 수준이어서 듣는 사람들의 감탄을 자아내었다.

역시 음악 소리에 끌려 방에서 나온 만전은 어색한 듯이 웃으며 안찰사에게 인사를 했다.

"소승이 마침 몸이 불편하여 자리에 누워있다 보니 나리께서 오신 줄도 몰랐습니다. 허물을 용서해 주십시오."

김지대가 좋은 낯으로 그 인사를 받으니, 만전은 아랫사람들에게 술상을 차리라 하여 대접했다.

김지대는 아무런 내색도 보이지 않고 유쾌하게 웃으며 만전의 접대를 받아들였는데, 그런 안찰사를 본 만전은 '너 또한 전임자들과 똑같은 작자로구나' 하고 얕잡아 보고는 이것저것 청탁을 했다. 그것은 직책상 도저히 들어줄 수 없는 내용들이었으나, 김지대는 선선히 말했다.

"잘 알겠소이다. 그것은 본관이 관아에 돌아가서 천천히 처리할 테니, 대리인을 보내주시오."

"그러면 소승이 신임하는 통지란 놈을 보내겠습니다."

"알았소이다."

그렇게 약속하고 관아로 돌아온 김지대가 내심 단단히 벼르고 있을 때, 통지가 아무것도 모르고 뽐내며 나타났다.

그를 본 김지대의 입에서 추상같은 호령이 떨어졌다.

"저놈을 당장 잡아 묶어라!"

난데없는 호령 소리에 깜짝 놀란 통지가 어쩔 줄을 모르는 사이, 달려든 관졸들이 사정없이 결박을 지어 안찰사 앞에 꿇어 앉혔다.

"네 이놈! 네 죄를 알렷다."

"도무지 영문을 모르겠습니다. 소인은 만전스님의 심부름을 왔사옵고, 그 스님으로 말한다면……."

"닥쳐라, 이놈! 호가호위狐假虎威라는 말은 네놈을 두고 한 말이다. 무슨 변명이 통할 것 같으냐. 너는 나라와 백성을 해롭게 한 놈이니 이곳에서 나가면 또 그 해가 천만인에게 미칠 것이므로 살려둘 수 없다."

"나, 나리!"

"여봐라! 저놈을 그대로 강물에 처넣어라!"

도백道伯이 내리는 준엄한 명령을 누가 거역할 것인가. 나중에 만전 일당의 보복이 두렵지 않은 것은 아니었으나, 그것은 어디까지나 상관이 책임질 일이므로, 관졸들은 지시대로 통지를 결박 상태 그대로 강물에 집어 던지고 말았다.

그 소문이 나는 새처럼 빠르게 사방으로 전해지자, 백성들은 손뼉을 치고 기뻐하면서도 한편으로는 걱정을 했다.

"신임 안찰사 어른이 그 귀신보다 무서운 통지란 놈을 잡아 죽였다지? 정말 속이 다 시원하다 시원해."

"하지만 뒤끝이 어떨지 몰라. 진도에 있는 중놈이 가만히 있을 리가 없잖아. 그가 뉘 아들인데."

"아무리 세도가의 지식인들, 관청에서 법도를 내세워 정당하게 한 일을 뭐라고 하겠어."

"글쎄, 이치야 그렇지만……. 아무튼 두고 볼 일일세."

모두들 흥미진진한 관심으로 후속 사태를 지켜보았지만, 아무런 불상사도 일어나지 않았다. 그뿐 아니라 김지대의 기세가 만만하지 않음을 본 만전 일당이 몸을 사려 다시는 행패를 부리지 않는 덕분에, 남방 여러 고을 사람들은 모처럼만에 두 다리를 뻗고 잠을 잘 수 있게 되었다.

그 사건이 있은 후로부터 9년 뒤에 만전이 승복을 벗고 환속하여 이름도 속명으로 고치고 아버지의 뒤를 이어 대권을 잡으니, 그가 바로 최항이다.

최항은 지난날 전라도에서 당한 일을 생각하면 괘씸한 김지대를 잡아다 족쳐도 몇 번을 족쳐야 직성이 풀릴 판이었으나, 그가 워낙 청렴결백하고 세상 사람들의 신망이 두터워 트집을 잡을 수가 없었다. 덕분에 김지대는 비교적 순탄한 벼슬길을 밟을 수 있었다.

이야기는 다시 돌아가, 김지대가 전라도 안찰사로 내려가서 통지를 잡아 죽이던 무렵의 일이다.

안찰사가 도내의 부랑배나 도적들을 일제히 소탕하라는 치안 특명을 내리는 바람에 전주 감옥은 검거된 범법자들로 연일 만원이었다. 김지대는 그런 중에도 혹시 억울한 수감이나 인권 유린이 발생할까 염려하여 이따금 옥을 순시할 때가 있었다.

그러던 어느 날, 옥 속에 갇힌 무리 가운데에서 한 여자가 옥문에 매달리며 울음을 터뜨렸다.

"아이구, 나리! 쇤네를 못 알아보시겠습니까?"

김지대는 너무 뜻밖이라 눈이 둥그레져서 걸음을 멈추었다.

"네가 누군데 본관을 아는 척하느냐?"

"벌써 20년이 지났으니 쇤네를 못 알아보시는 것도 무리가 아니지요. 나리께서 젊으실 때, 점을 잘 치시던 저희 아버님이 나리께 부탁 말씀을 드린 적이 있었답니다. 이렇게 말씀드려도 기억이 안 나십니까?"

그 말을 듣고서야 김지대는 문득 옛일을 떠올릴 수 있었다.

당시 송도 성밖에 점을 잘 치는 유명한 사람이 있었는데, 아직 과거에 나서기 전으로서 조충의 수하에 있던 김지대는 친구들과 어울려 그 점쟁이한테 점을 치러 간 적이 있었다. 그런데 그를 쳐다본 점쟁이가 갑자기 절을 했다. 깜짝 놀란 김지대가 그 이유를 묻자 점쟁이가 말했다.

"젊은이는 머잖아 환로에 나서게 될 뿐만 아니라, 훗날 귀한 지위에까지 오를 인물이오. 그래서 미리 축하드리는 것이외다."

"그것이 참말이오?"

"참말이고 말고요. 눈 뺄 내기하는 셈으로 장담할 터이니, 나중에 귀하게 되신 후 이 사람의 부탁 하나 들어주시겠소이까?"

"당신의 점이 들어맞기만 한다면야 들어주다 뿐이겠소."

그러자 점쟁이는 자기의 딸을 데리고 나와 절을 시켰다. 그러고는 딸에게 말했다.

"너 이 도련님을 잘 기억해 두어라. 앞으로 20년 후면 너는 억울하게 어려운 처지에서 이 분을 뵙게 될 터이다. 그때의 일을 지금 부탁드려 놓았으니, 여쭙고 도움을 청하거라."

새삼스럽게 기억하고 보니 그 점쟁이의 예지 능력이 보통이 아니었음을 알 수 있었다. 김지대는 놀라는 마음으로 그 여자의 죄목을 알아본 결과, 남의 모함으로 억울한 죄를 뒤집어썼다는 사실을 알 수 있었다. 그래서 즉시로 여자를 석방 조치함으로써 묵은 말빚을 갚았다.

김지대는 그 후에도 서북도 40여 고을을 잘 다스려 백성들의 칭송을 한 몸에 받았을 뿐 아니라, 서슬 푸른 무신 정권 아래에서도 몸을 다치지 않고 순탄한 관직 생활을 할 수 있었다.

그러다가 훨씬 뒤 고려가 몽고와의 전쟁을 치를 적에 최항의 아들이며 최씨 정권 마지막 집권자인 최의가 피살당함으로써 최씨 정권이 막을 내리고도 9년을 더 살다가 원종 7년인 1266년에 세상을 떠나니, 나라에서는 그 덕을 기려 '영헌英憲'이라는 시호를 내렸다.

고려왕조 야사

4

바보 온달과 평강 공주

고구려 25대 평원왕 때 평양성 주변의 산속에 나무꾼 바보 온달이 장님인 늙은 어머니와 함께 살고 있었다. 그가 너무 효성이 지극하다는 소문은 왕까지도 알고 있었다.

평원왕의 슬하에는 왕자와 어린 평강 공주가 있었다. 그런데 평강 공주는 걸핏하면 울었기 때문에 별명이 울보였다. 또 고집이 너무 세서 한 번 울면 울음을 그치지 않았다. 이에 평원왕은 공주가 울 때마다 이렇게 달랬다.

"자꾸 울면 바보 온달에게 시집보낸다."

공주는 평원왕으로부터 이 소리를 16세까지 들으며 자랐다.

어느 날 평원왕은 혼기에 찬 공주에게 넌즈시 물었다.

"아비가 네 지아비감으로 봐둔 사람이 있는데 괜찮겠느냐?"

"싫습니다."

"어째서냐?"

"아바마마는 늘상 소녀를 바보 온달에게 시집보낸다고 미리 말씀하셨잖아요?"

"그건 네가 너무 울어서 그런거지."

"아무튼 소녀는 온달이 아니면 시집 안 갈래요."

"네 뜻대로 하려거든 당장 궁에서 나가거라!"

부왕에게 이런 말을 듣자, 평강 공주는 사람들에게 묻고 물어 온달의 집을 찾아갔다. 하지만 온달은 집에 없고 맹인인 그의 어머니만 있었다.

"그렇소만, 아가씨는 뉘시오?"

"예, 저는 평강 공주입니다."

"아니, 공주님이 누추한 저희 집에 무슨 일로 오셨나요?"

평강 공주는 자초지종을 말한 다음 온달 어머니에게 큰절을 올렸다. 한편 산에서 나무를 하고 돌아온 온달은 부엌에 있는 처자를 보고 깜짝 놀랐다.

놀라는 온달에게 어머니는 모든 것을 말해 주었다.

평강 공주는 이 날부터 온달의 집에 살면서 온달에게 글과 무술을 가르쳤다. 온달 역시 평강 공주가 가르쳐 주는 모든 것을 열심히 배웠다.

그렇게 열심히 무술을 배운 온달은 그해 3월 3일 낙랑에서 열린 사냥 대회에서 당당히 우승을 했다. 그러자 평원왕은 온달에게 누구냐고 물었다.

"그대 이름이 무엇인고?"

"온달이라고 하옵니다."

"아니, 네가 말로만 듣던 바보 온달이란 말이냐?"

"그렇습니다. 제가 바보 온달입니다. 평강 공주님께 글과 무술을 배웠습니다."

이에 평원왕은 매우 흡족하여 평강 공주와 온달의 혼인을 허락했다.

훗날 후주의 무제가 고려를 침략했는데, 온달이 선봉장이 되어 적을 물리쳤고, 이때부터 고구려의 명장 반열에 올랐다.

이후 고구려의 옛 땅을 회복하기 위해 아차산성에서 신라군과 싸우다가 죽었다. 일설에 의하면, 이때 전사한 온달 장군의 시신이 담긴 관을 옮기려 하자 꿈쩍도 하지 않았는데, 이를 본 평강 공주가 울면서 관을 어루만지자, 비로소 움직였다고 전한다.

명판관 손변의 판결

고종 때 경상도 어느 곳에 한 부자가 살았다. 그런데 아내가 갑작스런 병으로 죽는 바람에, 그 자신마저 상심을 이기지 못해 시름시름 앓다가 마침내 회복이 불가능한 지경에 이르고 말았다.

그에게 자식이라고는 시집간 딸 하나와 아직 어린 아들 하나가 있었는데, 딸은 이미 장성한 출가외인이라 걱정할 것이 없으나, 아들은 아직 철부지 나이이고 보니 도저히 마음 놓고 눈을 감을 수가 없었다. 그래서 궁리를 거듭한 끝에 유서를 썼다.

나의 모든 재산은 딸에게 주노라. 그리고 아들에게는 두루마기 한 벌, 갓 하나, 노파리 한 켤레, 종이 한 권을 주노라.

그런 유서를 남긴 부자는 끝내 숨을 거두고 말았다.

얼마 사이에 부모를 모두 잃은 남매는 부여안고 울며 아버지의 장례를 지냈다.

거기까지는 문제가 없었다. 사건이 일어난 것은 그 다음이었다. 딸은 아버지의 유언을 그대로 따른다는 명분 아래 전 재산을 다 차지하고 말았다.

그렇게 되자 기가 막힌 것은 아들이었다. 갑자기 고아 신세가 되었을 뿐 아니라, 유산 한 푼 받지 못함으로써 알거지 꼴이 되고만 것이다. 손이 얼어도 들이밀 곳이 없고 배가 고파도 밥 한 술 입에 넣을 수 없는 처지가 된 아들은 눈물만 펑펑 쏟았다.

"아니, 얘야. 네 아버지의 그 많은 재산은 어떻게 되어 너희 누이가 다 차지하고 너는 한 푼도 가지지 못했느냐?"

같은 동네의 어른들이 보기에 하도 딱하여 묻자, 소년이 말했다.

"아버지께서 모든 재산을 누이한테 주겠다고 유언하셨기 때문이에요."

"아니다. 설령 유언이 그렇다 하더라도 이럴 수는 없어. 세상에 이런 법은 없느니라."

동네 사람들이 이구동성으로 부추기자, 소년도 마침내 누이가 괘씸한 생각이 들었다.

'어른들의 말씀이 옳아. 한 아버지의 자식이면서 왜 유산을 똑같이 나눠 가질 수 없다는 거야. 누이는 욕심이 많아.'

소년은 마침내 관가에 소송을 걸었다. 그러나 결과는 아버지의 유언장을 제시하는 누이한테 유리한 판결로 끝나고 말았다. 소년의 처지가 아무리 딱하다 할지라도, 재산의 향방을 결정하는 증거가 명백한 이상 관가에서는 적법한 판결을 내리지 않을 수 없었던 것이다.

그러다 보니 남매간의 사이는 점점 더 벌어졌고, 소년의 처지는 더욱 딱하게 되고 말았다.

눈물로 하루하루를 보내던 소년에게 마침내 기회가 왔다.

마침 그 무렵, 그 고을 안변사로 내려온 손변이라고 하는 지혜로운 사람이 있었다.

손변은 본래의 이름을 손습경이라 했으며, 과거에 급제하여 천안부 판관을 거쳐 예부시랑이 되었다가 억울한 죄를 뒤집어쓰고 먼 섬으로 귀양을 갔었다. 그러다가 얼마 후 죄에서 풀려나 복직하게 되어, 경상도 안찰부사에 임명되어 안변사로 여러 고을을 순회하다가 문제의 고을에 들르게 되었던 것이다.

손변은 가는 곳마다 백성들의 형편을 잘 살피고 슬기로운 판결로 송사를 처리함으로써 명성이 자자한 사람이었다. 그런 손변이 왔으므로, 소년은 옳다구나 하고 관아에 달려가 다시 소송을 제기했다.

손변은 원고인 소년과 피고인 누이를 불러놓고 심문하기 시작했는데, 소년은 자기는 헐벗고 굶주리는데, 아버지의 전 재산을 누이가 다 차지한 것은 부당하다고 호소했고, 누이는 아버지의 유언장을 제시하며 자기한테 아무 잘못이 없다고 주장했다.

두 사람의 이야기를 다 듣고 난 손변이 말했다.

"너희들은 내가 하는 말을 귀담아 들으라. 이 세상에 자식들을 차별하여 사랑하는 부모는 없다. 깨물어서 안 아픈 손가락 없다고 하는 비유도 그래서 나온 말이니라 자식이 여럿이다 보면 그 성향도 각각이라 부모의 마음인들 한결같지 못할 때도 있으나, 가슴 깊은 곳에서 우러나는 근본적인 자식 사랑이야 어찌 차이가 있을 수 있겠느냐"

손변의 말은 계속 이어졌다.

"하물며 너희들은 단 두 오누이뿐이구나. 그러니 너희 부모들이 어찌 딸을 더 사랑하고 아들을 덜 사랑할 수가 있었겠느냐. 더구나 너희 어머니가 일찍 세상을 버렸다고 하니, 홀로 남은 너희 아버지 입장에서 보면 이미 성인이 되어 시집을 간 딸보다 어린 아들이 더 안쓰럽고 걱정이 되었을 것이다. 아버지의 생각에, 자기가 죽고 나면 홀로 남은 아들이 의지할 데라고는 제 친누이밖에 더 있겠느냐. 더군다나 아들은 아직 어려서 재산을 효율적으로 관리할 능력이 없다고 생각했겠지. 그렇기 때문에 자기의 전 재산을 딸에게 맡겼다고 본관은 판단한다. 인륜으로 보더라도 부모가 돌아가셨으면 누이가 어린 동생을 돌보는 것은 당연하지 않을까?"

"……."

"너희 아버지는 매우 고심에 찬 배려를 하셨다. 사람이란 물욕에 흔들리기 십상이므로 누이가 혹시 동생한테 소홀할지도 모른다고 우려하고는, 아들로 하여금 그 경우에 대비할 수 있도록 한 것이다. 상식적으로 생각할 때 남겨줄 것이 없어서 하필 두루마기 한 벌, 갓 한 개, 노파리 한 켤레, 종이 한 권을 유산으로 남겨주겠느냐. 그것은 아들로 하여금 나중에 필요할 경우 그 옷을 입고 그 갓을 쓰고, 그 신을 신고, 그 종이로 소장訴狀을 작성하여 관가에 소송을 제기하라는 뜻이다. 똑같이 사랑하는 자식을 두고 세상을 떠나면서 이렇듯 원모 심려로 뒷일을 걱정하신 아버지의 심중을 그래도 헤아리지 못하겠단 말이냐?"

손변의 말을 듣고 있던 두 남매는 감동한 나머지 서로 부여안고 눈물을 흘렸다. 누이는 자기 잘못을 크게 깨달아 동생에게 용서를 구했고, 소년은 혈육의 정을 되찾은 기쁨에다 지난날의 고난이 새삼스러워서 엉엉 울며 누이한테 매달렸다.

그리하여 두 남매는 손변의 판결대로 아버지의 재산을 반반씩 공평하게 나누어 가지는데 아무 이의가 없었다.

그처럼 지혜로운 판결로써 가는 곳마다 민원을 해결하고 명성을 얻은 손변이었건만, 그 이상의 더 큰 벼슬은 하지 못했다. 그것은 그의 아내가 신분이 낮은 집안의 출신이기 때문이었다.

자기 출신 관계로 남편의 출세가 막혔다고 생각한 아내는 눈물을 흘리며 손변에게 말했다.

"나리께서 저 때문에 더 높은 벼슬을 못하시니, 저로서는 마음 아프고 송구하여 견딜 수 없습니다. 그러니 저를 버리시고 지체가 높은 집안 여자한테 새장가를 들어 출세를 하십시오."

그것은 투정조로 하는 소리가 아니라 진심에서 우러난 말이었다. 그렇기 때문에 그 말을 듣는 손변의 가슴은 찢어질 것 같았다. 그는 펄쩍 뛰며 단호하게 말했다.

"부인은 무슨 말을 그렇게 하오. 내가 아무리 벼슬에 환장을 했기로, 20년 고락을 같이 한 당신을 버릴 것 같소? 게다가 자식들도 있는 마당에 그런 천부당만부당한 말은 그만두구려."

그처럼 아내를 진심으로 사랑하는 손변이었다.

하나를 보면 열을 안다고 한다. 훌륭한 처신은 훌륭한 인품에서 나오는 것이다. 출세보다 아내를 더 소중하게 생각하는 인품이었기에 그런 지혜로운 판결도 가능하지 않았겠는가.

김해장의 사모곡

13세기에 들어와서 칭기즈칸이 통일한 몽고가 거란을 토벌하고 만주 지방을 차지함으로써 고려와 직접 접촉하게 된 이후로 두 나라 사이에는 미묘한 긴장 관계가 지속되었다.

고려에 왔던 몽고의 사신 저고여가 돌아가다가 국경 지대에서 여진 족에게 피살되는 사건이 발생하자, 그것을 구실로 삼아 몽고 장수 살리타가 대군을 이끌고 쳐들어온 것이 고종 18년^{1231년}의 일로서 몽고의 제1차 침입이다.

상황이 더 이상 확대와 악화되는 것을 피하고 싶은 양쪽의 이해가 맞아떨어짐으로써 일단 강화를 맺고 몽고군은 돌아갔으나, 그 후에도 무리한 조공 요구와 그에 대한 고려의 반발로 단발적인 침입과 항쟁의 악순환이 계속되었다.

고종 42년^{1255년}에도 몽고의 군사들이 또다시 쳐들어와서 몇 고을을 휩쓸고 백성들을 죽이기도 하고 사로잡아 가기도 했다.

그때 명주 고을에서도 많은 사람들이 포로로 잡혀 갔는데, 그중에는 호장 김종연의 아내와 둘째 아들 덕린도 포함되어 있었다.

김종연은 아내와 작은아들을 잃고는 낙심천만하여 날마다 눈물과 한숨으로 지내며, 질긴 목숨을 차마 끊지 못하는 것을 한탄하였다. 다만 불행 중 다행인 것은 큰아들 해장이 다행히 화를 면하고 자기 곁에 남아 있다는 사실이었다.

"아버님, 너무 상심하지 마십시오. 어머니와 동생이 어딘가에 생존해 있다면, 세상이 아무리 넓다 한들 만나는 날이 있지 않겠습니까."

효자인 김해장은 애끓는 슬픔을 참고 그렇게 아버지를 위로하곤 했다.

그런데, 뒤이어 들려온 소문은 절망적이었다. 몽고군에게 잡혀 가던 부인네들과 아이들이 거의 다 길에서 죽었다는 것이다.

그 소문을 들은 김해장은 통곡을 했다. 그러고는 그날부터 복을 입었다. 소문대로 어머니와 아우가 화를 당했을 경우를 생각해서였다. 그러면서도 한편으로는 어쩌면 살아 있을지도 모른다는 희망을 아주 버리지는 않았다.

세월은 빨리도 흘러 어느덧 14년이 지나 원종 10년[1269년]에 접어들었다. 김해장도 이제는 나이 서른이 가까운 어른이 되었고, 아버지 김종연은 완전히 늙은이가 되었다.

그런 어느 날, 명주 장터에 웬 사람이 나타나,

"혹시 김해장이란 사람을 아는 분 없소?"

하고 외치고 다녔다.

마침 그때, 정선 고을에 사는 김순이란 사람이 지나가다가 그 말을 들었는데, 그는 김해장과 잘 아는 사이였다.

김순은 얼른 그 사람 앞으로 가서 말을 걸었다.

"김해장이라면 내 친구인데, 무슨 일로 그 사람을 찾소?"

"그래요? 그거 잘 되었군. 나는 습성이라고 하는 사람인데, 만주의 동경에 갔다가 우연히 우리 고려 사람인 한 노파를 만났지요. 그런데 그 노파의 말이, 자기 고향은 명주고 아들 이름은 김해장이니 본국에 돌아가면 꼭 아들을 찾아보고 편지를 전해 달라고 하지 않겠습니까."

습성은 그러면서 품에서 편지를 꺼내어 보여주니, 김순은 자기 일처럼 기뻐했다.

"아니, 그러면 그 친구의 모친이 여태 살아 계시단 말이오? 이렇게 기쁠 데가 있나. 그 편지를 나한테 주구려. 친구한테 전해 드리리다."

김순은 편지를 받자마자 한달음에 김해장의 집으로 달려갔다.

꿈에도 그리던 사람의 소식을 전해 받은 김종연 부자의 놀라움과 기쁨을 무슨 말로 다 표현할 수 있을 것인가.

김해장이 얼른 편지를 펴보니 다음과 같은 사연이 적혀 있었다.

아들아! 나는 아무 고을 아무 동네 아무네 집에 종으로 와서 아직 살아 있다. 그러나 배를 주려도 먹지 못하고 추워도 입지 못한다. 낮에는 밭 매고 밤에는 절구질하며 갖은 고초를 다 받지만, 누가 나의 생사나마 알아주겠느냐. 내 아들! 나는 너를 그리며 그리느라, 두 눈에 눈물이 마를 날이 없구나.

편지를 읽고 난 김해장이 쓰러져 땅바닥을 치며 통곡하니, 아버지 김종연 또한 주름진 눈가로 뜨거운 눈물을 흘렸다.

그날부터 김해장은 음식을 대할 때마다 어머니와 아우 생각에 목이 메어 먹지 못했고, 간신히 목구멍으로 넘겨도 체할 정도가 되었다. 세상을 떠난 줄 알았던 어머니가 멀쩡히 생존해 있을 뿐 아니라 편지까지 보내왔고, 더군다나 편안히 있지 못하고 오랑캐의 종이 되어 갖은 고생을 하고 있다 하니, 자식된 입장으로 마음이 편할 수가 없었다.

김해장은 어머니를 모시고 오는 방법을 생각해 보았다. 찾아가서 주인이라는 자한테 몸값을 지불하면 될 것 같으나, 집안 살림이 워낙 가난해서 몸값은 고사하고 자기 한 몸의 여비 마련도 쉬운 일이 아니었다.

그러자 딱한 사정을 가엾게 생각한 이웃들이 한 푼 두 푼 모아주고 또 어떤 마음 좋은 부자가 선뜻 큰돈을 빌려주기도 하여 겨우 몸값을 지불할 만한 백금을 장만할 수 있었다.

김해장은 그것을 가지고 곧장 개경으로 올라와서 나라에 그 사정을 아뢰고 국경을 넘을 수 있도록 허가해 달라고 청원했다. 그러나 나라에서는 그 청원을 들어주지 않았다. 그 바람에 김해장은 헛걸음만 하고 맥이 빠져 고향으로 돌아가지 않으면 안 되었다.

그 후 원종의 15년 치세도 끝나고 충렬왕이 보위에 오른 1275년, 김해장은 다시 어머니의 몸값을 백금으로 마련해 가지고 개경으로 올라왔다. 임금도 바뀌고 세상도 변했으니, 애끓는 사연을 하소연하면 나라에서 국경을 넘을 수 있도록 허가해줄지도 모른다는 기대에서였다.

그러나 조정에서는 이번에도 매정하게 그의 청원을 기각했다. 낙심천만한 김해장은 고향으로 돌아갈 수도 없어 자포자기한 심정으로 마연히 개경 거리를 헤매고 다녔다.

그러던 중에 하루는 거리에서 고향 출신의 중과 우연히 마주쳤다. 효연이라는 법명의 그 중을 만난 김해장은 반갑게 인사를 한 뒤, 눈물을 흘리며 자기의 기막힌 사정을 늘어놓았다.

듣고 난 효연이 자기 일처럼 애석하게 생각하고 탄식하더니, 뜻밖의 말을 했다.

"듣고 보니 당신 처지가 참으로 딱하구려. 어쩌면 좋은 방법이 있을 것도 같소. 내 형님이 지금 천호 벼슬에 계신데, 얼마 후에 나라의 일로 동경에 가신다고 합디다. 그러니 우리 형님의 수행원으로 신분을 가장하고 함께 가면 될지 모르겠소."

어려운 처지에서 부처님을 만난 격이었다. 김해장은 뛸 듯이 기뻐하며, 부디 형님한테 부탁을 드려 달라고 매달렸다. 그렇게 해서 김해장은 천호 효지의 수행원이 되어 가까스로 국경을 넘는 일을 해결할 수 있게 되었다.

그러자 여러 사람들이 김해장을 보고 만류했다.

"당신이 편지를 받은 지도 어언 6년이나 지났고, 그동안에 당신 어머니의 신변에 무슨 변화가 있었는지도 모르니, 찾아간다고 만난다는 보장이 없지 않소. 또 가는 도중에 도적떼를 만나기라도 한다면 몸에 지닌 것을 빼앗기는 것은 물론이려니와 목숨을 잃을지도 모르는 일이오. 그러니 공연히 화를 자초하지 말고, 아픈 마음을 달래어 단념하시구려."

그 말을 들은 김해장은 고개를 설레설레 흔들며 결연히 말했다.

"아니오. 설령 가서 못 뵙거나 도중에 변을 당하더라도 꼭 떠날 거요. 그렇지 않고서는 죽더라도 눈을 감지 못하겠소."

마침내 김해장은 천호 효지를 따라 출발하여 무사히 국경을 넘었으며, 동경에 이르러서는 효지한테 천번 만번 감사를 표한 다음 그와 헤어졌다. 그리고는 고려 사람으로 그곳에서 본국역어本國譯語, 통역관 노릇을 하고 있는 공명이란 스님을 만나 자기의 처지를 설명하고, 어머니가 계신 곳으로 안내해 줄 것을 간곡히 청했다.

그리하여 김해장이 공명의 인도를 받아 찾아간 곳이 북주천로새라는 곳에 사는 병사 요좌의 집이었다.

김해장과 공명이 찾아들어 가니, 마침 문간에 걸레 같은 옷을 걸치고 얼굴은 땟국으로 꾀죄죄하며 머리가 하얗게 센 늙은 여종이 서 있다가 절을 하면서 맞았다.

"어디서 오셨습니까? 주인 나리는 마침 멀리 가셔서 집에 한동안 안 계십니다."

그 노파를 본 공명은 혹시 그녀가 김해장의 어머니가 아닌가 싶어 물었다.

"그대는 혹시 고려인이 아니오?"

그러자 노파가 눈이 둥그레지며 반가운 듯이 말했다.

"예, 소인은 고려인입니다. 스님도 그럼 고려인이군요?"

"그렇다오. 당신의 내력이 어떤지 설명해 주시겠소?"

"말씀드리고말고요. 제 고향은 명주랍니다. 호장 김자릉의 딸이고, 제 아우는 진사 김용문이며, 제 지아비는 호장……."

노파가 말을 다하기도 전에 김해장은 와락 달려들어 껴안으며 대성통곡을 했다.

"어머니! 어머니! 저를 몰라보시겠습니까? 어머니를 찾으러 온 아들입니다."

"아니, 뭐라고! 네가 해장이란 말이냐!"

"그렇습니다, 어머니. 불효자가 이제야 어머니를 모시러 왔습니다."

"아이고! 하늘도 무심하지 않으셨구나. 내 아들아!"

두 모자는 껴안고 쓰러져 뒹굴며 울고 또 울었다.

마침 김해장의 아우 덕린도 건너편 백호천로의 집에서 종살이를 하고 있었으므로, 그를 불러다 만날 수 있었다. 어릴 때 헤어져 20여 년 만에 만난 두 형제는 부둥켜안고 서로의 얼굴을 어루만지며 울음을 터뜨렸다.

그처럼 김해장은 꿈에도 그리던 어머니를 만났으나, 당장 모시고 떠날 수는 없었다. 어머니의 주인인 요좌를 만나 몸값을 흥정해야 하는데, 장본인이 집에 없는 것이다.

"어머니, 제가 여기까지 온 이상에는 어떤 수단을 쓰더라도 모시고 갈 터이니 걱정 마시고 기다리십시오."

김해장은 그렇게 안심시켜 드리고는 어머니와 일단 헤어져 동경으로 돌아왔다. 그러고는 별장 지위에 있는 수룡이란 사람의 집에서 한 달을 묵은 다음, 그 수룡을 앞세우고 다시 요좌의 집을 찾아갔다.

요좌를 만난 김해장은 애걸복걸하여 백금 쉰다섯 냥의 몸값을 지불하고 어머니를 빼내는 데 성공했다. 그러나 그것으로 기뻐할 수만은 없었다. 아우를 마저 데려갈 수 없는 처지였기 때문이다.

주인의 허락을 얻어 동경까지 따라온 덕린은 눈물을 흘리며 어머니와 형과의 이별을 슬퍼했다. 어머니와 김해장도 창자가 끊어지는 것 같았다.

"얘야, 너를 두고 가야 하니 이를 어찌할꼬."

"저는 아직 젊으니, 하늘이 복을 주시면 언젠가는 만날 날이 있지 않겠습니까."

"형편이 워낙 곤궁하여 아우한테까지 힘이 미치지 못했으니, 참으로 면목이 없구나."

"그런 말씀 마세요, 형님. 아무쪼록 무사히 어머님 모시고 돌아가서 잘 보살피십시오."

세 모자는 눈물로 하직한 다음 헤어져 김해장과 어머니는 귀국 채비를 하고, 덕린은 떨어지지 않는 걸음으로 주인한테 돌아갔다.

마침 그때 고려의 중찬 김방경이 원나라에 공무로 왔다가 귀국하는 길에 동경에 잠시 머물고 있었는데, 김해장의 이야기를 듣게 되었다.

김방경이라고 하면 나중에 '삼별초의 난'이 일어났을 때 몽고군을 도와 난을 평정한 바로 그 사람이다.

김방경은 김해장의 효성에 감복하여 그를 불러 칭찬한 다음, 그곳 총관부에 특별한 편의 제공을 부탁하여 두 모자가 고향까지 무사히 돌아갈 수 있도록 해주었다.

두 모자가 마침내 고향에 거의 다다르니, 남편 김종연은 늙은 몸을 이끌고 진부역까지 마중을 나와 있었다.

20여 년의 갖은 풍상을 겪고 나서 해후한 부부의 기쁨에 대해서는 구태여 설명할 필요가 없을 것이다. 부부가 서로 손을 부여잡고 집에 도착하자, 아들 김해장은 술잔을 들어 부모한테 올리고 큰절을 한 다음 대성통곡을 했다. 그 광경을 바라보는 동네 사람들 누구 하나 눈물을 흘리지 않는 이가 없었다.

어느덧 6년이 지났다. 그동안 김해장네 가족은 기쁨에 겨운 중에도 덕린의 일 때문에 자주 애통한 눈물을 흘리지 않을 수 없었는데, 어느 날 참으로 믿을 수 없는 일이 일어났다. 덕린이 자기 주인인 천로의 아들을 대동하고 고향에 나타난 것이다.

"아버지! 어머니! 소자가 돌아왔습니다."

"아이고! 애야, 네가 웬일이냐? 이것이 꿈이냐 생시냐?"

네 식구는 부여안고 또 한바탕 눈물 바다를 만들었다.

서로 의지하던 어머니가 귀국하고 나자, 덕린의 상심이 너무나 큰 나머지 몸에 병이 났을 뿐 아니라, 제발 고향에 돌아가게 해주면 자기가 몸값을 후하게 지불하겠다고 애걸복걸했다.

천로는 덕린을 더 붙들고 있어 봐야 사람 구실을 제대로 못할 지경이니 차라리 소원을 들어주고 실속을 차리는 것이 낫겠다고 생각한 것이다.

김해장은 백방으로 노력하여 백금 여든여섯 냥을 구하여 동생의 몸값을 치르고 천로의 아들을 돌려보냈다. 그런 다음 동생과 힘을 합쳐 열심히 일을 하여 몸값으로 진 빚을 몇 해만에 모두 갚으니, 비로소 네 가족은 오랜 불운과 불행의 굴레를 벗고 홀가분한 마음으로 행복한 생활을 할 수 있게 되었다.

채씨 처녀와 마팔아국 왕자

역사를 되돌아보면 신라 시대에는 당나라에, 고려 시대에는 원나라에, 조선 시대에는 명나라에 강제로 끌려가거나 팔려간 여인들이 많다.

고대의 중국에서는 해동국 출신의 미인을 데리고 있어야 자랑할 만한 귀족 행세를 했을 정도였으니, 그와 같은 사실은 당시 우리나라 여자들의 수난이 어떠했는가를 가늠할 수 있는 하나의 반증이기도 하다.

어쨌든 그녀들은 슬픈 운명의 주인공임에 틀림없었지만, 한편으로는 오랑캐의 땅에 핀 해동국의 아름다운 꽃이기도 했던 것이다.

그와 같은 여자들 중에는 물론 억지로 끌려가다시피 하여 이름없이 사라진 꽃의 운명을 벗어나지 못한 경우가 대부분이지만, 반면에 원나라 순제의 황후가 된 기씨를 비롯하여 영화를 누린 사람도 적지 않았다.

가장 특이한 경우로는 원나라를 통하여 남인도 지방의 마팔아국에까지 내려간 여인 채씨를 들 수 있을 것이다.

채인규라고 하면 원종 때 승선 벼슬을 했고, 그 다음 충렬왕 때에는 동지밀직사사를 거쳐 도첨의중찬에까지 오른 대신으로서 충렬왕

29년1303년에 세상을 떠난 사람인데, 일찍이 자기 딸을 원나라로 시집을 보냈다.

채인규의 사위가 된 사람은 원나라 세조 아래에서 큰 권세를 쥐고 천하를 호령하던 상가라는 사람이었는데, 실상은 정략 결혼이었다.

대국의 권세가에게 시집간 채씨는 처음에는 그런 대로 부러울 것 없는 복을 누렸다. 그러나 남편 상가가 너무 권력을 남용하여 죄상이 많이 나타나자, 분노한 세조가 붙잡아다 죽여 버리고 말았다.

세조 23년, 우리나라로서는 충렬왕 17년 신묘년의 일이었다.

옛날에 벼슬아치가 무거운 죄를 입고 사형에 처해지는 경우 그 가족들 또한 죽음을 당하거나 기껏해야 관비로 신분이 추락하여 목숨을 부지하게 되는 것은 어느 나라나 마찬가지여서, 채씨 역시 하루아침에 관청의 종이 되고 말았다.

'아아! 내가 스스로의 뜻도 아니면서 만리 타국에 시집왔다가 이제는 죽는 것 만 못한 신세로 전락했으니, 이 비통한 슬픔을 누구한테 하소연해야 옳은가.'

채씨는 자기의 기구한 운명이 너무나 슬퍼 목을 놓아 울었다. 그러나 운다고 해결될 일이 아니었다. 어제의 부귀영화는 꿈이 되었고, 이제는 모진 시련에 직면하여 한낱 가녀린 목숨을 부지하기 위해 혼신의 노력을 기울이지 않으면 안 되는 처지에 놓인 것이다. 그러나 그녀한테는 더 기막힌 운명이 기다리고 있었다.

당시 원나라는 중국 4백 주를 모두 손아귀에 넣었을 뿐 아니라 그 가공할 위력이 사방으로 힘차게 뻗어나가 남쪽으로는 인도, 수마트라, 싱가포르까지, 서쪽으로는 유럽 대륙의 폴란드까지 정복함으로써 세계사에 유래가 없는 대제국을 건설했다. 따라서 사방의 여러 복속 국가들이 조공을 바치기 위하여 다투어 원나라 수도로 모여드는 발길이 줄을 이었다.

그 무렵 남인도 지방의 마팔아국도 그와 같은 복속 국가의 하나로서, 왕자 패하리가 조공을 바치기 위하여 원나라에 들어왔던 것이다.

남국의 진기한 보물을 많이 받은 세조는 너무나 흡족한 나머지 패하리에게 말했다.

"내 그대에게 답례의 뜻으로 색다른 선물을 내릴 것이니 사양 밀라."

그 색다른 선물이란, 다름이 아니고 관청의 종이 된 채씨였다.

패하리는 채씨를 보자마자 갑자기 가슴이 터질 것 같았다. 하얗고 뽀얀 피부, 아담한 몸매는 자기네 종족과 판이한 데다, 상큼한 외꺼풀 눈에 형언할 수 없는 슬픔이 어린 얼굴은 선녀처럼 아름다웠기 때문이다.

세조 앞에서 머리가 땅바닥에 부딪히도록 감사를 표하고 나서 채씨를 데리고 귀국길에 오른 패하리는 세상 전부를 얻은 것처럼 기쁘고 행복했다.

그러나 원나라로 시집온 것도 모자라서 다시 까마득한 남방의 이국으로 팔려가게 된 채씨의 슬픔은 필설로 다할 수 없을 지경이었다.

'세상에 나 같은 운명이 어디 있단 말인가. 부모 형제가 있는 내 나라 내 고향에는 이제 죽은 영혼이라도 너무 멀어서 갈 수 없게 되었구나.'

그렇게 생각하니 눈물이 쉴새없이 쏟아져 앞이 보이지 않을 지경이었다.

그런 그녀의 심경을 십분 이해한 패하리는 어찌하든지 상심을 덜어 주려고 노력했다. 남방의 진기한 보석을 듬뿍 주기도 했고, 부드러운 미소와 따뜻한 위로의 말을 건네기도 했다. 그런 패하리의 정성에 감복한 채씨는 차츰 그에게 끌리게 되었고, 운명에 대한 체념의 노력으로 어느 정도 슬픔에서 헤어날 수가 있었다.

마침내 길고 지루한 여행이 끝나 마팔아국에 도착한 그들은 그런 대로 행복한 나날을 보내게 되었으나, 그 행복도 오래 가지는 못했다.

왜냐하면 패하리가 부왕과 뜻이 맞지 않아 날마다 충돌하게 되다 보니 급기야 자기 나라를 떠나지 않을 수 없게 되었기 때문이다. 채씨는 또다시 표랑하는 신세가 된 셈이었다.

눈물로 마팔아국을 하직하고 길을 떠난 패하리와 채씨는 도로 중원 대륙으로 들어와 천주에 정착하게 되었으니, 지금의 남방 복건성에 있는 진강현이 바로 그곳이다.

"이제는 나도 당신처럼 조국을 멀리 두고 그리워하는 외로운 신세가 되었구려."

패하리는 밝은 달을 쳐다보고 눈물을 흘리며 아내에게 말했다. 그런 남편의 모습을 보는 채씨의 가슴도 아팠다. 고국의 땅 냄새, 바람 냄새를 맡지 못하고 그리운 사람들과도 생이별한 슬픔이라면, 누구보다 뼈저리게 체험한 그녀였기 때문이다.

"차라리 저를 따라 고려로 가시는 것이 어떨까요?"

"당신의 심정을 생각하면 그렇게 해주고 싶소. 그러나 그럴 수는 없어요. 나는 훗날을 생각해서라도 내 나라가 가까운 쪽에 머물러 있지 않으면 안 되기 때문이오."

그처럼 완곡히 거절하긴 했으나, 패하리는 망향의 염원을 잠재우지 못하고 자주 눈물을 흘리는 아내가 너무 가엽었다. 그래서 사랑하는 아내를 자기한테 제공한 아내의 나라에 은혜를 갚는 뜻으로 많은 선물을 보냈다. 충렬왕 24년, 은실로 싼 모자와 침향沈香, 토산 포목과 그밖에도 갖가지 진귀한 물건이 고려 조정에 도착했던 것이다.

왕자가 아내의 나라라고 해서 고려를 그처럼 그렸을 적에 정작 고려의 딸인 채씨야말로 오죽이나 조국을 그렸으랴. 하지만 유감스럽게도 두 사람의 그 뒷소식을 전하는 기록은 발견되지 않고 있다.

역사를 연구하는 이들은 문헌에 나오는 마팔아국이 어디쯤인지 의문을 품고 조사하기도 했지만, 정확한 위치는 끝내 알려지지 않고 있다.

충선왕의 사랑

고려 26대 충선왕의 이름은 원, 충렬왕의 아들이다.

당시 고려는 몽고와의 오랜 전쟁 상태를 끝내고 그들이 세운 원나라에 복속되어 있는 형편이었다.

따라서 고려 임금은 으레 원나라 황실의 여자를 아내로 맞아들이도록 국책으로 강제되어 있었고, 왕손들은 제법 나이가 차면 원나라에 가서 몇 년씩 공부하거나 놀다가 오는 것이 관례로 되어 있었다. 그의 아버지 충렬왕 또한 원나라 세조의 딸 제국공주를 아내로 맞아들였던 것이다.

세자인 원 또한 그와 같은 관례에 따라 원나라 수도에 가 있었는데, 그만 그곳에서 한 여인을 사랑하게 되었다. 그녀는 원나라 종실인 어느 대관의 딸로서, 북국 여인답게 활달하면서도 정열적인 처녀였다.

아무리 부족함이 없는 특별 대우를 받는다 하더라도 반강제 유학이고 고국에서 멀리 떠나있게 되니 마음이 흡족할 리가 없고 향수와 외로움을 느끼지 않을 수 없었다.

그러던 중에 아름다운 처녀를 만났으니, 세자가 흠뻑 빠진 것도 무리가 아니었다. 처녀 또한 세자를 몹시 사랑하여, 두 사람은 떼려야 뗄 수 없는 관계가 되었다.

그러나 그 사랑은 곧 시련을 맞게 되었다. 부왕이 세상을 떠남으로써, 세자는 귀국하여 왕위를 계승하지 않으면 안 되었던 것이다.

유학을 간 왕자들이 그곳에서 장가를 들어 원나라 아내를 데리고 귀국하는 것은 조금도 이상한 일이 아니었으므로, 세자 역시 그녀를 데려올 수도 있었다. 그러나 처녀는 하필이면 외동딸이었으므로, 그 부모가 딸을 머나먼 고려로 시집 보내려고 하지 않았다.

처녀는 부모 앞에 엎드려 고려로 가게 해 달라고 애원했다. 그러나 아무리 간청을 해도 부모의 완강한 반대를 해소시킬 수가 없었다.

"단 하나뿐인 너를 고려로 시집 보내고 나면, 우리 늙은 내외가 무슨 낙으로 살아간단 말이냐. 그것은 절대로 허락할 수 없다."

그처럼 부모의 완강한 반대에 직면한 처녀는 세자에게 매달렸다.

"부모님을 설득하는 것은 무리예요. 어쩔 수 없으니 저를 몰래 데리고 가주세요."

"그것은 안 될 말인걸."

"어째서지요?"

"부모의 허락도 받지 않은 당신을 고려로 데려갔다가는 나중에 국가 간에 복잡한 문제가 발생할 테니까. 또 한 나라의 지존이 되어야 할 내가 절차도 없이 대국 종실의 딸을 멋대로 데리고 귀국했다는 사실이 우리나라 안에 알려져 보시오. 내 체면이 뭐가 되겠는가."

"그럼 어쩌면 좋아요?"

"글쎄, 나도 답답하구려. 뾰족한 방법이 있어야 말이지."

세자는 한숨을 내쉬었고, 처녀는 그의 가슴에 파고들며 울었다. 그러나 사랑이 아무리 중요하다 하더라도 나라보다 중요할 수는 없었다.

세지는 안 떨어지려고 하는 처녀를 갖은 말로 달래며, 무슨 수단을 쓰더라도 나중에 꼭 데려가겠다는 언약으로 겨우 처녀의 마음을 달래어 놓고는 귀국길에 올랐다. 그리하여 부왕의 장례를 치르고 보위에 오르니, 그가 곧 충선왕이다.

사랑이란 멀리 떨어져 있을수록 그립고 아쉬운 법이다. 귀국하여 여러 가지 시급하고 복잡한 일을 대강 처리하여 차차 몸도 마음도 한가해지자, 원나라에 두고 온 애인 생각이 간절해졌다.

밥을 먹어도 맛이 없고, 잠자리에 들어서도 오래 잠을 못 이루었다. 그녀와의 사랑을 나누던 행복한 시간들이 주마등처럼 눈앞에 선히 떠오르며 보고싶어 미칠 것 같았다.

그러다 보니 용안이 눈에 띌 정도로 수척해지고 매사에 의욕을 잃어 주위에서 쳐다보기에도 민망할 지경이었다.

'이것이 보통 일이 아니로구나.'

누구보다도 걱정이 큰 사람은 당대의 석학이며 원로대신인 이제현이었다. 그는 임금이 아직 어렸을 때부터 학문을 가르친 스승이었고, 군신 관계라기보다는 부자간처럼 서로 극진히 아꼈으며, 아무 때나 마음대로 궁궐에 드나들 수 있을 뿐 아니라, 임금을 배알할 수 있는 특별한 신분이었다.

어느 날, 이제현은 특별히 임금을 홀로 찾아뵙고는 고민이 어디에 있는가를 캐물었고, 충선왕도 마침내 속사정을 털어놓고 말았다.

이제현은 기가 막혔다. 나라의 장래가 어찌될지 모르는 불확실한 판국에, 누구보다 굳건한 정신으로 기둥처럼 버텨주어야 할 임금이란 사람이 한낱 여자 문제로 흔들리고 있는 것이다. 그러나 피가 더운 젊은 나이인 만큼 그럴 수도 있다는 생각이 들었다.

"대왕마마의 심정을 이 노신이 이해하지 못하는 바는 아니올시다. 그러나 마마께서는 지존의 옥체로서 만백성을 어루만지고 나라를 굳건히 일으켜야 할 막중한 책임을 지고 계시므로, 다른 사람들과는 달리 잊을 것은 잊고 버릴 것은 버릴 줄도 알아야 하는 것입니다. 그 점을 부디 각성하여 주십시오."

"짐이 어찌 경의 뜻을 이해하지 못하겠소. 부끄러운 일이지만 그게 잘 되지 않으니 할 말이 없구려."

"그렇더라도 어찌하든 사사로운 감정을 초월하셔야 합니다."

그렇게 촉구하고 어전을 물러나온 이제현은 어떻게 하면 임금의 마음을 평온하게 가라앉힐 수 있을까 하고 궁리해 보았다. 그 결과 미인계를 쓰는 방법밖에 없다는 결론에 도달했다.

'원나라의 처녀가 얼마나 절색인지는 모르지만, 고려 안에 그만한 미희가 없으랴. 오히려 미모에 있어서는 고려 여자가 훨씬 웃길 이어서, 중국의 귀족 계급에서는 고려 미인을 얻는 것이 행세하는데 가장 큰 조건의 하나가 아닌가. 미색을 골라 침전에 들여보내어 시중을 들게 하면 임금께서도 차차 마음이 달라지시겠지.'

그러나 이제현의 그런 계산은 제대로 맞아떨어지지 않았다. 밤마다 침전에 빼어나게 아름다운 궁녀를 차례로 들여보냈으나, 임금의 반응은 시큰둥했다. 기껏해야 한순간의 즐김으로 끝내고는 물리칠 뿐이었고, 어떤 때는 궁녀를 거들떠보지도 않고 혼자 사색에 잠기거나 아예 들어오지도 못하게 하는 경우도 없지 않았다.

그렇게 되자 이제현은 걱정이 태산 같았다. 어떻게 해야 좋을지 모를 일이었다.

엎친데 덮치는 격으로 더욱 낭패스러운 일이 일어났다. 원나라 처녀가 충선왕을 사모하다 못하여 혼자 머나먼 길을 달려온 것이다.

조정에서는 뜻밖의 갑작스런 일을 당하여 어안이 벙벙한 가운데, 임금 혼자만 벌어진 입을 다물지 못했다. 그토록이나 그립고 그리운 사람이 자기 발로 찾아왔으니 무리도 아니었다. 우울하던 얼굴은 거짓말같이 활짝 펴지고, 봄을 만난 나무처럼 생기가 살아나서 갑자기 딴사람이라도 된 것 같았다.

"놀랍구려. 그대가 여자의 몸으로 혼자 그 먼 길을 달려오다니!"

"마마를 뵙고 싶은 마음에 무서운 줄도, 고생스런 줄도 몰랐나이다."

"고맙소, 고마워. 그대를 이렇게 만날 줄이야."

"이제는 소녀를 버리지 마옵소서."

충선왕과 원나라 처녀는 주위의 시선도 아랑곳하지 않은 채 새로운 만남의 기쁨을 만끽했다.

조정 대신들은 걱정이 태산 같았다. 이것이 보통 일이 아닌 것이다. 아무리 본인이 스스로 찾아온 것이라 할지라도 상국의 종실인 막강한 세도가의 딸이고 보니 국가적인 문제가 발생하지 않을 수 없었다. 감정 문제나 책임 추궁으로 사태가 발전하게 되면 왕위가 위태로울 수도 있는 민감한 사안이었다.

'이것은 도저히 불가한 일이로다.'

탄식하며 고개를 저은 이제현은 늙은 몸을 이끌고 임금을 찾아가서 뵈었다.

"대왕마마, 노신이 죽기를 각오하고 아뢸 일이 있으니 물리치지 마시고 들어주십시오."

"무슨 말씀이오?"

충선왕은 짐작이 가는 바이면서도 시치미를 떼고 물었다.

"환기시키지 않아도 잘 아실 일이오나, 마마의 옥체는 마마 한 분의 것이 아니옵나이다. 그러므로 마마께서는 일거수 일투족에 먼저 나라와 백성을 생각하셔서 행동하여야 합니다. 지존의 자리는 성스럽고 영광된 것이기는 하나, 그래서 더욱 조심스럽고 어려운 법입니다. 그런데 듣자니 이번에 원나라 종실의 규수 한 분이 마마를 찾아 머나먼 길을 달려왔다 하는데, 사사롭게 본다면 그 뜻이 갸륵하고 눈물겹다 아니할 수 없으나, 마마와 나라를 생각한다면 큰 화를 불러일으킬 수도 있는 위험한 일입니다. 졸지에 자식을 잃어버린 그 부모의 놀라움과 상심은 얼마나 클 것이며, 더군다나 대국의 조정 일을 좌지우지하는 지체라 하니, 만일 이번 일로 우리나라에 좋지 않는 감정을 품기라도 한다면 그 영향이 어디까지 미칠지, 신은 생각만 해도 머리카락이 일어서는 듯합니다."

"……"

"신하된 몸으로 감히 대왕마마의 뜻을 거역하는 것은 송구스런 일이오나, 이번 일은 어디까지나 나라를 걱정하시고 백성을 생각하셔서 결정함이 마땅할 줄 압니다. 또 원 소저로서도 아무리 마음이 정에 흔들렸다 할지라도 여기까지 멋대로 찾아온 처사는 부덕의 소양을 의심하지 않을 수 없게 합니다. 마마께서는 아직 젊으시고 다정다감하시어 얼른 수긍하기 어려울 것이오나, 남녀간의 정이란 것은 기름 등잔의 불꽃과 같아서 언젠가는 꺼지게 됩니다. 영원한 불꽃이란 없는 것입니다. 그러므로 그 미망에서 빨리 깨어날수록 좋습니다. 더군다나 원 소저의 일은 머잖아 마마와 나라에 화근을 불러일으킬 가능성이 있습니다. 원컨대 마마께서는 일신의 욕망을 억제하시고 원 소저를 본국으로 돌려보내소서. 그 방법만이 마마를 살리고 나라의 걱정을 더는 길입니다."

구구절절 옳은 말이었다. 감정적으로는 받아들일 수가 없으나 이성적으로는 수긍하지 않을 수 없었다.

충선왕은 괴로운 표정으로 잠시 먼 허공을 바라보다가, 마침내 힘없이 중얼거렸다.

"잘 알겠소. 그만 물러가오."

"망극하옵니다."

혼자가 된 충선왕은 괴로웠다. 마음만 같아서는 왕위고 뭐고 뿌리치고 사랑하는 여자와 함께 원나라로 가서 골치 아픈 세상사를 잊어버린 채 한평생을 살았으면 싶었다. 그러나 그럴 수가 없었다. 노대신의 말대로, 자기 몸이면서 자기만의 몸이 아닌 것이다. 사랑도 중하지만, 사직은 그보다 더 중했다.

마침내 충선왕은 처녀를 보고 돌아갈 것을 종용했다.

처녀는 영리했다. 울고불고 매달려 봐야 소용이 없다는 것을 알았다. 처음에 귀국할 때 그토록 매달렸는데도 명분의 굴레를 과감히 뿌리치지 못하던 남자가 아닌가. 더군다나 북풍같이 쌀쌀한 몽고인 특유의 기상에다, 원나라 종실의 집안 외딸로 아무 거리낌 모르고 자라나서 인생의 달고 씀을 요령있게 삭이는 훈련이 되어 있지도 않은 그녀였다.

"잘 알겠나이다. 역시 소녀의 생각이 짧았나 보옵니다."

"그런 것이 아니라……"

"더 이상 아무 말씀 마옵소서."

처녀는 토라져 입술을 깨물며 매정하게 끊었다. 찬바람이 느껴지는 쌀쌀한 분위기였다.

충선왕은 차마 이별의 아픔을 감내할 자신이 없어 사람을 시켜 많은 선물과 함께 두 사람의 사랑을 상징하는 연꽃 한 송이를 보냈으나, 처녀는 선물은 모조리 뿌리치고 다만 연꽃만 받아들고 무거운 발걸음으로 쓸쓸히 대궐을 떠났다. 호위 시종배도 물리친 채였다.

충선왕은 그렇게 처녀를 쫓아보내기는 했으나, 걱정이 되고 마음이 아파서 견딜 수가 없었다. 그래서 그녀가 떠난 이튿날 이제현으로 하여금 그녀를 따라가서 간곡한 위로의 말을 전하게 했다.

왕명을 받은 이제현은 걸음을 재촉하여 처녀의 뒤를 밟아 마침내 만나게 되었는데, 사랑하는 사람의 마음을 전해 들은 처녀는 뜨거운 눈물을 흘리며 시를 한 수 적었다.

보내신 연꽃 송이 처음 활짝 붉었더니
가지 떠난 며칠 만에 이 몸처럼 야위었네

그 절절한 시구는 늙은 이제현의 눈에서도 눈물을 자아내기에 족했다.

처녀는 임금의 만수무강을 기원하는 말을 남기고 다시금 표연히 북행길을 재촉하는 것이었다.

'애닲고 애닲구나. 무릇 인간사에서 남녀의 진실한 정이란 다른 모든 것보다 우선하는 것이 아닐까?'

이제현은 멀어져 가는 처녀의 뒷모습을 하염없이 바라보며 혼자 탄식해 마지않았다. 그 나이에 인생의 새로운 발견을 한 것 같은 심정이었다.

충선왕은 이제현이 돌아오자마자 물었다.

"만나 보셨소?"

"그렇사옵니다."

"그래, 어떠합디까?"

"말씀드리기가 심히 송구스럽습니다."

"아니, 그것이 무슨 말씀이오?"

"원 소저께서는 노신을 보자마자 화를 내며, 대왕마마를 원망하는 언사를 마구 쏟아놓더이다."

"뭐라고? 아니, 그럴 리가!"

"늙은 몸이 어느 앞이라고 거짓말을 여쭙겠습니까. 생각건대 몽고는 삭막하고 거친 곳이라, 사람들도 그 풍토에 따라 성질이 본래 강하고 인정이 엷은 줄 압니다. 지난날 그 혹독한 전란을 통하여 그들 인종의 됨됨이를 너무나 뼈저리게 실감한 우리가 아니옵니까."

"음!"

"속된 언사이오나, 변하기 쉬운 것이 부녀의 미음인가 합니다. 대왕마마께서는 깨끗이 잊으시고 앞으로 국사에 전념하소서."

충선왕은 눈을 감았다. 가슴이 찢어지는 것 같았다. 그녀가 설마 그랬을까 싶었다. 그렇지만 늙은 충신이 거짓말을 할 리도 없었다. 하기야 돌아가라는 말을 했을 때 토라지던 품새로 봐서 능히 그랬을 것 같기도 했다.

'그래, 역시 여자란……'

눈을 떴다. 결연히 번뇌와 시름을 털어버린, 그런 모습이었다. 그때부터 충선왕은 마음의 중심을 잡고 국사에 전념하게 되었다.

해가 바뀌었다.

충선왕은 만조백관을 거느리고 영화루에서 경수절慶壽節 잔치를 베풀었다. 그곳 영화루는 원나라 처녀가 왔을 때 한때나마 만남의 기쁨에 젖었던 장소이기도 했다. 감회가 일었다.

이제현은 임금의 기색을 살피고 이내 기분을 알아차렸다. 측은한 생각이 들었다. 자기가 한 일이 비록 선의에서 나왔던 것이기는 하지만 임금을 속인 것은 틀림없는 사실이었다. 기군망상欺君罔上의 죄를 무덤까지 가지고 갈 수는 없었다.

"대왕마마!"

이제현은 임금 앞에 머리를 조아렸다.

너무나 갑작스런 일에 임금을 비롯한 백관들은 눈이 둥그래졌다. 모두들 어지간히 있던 취기가 사라지는 느낌이기도 했다.

"아니, 경은 무슨 일로 그러시오?"

"노신을 죽여 주십시오."

이제현은 지난날 자기가 원나라 처녀를 따라가서 만났을 때의 일을 비로소 사실대로 털어놓았다.

임금은 먼 허공을 바라보며 말이 없었고, 대신들은 숨소리마저 죽이고 임금의 입에서 무슨 말이 떨어지나를 조마조마하게 기다렸다.

이윽고 임금의 표정이 흔들리며 부드러운 말이 입에서 흘러 나왔다.

"오로지 짐을 위하는 마음에서였겠지요. 괘념하지 마오."

너그러운 처분을 받은 이제현은 감사의 눈물을 흘렸고, 주위의 대신들은 덩달아 기뻐서 임금의 천세千歲를 불렀다.

신현·신즙 형제의 격물치지

충숙왕 때 평산 사람 신현·신즙 형제는 유명한 역학자인 우역동의 제자로서 격물치지格物致知 하는 재주가 있었다. 그래서 새와 짐승의 말을 알아듣고, 귀신이나 사술을 퇴치하는 능력을 가지고 있는 것으로 유명하여 적잖은 일화 또는 비화를 남겼다.

이것도 그런 비화 중의 하나로서 형제가 소년 시절에 어느 절간에서 공부를 하고 있을 적의 일이다.

어느 날, 신현은 건너편 고목나무 위에서 요란하게 짖고 있는 까마귀를 발견했다. 그는 아우에게 물었다.

"얘, 너 저 까마귀가 뭐라고 짖고 있는지 알겠니?"

"새가 하는 말을 어떻게 알아듣는다는 거야. 형은 알아들을 수 있어?"

"아무리 하찮은 짐승이라도 감정은 가지고 있단다. 그렇기 때문에 그 감정이나 뜻을 표현하느라고 지저귀는 것이지, 그냥 무턱대고 소리를 치는 것은 아니야."

"그럼 저 까마귀가 지금 뭐라고 까욱대고 있어?"

"내가 듣기에는 수풀 속에 고기가 있으니까 먹으러 오라고 친구들을 부르는 것 같아."

"에이, 설마."

"그럼 어디 가볼까?"

그래서 두 소년은 까마귀가 우짖는 곳으로 가보았는데, 두어 발짝 앞서서 걸어가던 신즙이 별안간 '으악!'하고 비명을 지르며 기겁해서 물러났다. 그럴 수밖에 없는 것이, 언덕 아래 수풀 속에 사람의 시체가 널브러져 있었기 때문이다.

"거 봐라. 내 말이 맞지?"

신현은 그렇게 말했지만, 그 역시 겁이 나기는 마찬가지였다. 그래도 형제는 호기심에서 시체에 가까이 다가가 살펴보았다.

시체는 그들과 나이가 비슷한 열예닐곱 살 정도의 소년이었는데, 온몸이 칼로 난도질한 것처럼 되어 있는 데다 목은 몸통에서 분리되어 한쪽에 뒹굴고 있었다. 실로 참혹하기 짝이 없는 모습의 변사체였다.

신현과 신즙은 겁이 덜컥 났다. 그래서 주춤주춤 물러서고 있는데, 마침 저쪽에서 서너 명의 어른들이 오고 있었다. 그래서 두 소년은 괜히 달음박질을 치기 시작했는데, 그때 갑자기 뒤에서 통곡 소리와 고함 소리가 일어나고 있었다.

"아이고! 우리 아들이 어쩌다가 이 꼴이 되었나. 어느 놈이 이렇게 죽였단 말이냐."

"저기 저 달아나고 있는 저놈들이 범인이 틀림없다."

"저놈들을 잡아라!"

상황이 이상하게 변하고 말았다. 남자들은 비호같이 달려와서 두 소년의 목덜미를 낚아챘다. 그래서 그들은 살인범으로 몰려 흠씬 두들겨

맞은 끝에 관가에 끌려가는 신세가 되고 말았다.

죽은 소년의 아버지라는 사람이 사또한테 고변을 했다.

"어제부터 소인의 아들이 집에 들어오지 않기에 웬일인가 하고 걱정이 되어 찾아 나섰다가 우리 마을 뒤쪽 언덕에까지 이르렀는데, 마침 이 두 녀석이 달아나지 뭡니까. 그래서 다가가 보았더니 아들이 참혹한 꼴이 되어 죽어 있었습니다. 이놈들이 아들을 죽여 그곳에다 버리고 막 달아나려던 참에 발견한 것입니다. 사또께서는 이놈들의 죄를 엄중히 다스려 주십시오."

두 소년은 극구 변명했지만, 그것이 그대로 먹혀들어갈 리가 만무했다. 상황이 상황이었던 만큼 꼼짝없이 살인범으로 몰려 경을 칠 판이었다.

그러나 고을 사또는 현명한 사람이었다. 그가 보아하니 신현과 신즙이 사대부의 자제일 뿐 아니라, 그런 악독한 짓을 저지를 것 같지 않아 보였으므로, 어떻게 하든지 의혹을 해결하여 그들에게 불이익이 돌아가지 않도록 하려고 마음을 썼다.

우선 시체를 검시하고 현장 주변을 면밀히 조사한 다음 두 소년을 문초하기 시작했다.

"너희들이 그 소년을 죽였느냐?"

"천만의 말씀입니다. 저희는 하늘에 맹세코 절대 그런 적이 없습니다."

"그렇다면 무슨 까닭으로 길목에서 가깝지도 않은 그 후미진 장소에서 하필이면 얼쩡거리게 되었는지, 그 이유를 숨김없이 말하렷다."

사또가 엄하게 다그치자, 신현이 비로소 실토를 했다.

"사실은 제가 어려서부터 짐승들의 울음소리를 듣고 그 뜻을 알아듣는 연구를 많이 해왔습니다. 그래서 웬만한 것은 날짐승이든 길짐승이든 간에 그 소리를 알아듣게 되었습니다. 오늘은 아우와 이야기를 하다가 마침 그곳 고목나무에 앉아 우짖는 까마귀 소리를 들었는데, 나무 밑에 고기가 있으니 와서 먹으라고 친구들을 부르더란 말입니다. 그래서 아우와 사실인지 아닌지를 확인하려고 그곳에 가게 된 것입니다."

"그래서 그 장소에 가 보니까 시체가 있더란 말이냐?"

"그렇습니다. 저희들은 너무나 참혹한 광경에 겁이 나서 그냥 도망치려고 했는데, 갑자기 사람들이 달려와 붙잡고는 마구 때리며 관가로 끌고 왔습니다."

"그것이 사실이냐? 너희들 관을 속이면 더욱 죄가 커진다는 것을 모르지 않으렷다."

"어느 안전이라고 거짓말을 하겠습니까. 저희는 정말 억울합니다."

"네가 방금 짐승의 소리를 알아듣는 재주를 가졌다고 했는데, 그렇다면 시험을 해보리라."

사또는 두 소년을 잠깐 별실에 물러가 있게 한 다음 동헌 서까래 위에 있는 제비집에서 새끼제비 두 마리를 꺼내어 옷소매 속에 감추었다. 그런 다음 그들을 다시 나오게 하여 신현에게 물었다.

"너 저 제비집 속에 있는 제비들이 뭐라고 지저귀는지 그 뜻을 알겠느냐?"

신현은 잠시 귀를 기울이고 나서 말했다.

"고기도 먹을 수 없고 털도 소용없는 어린 것을 무엇에 쓰려고 잡아갔느냐고 원망하는 소리 같습니다."

그 말을 들은 사또는 무릎을 쳤다.

"그 말을 듣고 보니 네가 새나 짐승의 말을 알아듣는다는 것이 사실이로구나. 따라서 너희들이 고목나무 밑에 간 이유도 거짓말이 아님이 인정된다."

사또는 즉시 두 소년을 방면했다.

한 번은 절의 중들이 모두 탁발을 나갔다가 웬일인지 돌아오지 않아 신현, 신즙 형제만 덩그렇게 절을 지키게 되었다.

낮에는 그런 대로 아무 일이 없었지만, 이윽고 해가 지고 산 속에 어둠이 찾아들면서 형제는 겁이 나기 시작했다. 그래서 등잔불 밑에 바짝 붙어 앉아 큰 소리로 글을 읽는 것으로 두려움을 잊으려 했다.

괴괴한 적막 속에 이따금 숲을 휩쓸고 지나가는 바람 소리가 흉흉한 느낌을 자아내었으나, 두 소년은 목청껏 글을 읽음으로써 어느 정도 마음의 안정을 취할 수 있었다.

그러다가 문득 글 읽는 것을 뚝 멈추었다.

"방금 무슨 소리 못 들었어?"

"글쎄. 들은 것 같아."

"뭘까?"

"바람 소리겠지, 뭐."

두 소년은 다시 글을 읽기 시작했는데, 이번에는 좀 더 뚜렷한 소리가 귀에 들려왔다.

"이히히히, 싯, 싯!"

그 소리는 분명 바람 소리가 아니었다.

"형, 귀신인가 봐. 무서워!"

"괜찮아. 사내대장부가 이만한 일에……."

신현은 파랗게 질리는 아우를 달래며 큰소리를 쳤으나, 사실은 그도 두렵기는 마찬가지였다.

그 괴상한 소리는 점점 더 가까워졌고, 이번에는 '쾅, 쾅! 뚜다닥! 뜨르르르!' 하는 영문 모를 소리로 발전되기까지 했다.

"얘, 이럴수록 더 큰소리로 글을 읽어야 한다. 정신을 똑바로 차리고 있으면 아무리 귀신이라 해도 함부로 달려들 수 없을 테니까."

신현은 그렇게 아우를 격려하며 목청을 가다듬었다.

"유천하지성唯天下之誠이면 능진기성能盡其性이요, 능진기성하면 능진인지성能盡人之誠이라. 능진물지성能盡物之誠…… . 능진천지지성能盡天地之性……."

사람이 지성을 다하면 천하 만물의 성질을 능히 다스릴 수 있다는 정신 통일의 글귀인 것이다.

그러나 문제의 괴상한 소리에는 그 주문성呪文性 글도 소용이 없었다. 소리뿐 아니라, 이번에는 난간 너머 마루 끝으로 시커먼 그림자까지 나타나는 것이었다. 괴상한 물체는 마루 끝에 우뚝 서서 꼼짝도 않고 이쪽을 향하고 있었다.

"형, 저, 저것 보여?"

"그래."

"도둑일까, 아니면 귀신일까?"

"도둑이라면 물건을 취하는 것이 목적일 테니, 우리를 해칠 까닭이 없고, 귀신이라면 사불범정邪不犯正이니 대장부가 겁낼 필요가 없다. 가까이 가보자."

그래서 형제는 조심조심 괴물체에 접근했는데, 막상 가까이에 가서는 용기도 간데없이 "으악!" 하고 비명을 지르며 엉덩방아를 찧고 말았다. 그 괴물체는 시체였기 때문이다.

그것도 그냥 시체가 아니라 잔뜩 일그러지고 문드러졌으며 머리털이 산발한 추악하기 짝이 없는 모습이었다. 시체는 땅 속에 박힌 장승처럼 꼿꼿이 선 채 꿈쩍도 하지 않았다.

형제는 처음에 여간 놀라지 않았으나 워낙 보통 아이들과는 다른 소년들이었으므로, 얼른 용기를 가다듬어 상황에 대한 대처 방법을 찾아보았다. 형 신현이 이우에게 말했다.

"애, 아무래도 나나 너 한 사람은 아랫마을에 다녀와야 할 모양인데 네가 갈 테냐. 아니면 너는 이 송장을 지키고 있고 내가 다녀올까?"

"이 밤중에 마을에는 왜 내려가?"

"마을에는 지금 초상이 난 집이 있을 것이다. 그런데 시신을 잃어버려 큰 소동이 났을 거야."

"그럼 이 시체가 바로 그 초상집 시체란 말이야?"

"그래."

신즙은 형의 말을 믿을 수도 안 믿을 수도 없었다. 짐승의 말까지 알아듣는 형이고 보면 허튼소리를 하고 있는 것이 아님은 분명했지만, 그렇더라도 절에 앉아서 아랫마을에서 일어난 일까지 훤히 안다고 하는 데에는 얼른 수긍하기 어려웠던 것이다. 그러나 지금은 그 사실 여부를 따지고 있을 형편이 아니었다.

"시체는 여기다 그냥 두고 같이 다녀오면 안 될까?"

"우리가 모두 자리를 비우면 시신이 어디론가 사라질지도 몰라. 그러면 헛일이 되잖아."

"그럼 내일 아침 날이 밝았을 때 한 사람이 다녀오는 것은 어때?"

"그것도 안 될걸. 날이 밝으면 이 시체는 어디론가 사라져 버릴게 틀림없어. 마을에는 지금 다녀와야 하고, 우리 둘 중의 한 사람은 남아야 돼. 무섭다고 이런 일을 제대로 처리하지 못한대서야 우리가 어찌 사내대장부라고 할 수 있으며, 장차 큰 인물이 되겠니?"

"알았어. 그럼 내가 다녀올게."

그래서 신현은 시체를 지키고 있고, 신즙은 무서운 산길을 걸어서 아랫마을을 향해 출발했다.

신현의 예측대로 그날 마을에는 초상난 집이 있었다. 노인 한 사람이 오랜 병 끝에 세상을 떠난 것이다.

시신을 거두어 눕혀 놓고 병풍으로 가린 다음 장례 준비로 부산스럽게 돌아가던 상주들은 밤이 되어 수의를 갈아 입히려고 병풍을 걷었다가 비명을 지르며 엉덩방아를 찧고 말았다. 시신은 간데없고 방구들만 커다랗게 내려앉아 있었기 때문이다. 그 커다란 구멍을 통하여 시신이 어디론가 사라진 것이 틀림없었다.

시신을 잃어버린 상주들은 사태 수습의 걱정이 태산 같았다. 그 해괴한 소문이 세상에 퍼져 가문의 체면이 말이 아니게 되는 것은 나중의 일이고, 당장의 장례 문제가 큰일이었다. 시체가 없이는 초상을 치를 수 없기 때문이었다.

바로 그럴 때 신즙이 찾아간 것이다.

온 집안이 걱정과 두려움으로 웅성거리고 있을 때 난데없이 한 소년이 나타나 절에 시체가 와 있다고 말하니, 상주들로서는 놀랍고 어이없는 일이 아닐 수 없었다. 그 말을 믿을 수도 믿지 않을 수도 없었다. 그러나 시체가 사라진 것은 엄연한 사실이므로 믿져야 본전이라는 생각으로 모두 횃불을 들고 신즙을 따라 절로 향했다.

이윽고 일행이 절에 도착해 보니, 신현은 단정히 앉아 귀신을 다스리는 경문을 큰소리로 읽고 있었고, 문제의 시신은 누마루 위에 쓰러져 누워 있었다. 신현이 경문으로 시신의 귀기를 제압하여 꼼짝 못하도록 만들어 놓고 있었던 것이다.

상주들은 시신을 살펴보더니 금방 대성통곡을 했다.

"아이고, 아버님! 어쩐 일로 여기까지 오셔서 누워 계십니까?"

그리고는 달려들어 시신을 정성껏 수습한 상주들은 두 소년에게 무한한 감사의 치하를 했다.

신현은 상주에게, 혹시 그전에도 이런 일이 있었느냐고 물었다. 그러자 상주가 말했다.

"사실은 종전에도 이런 괴변이 이따금 일어나곤 했는데, 우리 가문에도 이 일이 닥쳐서 아버님 시신이 절에 와 계실 줄이야 꿈에나 생각했겠는가."

"역시 그랬군요. 짐작대롭니다."

"자네들이 오늘 일을 꿰뚫어 알고 우리 집에 기별까지 해주었으니, 그렇다면 왜 이런 일이 일어나는지 그 까닭도 알 것이 아닌가. 설명해 주지 않겠나?"

"설명이 중요한 것이 아니라, 앞으로 다시는 이런 일이 일어나지 않게 하는 것이 더 중요하고 급하다고 생각합니다."

"그렇다마다. 무슨 방도가 있는가? 있다면 제발 손을 써주게."

"나중에 저희가 마을에 내려가서 알아볼 테니, 우선 시신을 모시고 먼저 출발하십시오."

그렇게 말하여 상주들을 돌려보낸 신현은 날이 밝자마자 아우와 함께 산을 내려갔다.

이윽고 마을에 도착한 두 소년은 여기저기 샅샅이 답사하며 조사를 하던 중, 동구밖에 가시덤불이 숲을 이루어 빽빽하게 자라고 있는 것을 발견했다. 그 가시덤불 속에는 이따금 무당이 굿을 하는 신당이 있고, 가까스로 사람 몸뚱이 하나 움직일 수 있는 통로가 그 사당과 통하게 되어 있었다.

　신현은 마을 사람들한테로 돌아가서 자기가 시키는 대로 해야만 어젯밤과 같은 끔찍한 일을 다시는 당하지 않을 수 있다고 주장하여 그들을 납득시켰다. 그런 다음 쇠스랑, 낫, 대창 같은 무기를 들고 따르게 하여 가시덤불을 에워쌌다.

　"잘 들으십시오. 이 속에서 무엇이 튀어나올지 모르는 일이니까 단단히 지키고 있다가 때려잡아야 합니다."

　그렇게 말한 신현은 가시덤불을 빙 돌아가며 불을 놓았다.

　바짝 마른 가시덤불은 불길이 닿자마자 타닥타닥 소리를 내며 잘 타올랐다. 그리하여 거대한 불꽃이 신당을 에워쌌을 때, 갑자기 '캐악!' 하는 괴상한 소리가 사람의 귀청을 아프게 함과 동시에 파란빛 한 줄기가 신당에서 솟아올라 서북쪽 하늘로 사라지는 것이었다.

　마을 사람들이 너무나 놀랍고 신기하여 얼이 빠져 있는 가운데 신현이 말했다.

　"지금까지 여러분의 마을에서 발생한 괴변은 모두 이 신당 속에 숨어 살던 불여우란 놈의 짓이었습니다. 그뿐 아니라 요전에 저희 형제를 관가에 붙잡혀가게 했던 소년의 죽음도 알고 보면 그 놈들의 소행이었습니다. 그래서 수백년 묵은 불여우를 잡으려고 신당에 불을 놓은 것인데, 암놈은 요행히 불에 타 죽었으나 수놈은 멀리 타국으로 달아났으니 나중의 일이 걱정이 됩니다. 어쨌든 앞으로는 마을에서 그런 일은 다시 일어나지 않을 테니 안심하십시오."

　과연 그 후로는 마을에서 시신을 잃어버리는 일은 발생하지 않았다. 그 후 그들 형제는 이름난 역학자인 우역동의 문하에 들어가 공부를 해서 신현은 역학뿐 아니라 천문, 지리, 물리 등에 밝은 통리군자通理

君子가 되었고, 신즙도 형만은 못하지만, 의술과 점술에 통달한 학자가 되었다.

어느 해 신즙이 사신에 발탁되어 원나라에 가게 되었는데, 신현이 자못 걱정스러운 얼굴로 말했다.

"나는 아무래도 아우의 이번 걸음이 걱정스럽네."

"아니, 형님. 무슨 말씀을 하시는 겁니까?"

"글쎄, 짚이는 것이 있어서 하는 말이야. 생각지도 않은 액운을 당할지도 모르니까, 내가 액막이 글을 하나 지어줄 테니 잘 기억해 가지고 가게."

신현은 의아해 하는 동생 신즙에게 다음과 같은 글을 지어 주었다.

읊조리는 입술을 눈송이가 후려치니 시는 얼고저 하고

雪墮吟脣詩欲凍설타음순시욕동

노래하는 부채에 매화가 나부끼니 곡조엔 향기가 난다

梅飄歌扇曲生香매표가선곡생향

신즙은 형이 지어 주는 글을 머릿속에 담아가지고 원나라로 향했다.

이윽고 연경에 도착한 신즙이 숙소를 정하고 원나라 조정과의 공식 접촉을 하기 위해 대기하게 되었는데, 마침 그날 따라 눈이 쏟아졌다.

신즙은 심심하기도 하여 숙소 마당에 나와 눈 구경을 하던 중에 문득 마당 한쪽에 피어 있는 동매화를 보게 되었다.

눈을 하얗게 덮어쓰고 있는 동매화가 너무 아름답다고 생각한 순간, 문득 형이 지어주던 설중시雪中詩가 떠올랐다. 그래서 무심히 "설타음순시욕동, 매표가선곡생향" 하고 읊조렸다.

그러자 마당 아래채에서 풍골이 비범해 보이는 백발 노인이 나와서 인사를 청하더니 뜻밖의 제의를 했다.

"들어보니 참으로 신작神作의 글을 읊으시던데, 그 글을 나한테 팔지 않으시겠소?"

"허! 글을 팔다니, 그 무슨 말씀이오. 들으신 대로 그냥 음송하면 되지 않소."

신즙이 웃으며 말하자, 노인은 진지한 얼굴로 고개를 저었다.

"그렇지 않소이다. 신神이 붙은 글을 공짜로 듣고 읊는다는 것은 못할 짓이지요. 꼭 값을 치르고 사야겠소."

노인은 부득부득 고집을 부렸다. 참으로 어이없는 수작이 아닐 수 없었다. 그래도 선비로서 어떻게 돈을 받고 글을 파느냐고 신즙이 거듭 거절하자, 노인은 집으로 들어가더니 얼른 삽살개 한 마리를 안고 나왔다. 몸 길이가 한 자도 못 되지만 꼭 사자처럼 생겼고, 눈에서는 불이 번쩍번쩍하는 것이 여간 영맹해 보이지 않는 개였다.

"정 뭣하면 이것이라도 받으시구려. 보기는 이래도 신작의 글값이 될 만한 영특한 놈이랍니다."

억지로 떠맡기다시피 삽살개를 넘겨준 노인은 뜻밖의 말을 했다.

"그리고 내가 관상을 조금 볼 줄 아는데, 누형의 얼굴을 보니 머잖아 큰 화를 입을 사기邪氣가 서려 있소이다. 혹시 이 개가 노형을 보호해 줄 영물일지 모르니 잘 간수하시오."

"아니, 그것이 갑자기 무슨 말씀이오?"

"글쎄, 자세한 이야기는 해줄 수 없으나, 하여튼 내 말을 믿으시고 어디에 가시든지 항상 이 개를 데리고 다니시기 바라오. 사실은 나도 고려인이라서 노형을 보니 각별한 마음이 생겨 일러주는 것이오."

그러고는 안으로 들어가 버렸다.

신즙은 노인의 말이 예사로 들리지 않았다. 더구나 출발하기 직전에 형이 한 말도 있지 않은가. 그래서 신즙은 항상 긴장한 상태로 주의를 게을리 하지 않으면서 옷소매 속에 삽살개를 넣고 다녔다.

그 무렵 원나라 궁중에서는 괴이한 사건이 일어났다. 몇 년 전 30대 후반의 나이로 남편을 잃고 과부가 된 공주가 있었는데, 이 공주가 홀몸이 되면서 이상한 병이 들었다.

처음에는 그리 앓지도 않고 얼굴색만 노랗게 변하더니, 날이 가고 달이 가자, 어느덧 몸이 꼬챙이처럼 마르고 해소병에 걸린 것처럼 쿨럭거리기까지 하는 것이다. 게다가 정신 이상의 징후까지 있어서 침실에 틀어박혀서 아무도 가까이 오지 못하게 하는 것이었다.

시녀든 누구든 보이기만 하면 욕을 퍼붓고 무엇이든 집어 던지는 바람에 아무도 얼찐거릴 수가 없었다. 그렇게 틀어박혀만 있는 것이 아니라, 밤만 되면 혼자 낄낄거리며 웃기도 하고 개처럼 낑낑대기도 하고 이따금은 여우 소리를 내기도 했다.

황실에서는 창피한 것은 둘째로 치고, 그러다가 공주가 덜컥 죽지나 않을까 하고 걱정이 태산이었다. 황제를 비롯하여 온 궁중 사람들이 수심에 싸였다.

그러는 동안 별별 좋다는 약은 다 써보았고, 유명하다는 무당과 점쟁이들을 불러들이는 요란을 떨어도 보았지만 소용이 없었다.

그런데 더욱 기가 막힐 노릇은 공주가 최근에 와서 괴상한 요구사항을 지껄이기 시작한 것이었다. 산 사람의 간이 먹고 싶다는 것이었고, 그것만 먹으면 자기 병이 나을 것이라고 했다. 그러면서 어서 산 사람 간을 구해 달라며, 그렇지 않으면 자기는 금방 죽을 거라고 수선을 피웠다.

"허! 세상에 이것이 무슨 변괴란 말인가."

원나라 황제는 기가 막혀 탄식도 나오지 않았다. 그러나 어쨌든 사랑하는 딸이므로 죽게 내버려둘 수는 없었다. 궁중에서는 황실 비밀 회의를 열고 산 사람의 간을 구할 방법을 강구했다.

그때 한 내관이 이런 생각을 내놓았다.

"지금 고려에서 사신으로 온 신즙이란 사람의 의술이 신묘하다고 들었습니다. 그 사람을 불러다가 공주마마의 병환을 고치도록 하여 만의 하나 완쾌가 되면 다행이고, 고칠 자신이 없다고 한다든지 실패하는 경우에는 그의 목숨을 희생시키도록 하지요. 조건을 붙여서 행하는 일일진대, 나중에 별로 문제될 것도 없지 않겠습니까."

자기네 나라 사람을 희생시키기는 싫으니까, 타국 사람을 대타로 해서 죽여 간을 얻자는 수작이었다.

그렇거나 말거나 신즙으로서는 피하고 싶어도 피할 수 없는 함정이었다.

'잘못하다가는 만리 타국에서 죽게 생겼구나.'

신즙은 기가 막힌 심정으로 원나라 대궐에 불려 들어갔다. 들어가면서 혹시나 하고 옷소매 속에다 문제의 삽살개를 몰래 넣어 가지고 간 것은 물론이다.

그날 저녁 신즙은 내관의 인도로 공주의 침실 가까이에 몰래 접근했다. 사람을 보기만 하면 발광을 한다고 하므로 직접 진맥을 할 수는 없고, 옆방에 들어가서 공주의 동태를 살피기로 했다. 그래서 공주의 발작이 본격적으로 시작된다는 밤중을 기다렸다.

드디어 밤이 되자 공주의 침실에서 이상한 소리가 들리기 시작했다. 사람의 신음 소리에 이어 개가 낑낑거리는 소리도 났고, 어쩌다가는 여우

소리 같은 것도 들렸다.

'이게 도대체 무슨 일이란 말이냐.'

신즙은 장막을 들추고 살며시 들여다보았다. 황촛대 불빛 아래 드러나는 광경은 그의 상상을 뛰어넘는 것이었다. 공주는 침대 위에 반듯이 누워 있었는데, 때때로 기침을 하고 몸을 뒤틀면서 개처럼 깽깽대는 그녀의 얼굴에는 희열의 기쁨이 넘쳐나고 있었고, 그녀가 덮고 있는 금침은 물결처럼 출렁거렸다. 그리고 깽깽거리고 캥캥거리는 소리는 이불 속에서 새어 나오고 있었다.

신즙의 얼굴에 난색의 표정이 떠오르는 것을 본 내관들의 눈초리가 사나워졌다. '너도 별수 없는 놈이로구나.' 하는 표정이 역력했다. 그들에게 끌려 나가게 되는 즉시 목이 달아날 판이었다.

바로 그때였다.

신즙의 옷소매에 들어 있던 삽살개가 무섭게 으르렁거리며 비호처럼 튀어나갔다. 눈 깜짝할 사이에 일어난 일이었다.

이어서 공주의 침실에서는 일대 수라장이 벌어지고 말았다. 병풍이 쓰러졌고, 거울이 떨어져 깨졌으며, 비단 이불이 갈기갈기 찢어졌다. '으르렁!' '캐악!' 하는 소리에 귀가 아플 지경이었다.

곧 이불이 홀렁 젖혀지는 바람에 신즙과 내관들은 못 볼 광경을 보게 되었다. 실오라기 하나 걸치지 않은 공주가 까무러쳐서 죽은 듯이 누워 있는 옆에서 삽살개와 불여우가 사생결단의 싸움을 전개하고 있었던 것이다. 눈에서 시뻘건 불을 내쏘는 삽살개와 독기를 뿜는 불여우의 한판 대결은 처절하기 짝이 없었다.

얼마나 시간이 흘렀을까. 마침내 불여우가 단말마의 비명을 지르더니 축 늘어지고 말았다. 싸움은 삽살개의 승리로 끝난 것이다. 그리하여 공주의 병은 치료할 필요도 없이 말짱하게 나았을 뿐 아니라 그 원인이 무엇인지도 밝혀졌다.

지난날 홀몸이 된 후 고독감을 달래기 위하여 개 한 마리를 키우게 된 것이 화근이었다. 그 애견은 실상 불여우의 변신으로서, 밤이 되면 본색을 드러내어 공주의 정신을 흐리게 하고 그 몸을 유린함으로써 죽음 직전으로 몰고 갔던 것이다. 그리고 그 불여우란 지난날 신현이 신당을 불사를 때 중국으로 달아난 그놈이었다.

어쨌든 천만다행으로 공주의 병을 고쳤을 뿐 아니라, 자기의 목숨까지 구한 신즙은 원나라 황제의 기쁨을 사서 사신의 임무를 훌륭하게 수행하고 무사히 귀국할 수 있었다.

목은 이색의 기지

목은牧隱 이색李穡이라고 하면 고려 말기의 대학자요, 문장가로 일세를 풍미한 사람으로서, 고려가 망하고 조선이 일어섰을 때 태조 이성계가 자기를 도와 새로운 국가 건설에 힘을 보태어 달라고 간곡히 부탁해도 단호히 거절하고 산야를 떠돌다가 쓸쓸하게 죽어간 지조의 충신이다.

그가 태어난 곳은 충청도 한산이었고, 문효공 이곡의 아들이었다.

고려 후기에는 선비들이 중국에 가서 공부하거나 그곳에서 벼슬살이를 하는 것을 큰 자랑으로 여겼다.

당시 중원의 패자 원나라는 복속伏屬과 동화同化라는 두 가지 원칙의 정책을 고려에 적용하여 자기네 공주나 왕가의 딸을 고려의 왕이나 왕자한테 정략결혼을 시켰을 뿐 아니라, 고려 선비들을 불러들여 학문을 닦게 하고 실력이 있으면 과거를 보게 하여 벼슬길에 나갈 수 있는 기회도 부여했는데, 이색도 그런 경우의 하나였다.

아버지 이곡도 일찍이 중국에 건너가서 원나라의 정식 과거인 제과制科에 당당히 급제한 재사였는데, 그 뒤를 이어 이색 역시 향시鄕試와

성시(省試)를 통과한 수재들만이 참가하는 제과에서 재주와 학식을 자랑하는 수많은 중국 선비들을 제치고 당당히 장원 급제를 했으니, 그때의 나이 겨우 스무 살 때였다.

문제는 그 다음에 발생했다. 시관들이 순위를 바꿔치기 하여 중국 인을 수석으로 하고 이색을 차석으로 최종 처리하는 협잡을 부린 것이다.

"치욕적인 일이다. 중국 선비의 자존심이 있는데, 작은 나라 고려 출신 을 장원으로 뽑을 수는 없다."

이것이 그들이 내세운 궁색한 이유였다.

이색으로서는 그 정도로도 만족했지만, 순위 바꿔치기에 대해서는 오히려 원나라 조정과 학계에서 두고두고 말이 많았다. 엄연히 실력으로 봐서 으뜸인데도 고려인이라는 이유만으로 장원을 주지 않은 것은 원칙 훼손일 뿐 아니라, 오히려 비굴하고 졸렬한 짓이라는 것이다.

어쨌든 이색은 기라성 같은 경쟁자들을 제치고 제과에 급제하자마자 한림원 검토관이라는 학사 벼슬에 임명되어 세상을 놀라게 했다. 천하의 모든 늙고 젊은 선비들과 자식 둔 부모들은 선망의 눈으로 바라보았고, 귀족 계급의 처녀들은 천재에다 잘 생긴 이색을 사모하여 어떻게 하면 인연을 맺을 수 있을까 하고 안달을 부렸다.

당시 원나라 조정의 어떤 정승의 딸은 이색에게 유혹의 편지를 보내 기도 했다.

저는 이 나라의 최고 대신 아무개의 외동딸로서, 나이는 방년 열여덟 살이고, 세상으로부터 천하의 미인이라는 소리를 듣고 있습니다. 이번 제과에서 학사님은 처음에 장원으로 뽑혔다가 중국 사람들의 질투 때문에 차석으로 밀렸다는 소문을 듣고 소녀는 의분을 금치 못했습니다. 그러나 과시에서는 천하 제일을 차지하지 못 했을망정, 천하 제일의 미녀와 천하 제일의 부귀를 얻으면 되지 않겠습니까. 소녀는 부모님의 허락도 얻은 바여서 학사님의 회답만 기다리니, 속히 의견을 주기 바랍니다.

얼마나 당당하고 열정적인 사모의 표현인가. 그러나 이색은 본국에서 이미 장가를 가서 아내를 두고 있는 몸이었다. 따라서 원나라 미인의 청혼을 정중하게 거절하고 말았다.

여기서 한 가지 짚고 넘어갈 일은, 당시 중국의 정치와 사회가 이원적인 구조를 이루고 있었다는 사실이다.

원나라는 몽고인들이 세운 나라로서 송나라를 멸하고 중국 대륙을 완전히 석권하여 정치적 지배 계층을 차지하고 있었기는 했지만, 그들은 대체로 무식한 민족이므로 문화와 학술 등 사회적인 면에서는 본토박이 중국인들이 여전히 큰소리를 쳤다.

그와 같은 사실을 감안하면, 이색에 대한 시관들의 순위 바꿔치기나 그 문제를 바라보는 중국 선비들과 원나라 사람들의 미묘한 인식의 차이를 이해할 수 있을 것이다.

어쨌든 그렇지 않아도 모든 사람들의 선망과 화제의 표적이던 이색은 조정 대신의 딸로부터 청혼을 받음으로써 더욱 유명해졌고, 모든 중국인 남성들의 질투와 시기를 피할 수 없게 되었다.

당시 북경 문단을 주름잡고 있던 조수, 염복, 구양현 등 대가들이 이색의 자질을 시험하는 한편 코를 납작하게 만들려고 계교를 썼다. 북경에서 제일 가는 요정에 많은 일류 문사들과 기생들을 배석케 한 다음 이색을 초청하여 재주를 시험하려고 한 것이다. 일종의 공개 시험인 셈이다.

그 초청을 이색이 마다할 리가 없었다.

'오냐. 너희들이 남의 민족한테 지배를 받으면서도 알량한 자존심만 내세워 유식한 체하니, 내가 그 거만한 태도를 바로잡아 주리라.'

이렇게 생각한 이색은 태연히 그 자리에 나갔다.

모든 사람들이 예를 차리고 자리에 앉자, 첫 번째 시험관 격인 조수가 말했다.

"내가 지금 논어에 나오는 다섯 글자 문구를 제시할 테니, 이 학사는 '유가사서儒家四書' 속에서 이 다섯 글자의 뜻에 상당하는 사람의 이름을 써내시오. 답은 즉시 나와야 하며, 이 학사가 얼른 답하지 못하면 그때 다른 사람이 대신해도 좋소."

이색이 즉시 정답을 제시하지 못하면 다른 사람이 대신하게 함으로써 이색에게 창피를 주겠다는 심산이었다. 어쨌든 조수는 그렇게 말한 다음 '자위백어왈子謂伯魚曰'의 다섯 글자를 벽에 붙였다.

그것을 본 이색은 좌중의 모든 사람들이 주시하는 가운데 싱긋 웃으며 붓에 먹을 찍어 즉시 휘갈겨 썼다.

'고자告子'

이번에는 염복이 일어났다.

"내가 먼저 시전詩傳에서 한 구절, 당시오절唐詩五絶에서 한 구절, 그리고 는 그와 연관한 약명藥名 하나를 댈테니, 이 학사는 그와 똑같은 방식으로 두 가지만 대시오."

그러고는 시전의 글귀 넉 자, 당시의 글귀 다섯 자, 약명 하나를 다음과 같이 적어 붙였다.

'習習谷風습습곡풍 日暮掩柴扉 일모엄시비 防風방풍'

그러자 이색은 지체하지 않고 다음과 같이 답을 썼다.

'羔羊之皮고양지피 經歲又經年경세우경년 陳皮진피'

'代木丁丁대목죽죽 柴門聞太吠시문문태폐 木賊목적'

그 거침없는 즉답을 보고 중국 문사들은 눈이 휘둥그레져서 서로를 쳐다보며 웅성거렸다.

염복은 단단히 벼르고 문제를 준비해온 입장이지만, 이색은 전혀 준비가 되어 있지 않았는데도 그처럼 막힘이 없으니, 이색이 얼마나 글을 많이 읽었고 기억력이 뛰어나며 또한 임기응변에 능한가 하는 것을 확인할 수 있었기 때문이다.

다음에 나선 것은 구양현으로서, 그는 지난번 제과의 시관이었다. 말하자면 이색을 장원에서 차석으로 밀어낸 장본인이라 할 수 있는 인물이고 보니, 자기가 한 일을 생각해서라도 어떻게 하든지 이색의 글재주를 깎아내려 자기의 행위를 정당화해야 하는 입장이었다.

"이 학사는 내가 지금 쓰는 글귀의 대구對句로 짝을 맞추시오."

그렇게 말한 구양현은 다음과 같이 썼다.

'持盃入海日대맹입해왈 海大해대'

그 뜻을 풀이하면 '네가 달팽이 껍질 같은 작은 술잔을 들고 바다에 처음 뛰어들 때는 중국이 얼마나 큰 줄을 몰랐다가 이제 보니 어떠냐' 하는 것으로서 조롱의 뜻이 담겨 있었다.

거기에 대해 이색은 다음과 같이 대구를 적었다.

'坐井觀天좌정정관천 曰왈 小天소천'

그 뜻은 '너희 중국인들은 우물에서 자라난 개구리처럼 눈에 보이는 것만 보고 하늘이 작은 줄 아는 불쌍한 자들이다'라고 도리어 비웃은 것이다.

구양현이 다시 적었다.

'獸蹄鳥迹之徒交於中國^{수제조적지대교어중국}'

이것은 '너희들 길짐승 날짐승 같은 족속이 이제야 중국과 교제하게 되었지' 하는 뜻인 것이다.

이에 대하여 이색은 태연하게 다음과 같이 대구를 적었다.

'鷄鳴狗吠之聲于隣^{계오구폐지성우인}'

이것은 '너의 수작은 개 짖는 소리와 다를 것이 없다' 하는 통렬한 반박이었다. 모두 《맹자》에 나오는 숙어로서, 실로 민첩하고 영리한 임기응변이 아닐 수 없었다.

그 자리에 모인 사람들 중에는 중국인과 고려인뿐 아니라, 안남^{베트남}, 유규^{오키나와}, 인도 등 한문이 통하는 여러 나라의 사절들도 참석하고 있었는데, 동변상련적인 감정을 가지고 은연중에 이색을 응원하는 마음을 가지고 있던 그들은 이색이 중국의 최고 문사들의 코를 납작하게 만드는 것을 보고는 자기 일처럼 흐뭇한 표정들이었다.

조수가 한숨을 쉬고 말했다.

"이 학사는 참으로 당대의 천재라고 인정할 만한 인물이오. 우리 중에 아무도 이 사람의 재주와 학문을 당할 사람이 없소이다. 이와 같은 인재를 장원에 뽑지 않은 것은 진정으로 우리 중국 유림의 수치라고 하지 않은 수 없소."

중국인들은 이처럼 솔직히 패배를 인정하고 이색의 천재성을 칭찬한 다음, 사과 술을 내어 밤이 깊도록 즐겁게 마셨다.

그와 같은 일이 세상에 알려지자, 이색의 인기는 하늘을 찌를 것처럼 더욱 높아졌고, 고려인들은 덩달아 어깨가 으쓱해졌던 것이다.

훨씬 후에 공민왕이 이색과 이성계를 똑같이 정승에 임명하고 신하

들을 향해,

"내가 문신에서 이색, 무신에서 이성계 같은 천하 일류의 인물을 가려서 중용할 줄 아니, 경들은 어떻게 생각하오?"

하고 물었을 때, 백관들이 일제히 '천세'를 불렀다는 기록이 있다. 이색의 당시 인물 비중을 가늠하게 하는 일화라 할 수 있다.

이색과 동시대 사람으로 역시 중국에 가서 문명을 날린 사람으로 통정 강회백이 있었는데, 이색의 손자 이계전과 강회백의 손자 강맹경은 조선 시대에 와서 똑같이 벼슬살이를 하고 친하게 지내는 사이였다.

세종 때 이계전이 서장관이 되어 국가 사절단의 한 사람으로 명나라 수도인 북경에 갔을 때의 일이다.

그를 접반하는 예부주객랑으로 있는 사람이 이계전이 이색의 손자인 것을 알고는 눈이 둥그레지며 물었다.

"당신이 그 유명한 목은 선생의 후손입니까?"

"그렇소이다."

"그분 같은 대가를 조상으로 두셨으니 얼마나 자랑스러우시오. 반갑소이다. 이제는 우리 황제 폐하께 알현하는 절차도 끝났으니, 우리 같이 마음 놓고 술을 마시며 글이나 지어봅시다. 북경의 유명한 술집에 내일부터 안내하려니와, 우선 오늘 이 자리에서 '조조대명궁^{早朝大明宮}'이란 제목으로 옛 당나라 시인 두자미, 왕유를 본떠서 차운^{次韻}하는 시를 지어 주시면 영광이겠소."

이계전으로서는 난감한 요청이 아닐 수 없었다. 그 역시 글을 많이 읽고 시를 잘 짓는 것으로 이름을 날리고 있었지만 갑작스런 일을 당하고 보니 얼른 글귀가 떠오르지 않았다.

그래서 얼른 할아버지의 시집 중에서 대궐의 조회 때에 읊었던 내용의 시구 세 수를 기억에서 떠올려 가지고 얼른 써보여 주었다. 그러고는 내심 부끄러워하며 상대방이 알아차리지 않을까 마음을 졸이는데, 상대방은 그것도 모르고 극구 칭찬해 마지않았다.

"이공의 조부님이야 중국 천지가 알아주는 대문장이었거니와, 그대 역시 그분에 못지않은 재주를 가졌구려. 공자의 손자에 자사 같은 인물이 났듯이, 목은 선생의 손자에 이공 같은 인물이 났으니, 참으로 지당한 일일 뿐 아니라 부럽기도 하오. 참으로 감복했소."

요행히 곤경을 면한 이계전은 칙사 대접을 받으면서, 할아버지의 위대성을 다시 한 번 깊이 깨달았다.

그 얼마 후에 강맹경이 서장관에 뽑혀 중국 사절로 가게 되었을 때, 이계전은 자기가 당한 곤경을 생각하고는 선임자로서 충고를 했다.

"자네, 북경 구경도 좋지만 중국인들이 시를 지어 달라고 조를지 모르니 조심하게."

그러자 강맹경이 빙그레 웃고 말했다.

"자네 집에 '목은집'이 있듯이, 우리 집에도 '통정집'이 있다네. 쓸데없는 걱정 말게."

그 대답을 듣고 자리에 있던 모든 사람들이 폭소를 터뜨렸다고 한다.

공민왕과 노국공주의 사랑

31대 공민왕의 이름은 왕기로 충숙왕의 아들이며, 충혜왕의 동생이다. 순리대로라면 왕위는 그에게 돌아오지 않게 되어 있었다. 부왕의 뒤를 태자인 형이 계승했고, 그 형의 아들인 동시에 자기의 조카이기도 한 두 임금이 왕위를 차례로 이었기 때문이다.

그런 왕기가 두 조카들의 뒤를 이어 임금의 자리에 오른 것은 순전히 타의의 선택이었고, 정치 상황의 변수 탓이었다.

공자 왕기는 열두 살의 나이로 고국을 떠나 원나라에 가서 그곳에서 청소년기를 보냈다. 원나라 황실의 보호 속에 호사스럽고 편안한 생활을 했으나, 사실은 인질의 신분에 지나지 않았다.

그에게 순탄한 운명이 주어졌더라면, 그는 다만 한 사람의 예술가로서 안락하고 평범한 인생을 살았을지도 모른다. 그러나 운명은 그에게 보다 강력한 다른 역할을 요구했고, 그래서 기울어져 가는 고려와 함께 파란의 일생을 살지 않으면 안 되었던 것이다.

공민왕은 어릴 적부터 예술가적 자질이 대단했다. 문장이 뛰어날 뿐 아니라, 글씨와 그림에 조예가 깊어서 보는 이를 탄복하게 했다.

"천 년을 곧게 자란 나무를 베어서 지은 집처럼 필력이 굳세고 웅후하여 그 기품이 천지를 비추어 가득할 정도다."

고려말의 명신 익재 이제현은 공민왕의 글씨에 대하여 이렇게 높이 평가했으며, 조선조의 숙종은 그의 그림 천산대렵도天山大獵圖를 보고 다음과 같이 극찬해 마지않았다.

"필력이 견정堅精하여 참으로 신의 경지에 이르렀다."

그 정도로 타고난 예술가였으므로, 소년 공자 왕기의 재주는 원나라 황실에서도 주목과 경탄의 대상이었다. 특히 원나라 순제는 그를 극진히 귀애하여, 자기의 동생인 위왕 패라첩목리의 딸 노국대장공주 보탑실리와 결혼하도록 주선해 주었다.

원나라 황제의 조카딸과 고려 공자의 국혼은 참으로 성대하게 치러졌다. 왕기는 처음에 자기가 정략결혼의 희생자라는 껄끄러운 기분이 없지 않았지만, 노국공주를 보자마자 그런 생각이 싹 달아나 버렸다. 공주가 너무 아름다울 뿐 아니라 참으로 성품이 덕성스럽고 지혜로운 규수였기 때문이다.

왕기와 노국공주는 원나라 대궐에서 가까운 고려관高麗館에 신접살림을 꾸렸는데, 고려관은 청기와 지붕에다 고려 건축 양식을 그대로 옮겨다 지은 건물이었고, 실내 장식 또한 마찬가지였다.

노국공주를 아내로 맞아들인 왕기는 꿀같이 달콤한 행복에 젖었다. 고국에 대한 향수도, 가족들이 보고 싶다는 그리움도 시들할 정도였다.

"공주, 세상에 나보다 행복한 사람은 없을 것이오. 당신 같은 아름답고 현숙한 아내가 옆에서 알뜰살뜰히 보살펴 주는 데다, 내가 원하는 대로 글을 짓고 글씨를 쓰고 그림이나 그리는 평화로운 생활이고 보니 더 바랄 나위가 없구려."

왕기의 입에서는 그런 소리가 서슴없이 나왔다.

그러나 자기가 원나라 황실의 공주라는 것보다도 고려 공자의 아내라는 사실을 더 마음 깊이 새길 줄 아는 노국공주는 조용하면서도 분명한 어조로 말했다.

"저하께서 그토록 행복하시다면 저 또한 행복합니다만, 자신의 신분과 고국 산천을 한시도 잊어서는 안 됩니다. 비록 지금 황실의 비호 속에 아무런 부족함 없이 호의호식하고 계시지만, 저하께서는 고려로 돌아가셔야 합니다. 언제까지나 이곳에 계실 수는 없는 일 아닙니까."

"나도 내 나라로 돌아가고 싶은 생각이 아주 없는 것은 아니오만, 부모의 곁을 떠나서 머나먼 곳으로 가야 하는 당신한테는 못할 노릇이 아니겠소."

"무슨 그런 말씀을 하십니까. 여자가 지아비를 따라가는 것은 당연한 일입니다. 고려가 저하의 나라라면, 제 나라도 되는 것입니다. 저는 저하를 따라가서 저하를 위하고 고려를 위하여 살 각오가 되어있습니다."

"그렇게까지 훌륭한 생각을 하시다니 내가 부끄럽군. 아무튼 고맙소."

왕기는 노국공주의 손을 끌어당겨 그녀를 품에 꼭 안았다.

아무튼 노국공주는 남편으로 하여금 고려의 공자라는 자부심을 상실하지 않도록 자주 일깨워 주었고, 자기 아버지의 영향력을 십분 활용하여 왕기가 고려로 돌아갈 수 있는 여건을 조성하는 데 많은 노력을 아끼지 않았다.

왕기 자신은 별로 바라지 않았지만, 아내의 그런 노력과 주변 상황이 그가 고려로 돌아가지 않을 수 없도록 분위기를 조성해 갔다.

그 분위기라고 하는 것을 설명하자면 이야기를 조금 앞으로 돌이키지 않으면 안 된다.

27대 충숙왕은 충선왕과 몽고 출신 의비의 아들로서 스무 살에 왕위를 물려받았으나, 정치에는 흥미를 느끼지 못하고 잔치와 사냥 등으로 소일하는 바람에 국정의 문란이 극심했다.

당시는 고려 왕실이 원나라의 손바닥 안에 있을 때였으므로, 임금이 임금 노릇을 제대로 못한다는 모함이 원나라 황실에 들어감으로써 충선왕은 연경으로 불려가 5년 간이나 억류되는 수모를 당했다.

겨우 귀국했지만 눈과 귀가 멀어 정무를 못 본다는 간신들의 두 번째 무고를 받고는 정치에 완전히 염증을 느껴, 귀국 5년만에 태자한테 왕위를 완전히 물려준 다음에 원나라로 들어가 아예 주저앉아 버렸다.

그 뒤를 이은 것이 충혜왕인데, 본성이 호협 방탕하여 주색과 사냥을 일삼고 정치는 전혀 돌보지도 않아 아버지보다 한술 더 뜨는 위인이었다. 그 꼴을 보다 못한 원나라에서는 그를 연경으로 소환하고, 앞서 원나라에 들어와 있던 선왕 충숙왕을 다시 고려로 내보내어 임금 노릇을 하게 했으니, 나라꼴이 그토록 말이 아니었던 것이다.

충혜왕은 원나라에 붙들려가서도 자숙하기는커녕 황음 광포한 짓을 계속하여 원나라 황제를 골치 아프게 했는데, 부왕이 1339년에 마침내 세상을 떠남으로써 복위되어 다시 귀국했다

그러나 제버릇 개 못준다는 격으로 충혜왕은 서모인 원나라 황녀 출신 경화공주와 수비 권씨를 욕보이는가 하면, 얼굴이 예쁜 여자는 귀천을 가리지 않고 강제로 간음하는 등 그 추태가 이루 말할 수 없을 정도였다.

그에게 치욕을 당한 경화공주가 본국에 그 사실을 밀고함으로써 충혜왕은 다시 원나라에 붙들려가 투옥되었으나, 경화공주의 아버지 백안홀두가 실각하는 바람에 간신히 석방되어 귀국할 수 있었다. 그러나

여전히 횡포가 심하여 백성을 괴롭히고 국고를 탕진함으로써 나라를 큰 혼란에 빠뜨리자, 원나라는 그를 강제로 폐위시켜 산동 지방으로 귀양을 보냈다. 그토록 말썽을 일으키던 충혜왕은 1344년 정월, 귀양가다가 객사하고 말았다.

그 뒤를 이은 충목왕은 부왕 충혜왕과 정비인 원나라 관서왕 초팔의 딸 덕녕공주 사이에서 태어난 적자였으나, 겨우 여덟 살의 나이로 세상 물정을 모르는 철부지였기 때문에 어머니 덕녕공주가 섭정을 했다.

그러나 충목왕이 왕위에 오른 지 4년 만인 열두 살 때 갑자기 세상을 떠남으로써 왕위는 그의 배다른 형제한테 넘겨졌다.

새 임금 충정왕은 충혜왕과 희비 윤씨 사이의 소생으로서 충목왕과 동갑내기였다. 따라서 열두 살에 원나라로부터 책봉을 받아 즉위했으나, 그 역시 어린 나이로 나라를 제대로 다스릴 능력이 있을 턱이 없었다. 외척인 윤시우와 권신 배전 등이 득세하여 임금 이상의 권력을 휘둘렀고, 그에 뒤질세라 여러 비빈들과 간신들도 결탁하여 국정을 농락했으며, 바깥에서는 왜구가 빈번히 해안 지방을 침범하여 약탈과 살인을 일삼았다. 그러니 나라가 안팎으로 풍전등화 같은 위기에 봉착한 셈이었다.

그렇게 되자 고려에서는 자연히 나라를 누란의 위기에서 구할 능력이 있는 임금을 옹립해야 한다는 목소리가 높아졌으며, 그와 같은 추세에 따라 윤택, 이승로 등 원로대신들이 원나라에 대하여 어린 왕을 폐위하고 공자 왕기를 새 임금으로 선임해 달라고 청원하기에 이르렀다.

사실은 충목왕이 급사했을 때 원나라 조정에서는 충정왕과 함께 왕기를 새 임금의 물망에 올려 검토한 적이 있었다. 그러다가 결국 충정왕으로 후계를 결정하고 왕기는 강릉대군으로 봉했던 것이다.

왕기가 노국공주의 치마폭에 휩싸여 세월 가는 줄 모르고 있을 때, 시대 상황과 그의 주변 사람들의 움직임은 그를 냉혹한 정치의 현장으로 내몰려 하고 있었던 것이다.

1351년 12월, 마침내 원나라는 단사관斷事官 완자불회를 고려에 보내어 궁실과 창고를 봉쇄하고 충정왕을 끌어내려 강화도로 귀양을 보낸 다음 옥새를 거두어들였다. 그러고 나서 강릉대군 왕기를 새 임금으로 책봉하여 오랜 볼모생활을 풀고 귀국하도록 허락했던 것이다.

책봉에 대한 사례차 원나라 대궐에 들어가려고 곤룡포를 입고 면류관을 쓴 공민왕의 모습을 바라보는 노국공주의 눈에서는 감격의 눈물이 흘렀다.

"저하, 아니 대왕마마. 신첩이 축하드립니다. 이제 그리운 고국산천을 두 달 안으로 밟아보실 수 있게 되었으니 얼마나 기쁘십니까."

"글쎄, 기쁜지 어떤지는 잘 모르겠구려. 나는 그저 서화나 즐기며 공주와 더불어 안락하게 살고 싶었을 뿐인데."

"그것이 무슨 나약하신 말씀입니까. 지금 고려는 주인다운 주인을 오래 만나지 못하여 그 사정이 이만저만 나쁘지 않다고 합니다. 그러니 어서 귀국하셔서 어지러운 사직을 붙들고 가엾은 백성들을 어루만지셔야지요."

"알겠소. 나한테 주어진 운명이라면 따를 수밖에. 아무튼 이 모든 것이 공주의 노력과 염원 덕분이니 내 뭐라고 감사를 해야 할지 모르겠소."

"그런 말씀은 마시옵소서. 신첩은 오로지 대왕마마께서 만백성이 우러러보는 성군이 되어주시면 그것으로 족하겠습니다."

"그렇게 되도록 노력하겠소. 공주가 많이 도와주시구려."

공민왕은 당시 원나라에 와 있던 전 판삼사사 이제현을 섭정에 임명하여 먼저 귀국하여 짧은 공백기의 국가 정무를 처리하게 한 다음, 이듬해 정월에 연경을 출발했다.

그렇게 하여 10년 만에 고국에 돌아온 공민왕은 부왕의 위패가 안치되어 있는 경령전에 나아가 귀국 인사를 드린 다음, 수령궁 강안전에서 만조백관들의 조하朝賀 속에 장엄한 즉위식을 거행했다.

왕후 노국대장공주와 나란히 옥좌에 앉은 공민왕은 대신들을 둘러보며 말했다.

"짐은 우리나라가 어느덧 풍속이 문란하고 퇴폐하며 조정에는 쓸데없이 벼슬아치가 너무 많고, 창고에는 비축이 없으며 또한 바깥으로는 왜구의 잦은 침범으로 백성들의 고초가 이만저만이 아니란 사실을 알고 있소. 그러한 잘못을 고치고 어려움을 극복하여 나라를 다시 일으켜 세우기 위한 당면 정책으로 다음의 교지를 내릴 것이니, 제관들은 명심하여 짐의 서정 쇄신에 적극 노력해 주기를 부탁하오."

그 교지의 내용은 다음과 같았다.

첫째, 세상을 올바로 파악할 수 있게 아래의 뜻이 위로 전달되도록 임금에게 간하는 대언臺言의 말이나 관청의 상신에 귀를 기울일 것이다.

둘째, 서연書筵의 신하와 용맹한 무사를 택하여 항상 임금의 곁에서 보필하도록 하겠다.

셋째, 사람들이 제멋대로 절을 짓지 못하게 하고, 절에서 부치는 밭에는 세금을 매기며, 중은 반드시 도첩度牒을 지니도록 하겠다.

넷째, 불법으로 노비가 된 양민을 해방시키고, 거짓 증거로 남의 전민田民을 자기 소유라 고집하는 것을 막겠다.

다섯째, 왜구를 막기 위한 군사 정책 바로 세우기로 도망병 처벌, 군량 비축, 전공자의 포상 등에 노력하겠다.

여섯째, 효자와 효손, 의부義夫, 절부節婦를 표창하여 풍속을 미화하겠다.

일곱째, 충선왕과 충숙왕 양대 공신들의 자손뿐 아니라 태조 때의 개국공신이나 역대왕의 공신 자손들에게도 상을 줄 것이다.

여덟째, 죄수를 방면하여 온 나라와 함께 새 출발을 하고자 하니 의심하지 말고 따르도록 하라.

이와 같은 선언으로 조정 벼슬아치는 물론이고 백성들의 시선을 집중시킨 공민왕은 곧 실질적인 후속 조치로서 자신의 추진력과 실천력을 증명해 보였다.

진휼청賑恤廳을 설치하여 굶주리는 백성에게 밥과 죽을 먹이도록 했고, 무신정권 시대 이래의 잔재인 정방政房을 폐지했으며, 자신의 몽고풍 두발을 본래의 고려식으로 고쳤고, 경내의 학교를 개수하여 학풍을 크게 일으켰다. 또한 앞서 말한 바와 같이 사유화된 공전公田과 불법으로 취득한 노비를 처리하기 위하여 변정도감辨正都監을 설치했다.

임금의 그와 같은 혁신책에 백성들은 환호하며 감사의 눈물을 흘렸고, 대소 신료들은 숙연히 옷깃을 바로 여미며 처신을 조심하게 되었다.

그러나 기득권을 누리며 오랫동안 전횡을 일삼고 호의호식하던 간신배들은 임금의 그와 같은 조치를 못마땅히 생각하여 사사건건 물고 늘어져 공민왕을 곤혹스럽게 만들었다.

정무를 마친 공민왕이 내전으로 들어와 물소뿔 옥대를 끌러 곤룡포를 벗고 익선관을 벗어주자, 왕후는 지밀나인에게 맡기지 않고 손수 그것을 받아들며 상냥하게 말을 건넸다.

"대왕마마, 용안을 우러러뵈니 어쩐지 심기가 편치 않은 듯합니다. 무슨 일이 있었습니까?"

"아니오. 일은 무슨 일."

"신첩을 속이려 하지 마십시오. 부부란 일심동체라 했으니, 지아비의 고충을 지어미가 모른대서야 될 일이 아니지 않습니까."

"그야 그렇소만은 공주의 밝은 눈은 속일 수가 없군. 사실은 짐의 혁신 정책에 대하여 대신들 가운데 공공연히 반대하는 자들의 세력이 만만치 않아 고민스럽소."

"반대하는 자들이라고 하오면?"

"이를테면 대사도와 복천부원군 같은 자들이오."

대사도 기철은 원나라 황제의 처남이었다. 한편 그의 누이 기씨는 고려 출신인 원나라 황실 내시의 추천으로 순제한테 차를 올리는 궁녀로 들어갔다가 뛰어난 미모로 총애를 받았으며, 황태자 애유식 리달납^{나중의} 소제을 낳음으로써 신분이 급상승한 여인이었다.

그렇게 되자, 그의 오빠 기철은 누이와 원나라 황실의 후광에 힘입어 고려 왕실을 능가하는 세도를 부렸으며, 백성들을 착취하여 쌓은 재산이 국고를 능가할 지경이었다.

또한 복천부원군 김영후 역시 권신의 신분을 이용하여 갖은 탈법적 수단으로 어마어마한 재산을 쌓은 간신이었다.

"대왕마마, 그와 같은 자들을 그대로 두어서는 나라의 기강 확립도, 부국안민의 희망도 물거품이 되고말 것입니다. 그러니 속히 제거하지 않으면 안 됩니다."

"짐도 그렇게 하고 싶소. 그러나 그들의 세력이 워낙 커서 섣불리 건드리기가 어려우니 걱정이오."

"조정에는 그런 간신들이 있는가 하면, 충성스런 신하들도 많은 줄 압니다. 쓸만한 인재를 물색하여 은밀히 일을 추진하도록 하십시오."

"기철같은 자를 축출하는 일이 우리 고려로서는 백 번 지당한 노릇일지라도 원나라 황실로서는 용납하기 어려울 것인데, 공주는 진심으로 그런 말씀을 하시는 거요?"

"신첩은 마마께 시집 오는 날부터 이미 몸도 마음도 고려 사람입니다. 그 점을 추호도 의심하지 마십시오."

"정말 고맙소. 공주의 마음가짐이 진정 그렇다면, 짐이 무엇을 망설일 필요가 있겠소."

왕후의 격려에 용기를 얻은 공민왕은 기철을 제거하기 위한 계획을 은밀히 추진하였다.

드디어 1356년 병신년 5월 18일, 공민왕은 대궐에 곡연曲宴을 베풀고 조정 신하들을 초대했다.

부름을 받은 대소 신료들이 입궐할 때, 기철 역시 위의를 갖추고 거들먹거리면서 집을 나섰다. 그리하여 대궐 합문에 도착했을 때, 대호군 우달치가 생사부生死簿를 들고 있다가.

"대사도 기철 입시요!"

하고 목청을 뽑았다.

그러자 문 양쪽에 매복하고 있던 역사들이 칼과 창을 번득이며 달려 나왔고, 다음 순간 기철의 목은 금관을 쓴 채 땅에 떨어지고 말았다. 호위 무사들이 미처 손을 쓸 겨를도 없었다.

역도의 괴수 기철이 그렇게 제거됨으로써 그의 가족은 어른에서 젖먹이 아이까지 모조리 참변을 면치 못했고, 그에게 빌붙어 세도를 부리며 부정을 일삼고 백성을 착취하던 무리들도 모조리 추풍낙엽 같은 신세가 되었다.

이튿날 기철의 재산을 점검해 본 결과, 고려 전역의 소산물뿐 아나라 중국과 일본 등지에서 들어온 귀한 물건들이 수십 창고에 가득 쌓여 있었고, 은근히 차지한 나라 땅이 논밭 합쳐 2만 5천여 결結이며, 백성들로부터 착취하여 소유한 땅이 3만여 결이었다.

고려법에 사방 104보步 3분分을 1결이라고 했으니, 5만 5천여 결이면 어느 정도 어 마어마한 토지인지 알 수 있다.

변정도감에서 올라온 기철의 재산 목록을 넘겨보던 임금과 왕후는 입이 딱 벌어졌다. 개인의 재산이 왕실 재산보다도 더 많았기 때문이다.

"기철이란 자가 이렇게까지 큰 도적인 줄은 몰랐소. 간악한 무리를 제거했기에 망정이지, 하마터면 나라가 망할 뻔했구려."

"그러게 말입니다. 대왕마마께서는 그들로부터 몰수한 재산을 어떻게 처분하시렵니까?"

"일단 국고로 흡수해야겠지."

"신첩의 생각에는 사전私田 3만 결은 원 임자를 찾아 돌려주고, 곡식은 진휼청에 넘겨 굶주리고 있는 백성들을 거두며 광 속에 가득한 물건들은 공신들에게 공정히 분배하고 백금과 황금은 국토 회복의 군자금에 충당하는 것이 어떨까 합니다."

"그대의 생각이 참으로 현명하오."

공민왕은 원나라의 후원으로 임금이 되었으나, 집권 후에는 그들의 영향력으로부터 벗어나 자주성을 되찾으려고 노력했다. 몽고식 연호와 관제를 폐지하여 고려 본래의 제도로 돌아가는 한편, 내정을 간섭하려고 원나라가 설치했던 정동행중서성 이문소도 없애 버렸다.

공민왕은 또 원나라가 왕조 말기적 현상으로 힘이 약해진 틈을 타서 지난날 고종 때 빼앗긴 쌍성지금의 영흥 이북과 압록강 서쪽의 땅을 탈환한다는 야심 찬 계획을 추진하고 있었다. 앞에서 말한 군자금이란 그 군사 계획과 연관된 것이었다.

왕후는 시집 오면서 가지고 온 많은 패물과 보화를 남김없이 털어 군사 비용에 보태도록 했다. 그러자 그 사실을 안 백성들이 감동하여 너도나도 돈이나 곡식을 내놓으니 그것만 가지고도 군비를 충당하고도 남을 지경이었다.

마침내 그해 6월에 기병 3만, 보병 2만, 합하여 5만 병력의 북별군은 병마사 유인우, 부장 최영 등의 지휘 아래 개경을 출발했다.

먼저 서북쪽으로 번개같이 달려간 최영이 구연성을 비롯한 8개 병참 기지를 단숨에 쳐서 빼앗는 데 성공했다. 압록강 이남이 비로소 고려의 영토로 들어온 것이다.

한편 동북쪽을 맡은 유인우는 고려 출신으로서 원나라에 들어가 천호 벼슬을 하고 있던 이자춘의 도움에 큰 힘을 얻었는데, 이 이자춘이 바로 조선 태조 이성계의 아버지인 것이다.

유인우의 고려군은 귀순한 이자춘의 군사와 함께 2백여 리 떨어진 안변에 주둔하면서 쌍성을 공략할 계책을 강구했는데, 쌍성총관 조소생은 천호 탁도경, 조도적 등과 함께 성을 굳게 지키며 고려군의 공격에 대비했다.

이때 쌍성에는 조소생의 삼촌이 동시에 이자춘의 사돈이 되는 조돈이라는 유력자가 있었는데, 이자춘은 그가 고려에 귀순하도록 은밀한 계교를 썼다. 그리하여 조돈과 그의 아들 및 조카까지 한꺼번에 빠져 나오니, 주력 부대를 상실한 조소생은 변변히 싸워 보지도 못하고 도망쳐 버렸다.

마침내 고려는 압록강 서쪽의 땅과 쌍성 이북의 땅을 수복하여 서북 쪽으로는 파사부^{구연성}까지, 동북쪽으로는 철령 이북의 쌍성총관부

제성진과 함주^{함흥} 이북, 삼철^{북청} 이남을 차지하는 데 성공했다.

고려의 그런 대담무쌍한 군사 행동은 원나라를 상당히 당황하게 하고 격분시켰다. 특히 기황후는 자기 친정 식구들이 모조리 도륙을 당한 사실을 알고는 길길이 뛰며 복수를 하려고 서둘렀다.

그러나 이때 중국 각처에서 내란이 일어난 바람에 원나라는 크게 어지러워져서 국운이 결정적으로 기울어져 가고 있었으므로, 고려에 대하여 제재를 가할 겨를도 여력도 없었다. 따라서 고려가 수복한 땅은 기정 사실로 굳어져 버렸고 분노한 기황후도 제풀에 기가 꺾이고 말았다.

이때까지가 공민왕 개혁 정치의 전성기였고, 그 다음부터는 그 개인적으로나 국가적으로 어두운 사양기에 접어들게 되었던 것이다.

"대왕마마, 신첩에게 한 가지 청이 있는데 들어주시겠습니까?"

어느 날, 왕후는 공민왕에게 간곡히 말했다.

"무슨 청이오?"

"꼭 들어주시기로 약속해 주십시오."

"어허! 공주의 청을 짐이 언제 들어주지 않은 적이 있었소?"

"그래도 이번 청은 특별히 다르옵니다."

왕후의 표정이 워낙 진지했으므로, 공민왕은 웃으면서 약속을 했다.

"대왕마마, 신첩은 무용지물이니 왕비 한 분을 따로 맞이하십시오."

"아니, 뭐라고?"

공민왕은 눈이 휘둥그레졌다. 너무나 뜻밖의 말이었기 때문이다.

"무얼 그리 놀라십니까. 마마께는 대통을 이을 왕지를 보시는 일이 급합니다. 신첩의 몸에서는 가망이 없는 듯하니, 하루빨리 다른 왕비를 들이셔서 왕자를 생산하도록 하십시오."

"무슨 소리! 공주의 연세가 아직도 부^富하므로 생산을 단념하는 것은 아직 이르오. 정 부득이 할 경우 대통이야 종실의 적당한 인물을 택하여 잇게 하면 될 것 아니오. 아무튼 공주의 가슴에 못을 박는 짓은 나로서는 할 수 없소."

"신첩을 지극히 사랑하심은 눈물겹도록 감사하오나, 왕자를 얻으셔서 나라의 근본을 튼튼히 하는 것이 신첩을 더 기쁘게 해주시는 일입니다. 하루빨리 새 왕비를 물색하십시오."

공민왕은 완강히 거부의 고집을 부렸으나, 간곡히 거듭 호소하는 왕후의 아름다운 마음을 물리칠 수 없게 되었다. 대신들도 한 목소리로 권하는 바람에, 공민왕은 마침내 마음에도 없는 간택의 절차를 거쳐 노재상 익제 이제현의 딸을 두 번째 왕비로 맞아들이게 되었다. 그녀가 혜비 이씨다.

그러나 이 세상에 순정은 하나이지 둘은 아닐지도 모른다. 왕후의 강권에 못 이겨 처녀 장가를 들긴 했으나, 공민왕은 혜비에게 별다른 애정을 느끼지 못했다. 그래서 혜비의 방에는 별로 들어가지 않았다. 그렇게 되니 혜비는 말이 왕비지 날마다 독수공방 과부처럼 쓸쓸한 나날을 보내지 않으면 안 되었다.

왕후는 임금을 혜비의 방에 들여보내려고 무진 애를 썼다.

"대왕마마, 여자는 오로지 남편밖에 의지할 사람이 없습니다. 그래서 여자란 불쌍한 것입니다. 아무쪼록 혜비한테 관심을 좀 가져주십시오."

"그 사람한테는 미안한 노릇이긴 하나, 아무래도 정이 가지 않으니 어쩌란 말이오. 인력으로 할 수 있는 일이 아니잖소."

"그분이 이 구중궁궐에 누구를 바라보고 들어왔겠어요. 마마께서 사랑해 주시지 않으면 얼마나 마음 아프겠습니까."

혜비 이씨도 범연한 인물이 아니었다. 맑은 눈, 오뚝한 코, 복숭아

같은 볼에다 은쟁반에 구슬이 구르듯 고운 목소리의 소유자였다. 게다가 가문의 기상을 이어받아 마음이 맑고 지혜로워 한 가지도 나무랄 데가 없었다. 그래서 공민왕은 억지로라도 정을 붙여 보려고 노력했으나, 왕후에게 향한 애정이 워낙 절대적이어서 마음대로 되지 않아 괴롭기만 할 뿐이었다.

그럭저럭 몇 년이 흘렀을 때, 왕후는 우연히 자기 몸에 이상이 있음을 알아차렸다. 월경이 멎은 지 서너 달이 되고, 아무리 맛깔스런 음식을 봐도 구미가 동하지 않으며, 헛구역질이 자주 일어나는 것이었다. 임신한 것이 틀림없었다.

왕후 본인보다도 공민왕이 더 기뻐해 마지않았다.

"그것 봐요. 내가 뭐라고 하던가, 좀더 기다리면 될 것을 공연한 짓을 하지 않았소."

공연한 짓이란, 물론 새 장가를 든 일을 말하는 것이었다.

"그래도 신첩은 불안하기만 한걸요. 혜비한테 미안하기도 하고."

"무슨 그런 말씀을 하오. 아무튼 모든 대소 신료와 백성들도 기뻐하고 있으니, 부디 튼튼한 왕자를 하나 생산해 주오."

"알겠어요. 신첩이 이제야 마마의 크신 은혜에 보답하게 되었으니 눈물겨울 따름입니다."

그토록 원하던 일이 이루어짐으로써 공민왕은 너무나 기쁜 나머지 잠시도 왕후의 곁에서 떨어져 있지 않으려고 했다. 일편단심 사랑이요 지극 정성이 아닐 수 없었다.

그러나 호사다마란 이런 경우를 두고 말하는 것이다. 중년의 나이로 어렵게 임신한 왕후는 마침내 열 달이 지나 해산할 때가 되었을 때 순산의 기미가 보이지 않았다. 이슬이 보이고 크나큰 진통을 겪게 된 것이다.

역사학자들 중에는 당시 노국공주가 초산을 치르기에는 너무 나이가 많았고, 분별없이 보약을 많이 쓴 탓으로 태중의 아기가 너무 컸기 때문에 정상 분만이 불가능했을 것이라고 말하는 사람도 있다.

어쨌든 산모는 앉지도 못하고 눕지도 못하며 허리가 끊어지는 듯 심한 고통으로 어쩔 바를 몰랐다. 그러기가 10여 일에 이르고 보니 원기가 너무 쇠잔하여 의식조차 잃어버릴 지경이었다.

대궐뿐 아니라 온 나라가 걱정에 휩싸였고, 특히나 공민왕의 안타까워하고 불안해 하는 모습은 옆에서 보기조차 딱할 지경이었다.

"공주, 공주! 정신 차리시오. 왕자도 뭣도 원치 않으니, 제발 건강하게 일어나 주기만 하오."

공민왕은 잠시도 왕후의 옆에서 떠나지 않고 손수 간호를 했다. 그래도 아무 소용이 없고 왕후의 산고는 계속되자, 공민왕은 내원전 불당에 나가서 향을 피우고 부처에게 절을 한 다음 간절히 빌었다.

"대자대비하신 부처님, 제발 왕후를 살려주시옵소서."

"아들도 딸도 아니고 나무토막이라도 좋으니, 빨리 해산을 하고 목숨만 구하도록 보살펴 주시옵소서."

내원전 불당의 불상은 왕후가 원나라에서 시집올 때 친히 가지고 온 것으로서 황금으로 만든 귀중한 석가여래상이었다. 왕후는 평상시에도 즐거운 일이 있거나 괴로운 일이 있으면 항상 그 금불상 앞에서 발원을 하는 습관이 있었다.

공민왕은 스스로 내원전에서 불공을 드리는 한편, 전국의 절이란 절에 지시를 하달하여 왕후의 쾌차를 비는 치성을 거국적으로 올리도록 했다.

그러나 그처럼 갖은 정성을 다해도 왕후의 상태가 호전되는 기미가 없자, 공민왕은 신하들을 향하여 다급하게 외쳤다.

"도승道僧은 없는가? 도통한 법사가 있는지 속히 알아보아라."

그렇게 해서 불려온 것이 편조遍照라고 하는 중이었다. 나중에 신돈으로 이름을 고치고는 왕조 말기의 고려가 쇠망하는 데 한 몫을 한 것으로 평가되는 문제의 인물이다.

고명하고 도통한 선승으로 세상에 널리 소문이 난 편조는 왕후의 쾌차를 비는 불공을 거창하게 집전했으나, 정해진 그녀의 운명을 바꾸는 능력은 그에게 없었다.

마침내 임종의 순간이 왔다.

잠시 정신이 돌아온 왕후는 눈물을 흘리며 공민왕의 손을 잡았다.

"대왕마마, 먼저 떠나는 신첩의 죄를 용서하옵소서. 지하에서나마 마마의 만수무강을 빌겠나이다."

"그게 무슨 말씀이오. 나는 어떻게 하라고 먼저 눈을 감으려 하오? 임자가 없는 이 세상이 나한테 무슨 소용이 있단 말이오."

"군왕은 그런 말씀을 하시면 안 됩니다. 부디 옥체를 보전하십시오. 그럼……"

"공주! 공주!"

공민왕의 비통한 부르짖음을 뒤에 두고 비련의 왕후 노국대장공주는 고요히 눈을 감았다. 공민왕 14년인 1365년, 을사년의 일이었다.

사랑하는 아내를 잃고 나자, 공민왕은 한동안 실성한 사람 같았다. 나라고 백성이고 모두 귀찮기만 했다. 자나 깨나 머릿속에는 오직 아내에 대한 사무치는 그리움밖에 없었다.

식음을 전폐하다시피 하고 애통해 하는 임금을 쳐다보며 모든 신하들이 어쩔 줄을 모를 때, 편조는 반혼법返魂法으로 돌아간 왕후를 다시 만나볼 수 있다고 아뢰었다.

그 말을 들은 공민왕은 매우 기뻐하며 어서 술법을 베풀어 달라고 부탁했다. 그리하여 편조는 일종의 사술인 반혼법으로 공주의 영혼을 여러 번 불러다 임금에게 보여주었고, 그러다 보니 편조는 임금의 절대적 신임을 획득하게 되어 나중에 나라에 큰 해악을 끼치기에 이르렀던 것이다.

화가인 공민왕은 손수 왕후의 영정을 그려 벽에 걸어놓고 항상 살아 있는 사람을 대하듯 했다. 국정에 대해서는 완전히 손을 놓다시피 했으니, 조타수를 잃은 배의 항해가 순탄할 수 없듯이 그리고서 나라가 제대로 운영될 리가 없었다. 초기의 진취적이고 의욕적인 개혁 정치가 빛을 잃는 바람에 고려는 급속한 몰락의 길로 접어들게 되었던 것이다.

만일 노국공주가 오래 수명을 누렸고 공민왕이 균형 감각을 상실함이 없이 재위 기간 동안에 초기의 개혁 의지를 그대로 밀고나갔던들 고려의 운명뿐 아니라, 우리나라 역사가 달라졌을지도 모른다.

어쨌든 공민왕과 노국공주의 사랑은 한 남자와 한 여자가 그려낼 수 있는 지순한 순애보의 극치라고 할 수 있을 것이다.

고려왕조 야사

5

홍건적의 난

　　공민왕 10년 시월, 만주의 홍건적 10만 대군이 고려에 쳐들어왔다. 삭주, 무주, 안주 등의 성이 그들에게 공략 당한데 이어 서북방의 가장 중요한 거점인 서경까지 삽시간에 점령 당하고 말았다.

　　소식에 접한 조정에서는 당황하여 평장사 김용을 원수에 임명하여 맞서 싸우게 했으나, 고려군은 파죽지세로 휘몰아치는 홍건적을 감당할 길이 없어 무참하게 깨어지고 원수 이하 여러 장수들은 단기로 도망하기에 바빴다.

　　사태가 그 지경으로 악화되자, 공민왕은 도읍과 성안 백성들을 내버려 두고 멀리 안동으로 몽진을 떠나지 않을 수 없었다.

　　홍건적은 아무런 저항도 받지 않고 개경에 입성하니, 임금과 장수를 잃은 도성 주민들은 말할 수 없는 고초를 겪게 되었다.

　　홍건적은 대궐은 물론이고 거리마다 집집마다 돌아다니며 값진 물건을 송두리째 약탈했고, 여기저기 불을 질렀으며, 조금이라도 비위에 거슬리면 가차없이 칼을 휘둘러 죄 없는 사람들을 살해했다.

피점령 패자의 입장에서 또 하나 통탄스러운 일은 부녀자들이 당하는 치욕으로서, 이것은 동서고금을 막론하고 거의 관행이 되어 있다고 해도 과언이 아니다. 따라서 홍건적이 점령한 지역의 어린 처녀나 젊고 반반하게 생긴 여자들은 가차없이 오랑캐의 야욕의 제물이 되었다.

특히 개경의 경우는 도망을 치려고 해도 성문을 굳게 막고 있으니 나갈 수가 없고 참고 있으려니 약탈과 욕을 피할 수 없으므로, 살아있어도 산 것이 아닌 처참한 형편이었다.

물론 여자들 중에는 변장을 한다든지, 벽장이나 토굴 속에 숨는다든지 하여 화를 면한 사람들도 적지 않았지만, 미처 그런 대비를 하기도 전에 홍건적에게 덜미를 잡히는 여자가 더 많았다.

세월이 바뀌면 그 시세에 편승하여 이익을 취하려는 소악당이 어느 시대든지 반드시 나타나는 법이다. 홍건적 난리에서도 비록 짧은 기간 동안이나마 자기 일신의 안위를 도모하고 한몫을 잡기 위하여, 혹은 평소의 원한 관계를 청산하기 위하여 적도에게 붙는 무리가 한 둘이 아니었다.

하상유와 그의 아내 강씨 역시 그런 측면의 피해자라고 할 수 있을 것이다.

하상유는 이조 고지기^{창고 관리}란 낮은 벼슬에 있는 사람이었는데, 그의 아내 강씨는 보기 드문 미인이었다.

하찮은 벼슬아치에 아름다운 아내라고 하면 문제 발생의 소지가 충분한 셈이다. 사람들은 하상유가 그 주제에 염복도 많다고 부러워하거나 수군거렸고, 껄렁한 남정네들 중에는 은근히 추파를 던져 강씨를 유혹하려고 하는 작자도 없지 않았다.

문제는 강씨가 정절이 곧고 부덕이 깊은 여자가 아니라는 데 있었다.

그녀는 가난하고 보잘것없는 남편을 만나 고생하는 자기 처지를 항상 억울하게 생각하여 한탄하고 불평을 늘어놓았으며, 남편이 덜컥 죽기라도 한다면 어느 돈 많은 부자의 후실로 들어앉더라도 호강을 충분히 할 수 있을 텐데, 자기 팔자가 기구하다고 생각하고 있었다.

그런 여자이고 보니 다른 남자의 유혹에 싫지 않다는 눈길도 보내게 되고, 따라서 그녀를 둘러싼 추문이 이따금 사람들의 입에 오르내리곤 했다.

그런데도 결정적인 파탄에 직면하지 않고 그럭저럭 가정이 평온을 유지할 수 있었던 것은 하상유가 워낙 사람이 착하고 정직할 뿐 아니라 아내를 끔찍이 사랑했기 때문이다.

그러나 그나마의 그런 평온도 홍건적이 몰려오면서 무참하게 깨어지고 말았다.

이조 서리로 김 아무개란 작자가 있었는데, 팔난봉의 기질이 농후한 김가는 오래 전부터 강씨한테 눈독을 들이고는 유혹을 하려고 하상유의 집 언저리를 얼찐거리며 호시탐탐 기회를 엿보았다. 그러나 직장 동료이기도 한 남편의 눈이 주위에서 번득이는 데다, 강씨가 은근히 눈웃음을 치면서도 선뜻 응해 주지 않는 바람에 심통이 뒤틀려 있었다.

홍건적이 쳐들어오자 약삭빠른 김가는 자기와 가족의 일신의 안전을 도모하기 위하여 그들에게 아첨하고 협력하는 척했는데, 자기 입장을 더욱 공고히 하기 위해 하유상의 처 강씨를 이용하려고 생각한 것이다. 꼬리를 말며 말을 잘 듣지 않는 강씨를 아예 홍건적한테 팔아넘기려는 속셈이었다. 말하자면 못 먹는 감 찔러나 본다는 속담 그대로였다.

김가는 홍건적 장수 중의 하나인 장해림을 찾아가서 머리를 조아렸다.

"장군, 소인이 오늘 장군께 기가 막힌 선물을 하나 할까 합니다."

"선물이라니, 그것이 무엇이냐?"

"이 개경 안에서 첫째 가는 미인이올시다."

"그래?"

솔깃한 장해림은 비스듬히 누웠던 자세를 고쳐 앉았다.

이 장해림이란 인물에 대해서는 약간의 설명이 필요할 듯하다.

홍건적 도당은 하나같이 삭막한 황무지를 떠도는 야생 짐승과 같은 사나운 족속으로서 싸우고 죽이고 약탈하는 것밖에 모르지만, 장해림은 그중에서도 이질적인 면을 가진 인물이었다.

그는 원래 일찍 부모를 여의고 어느 절에 사미승으로 들어가서 다년간 목탁 소리와 풍경 소리에 젖어 성장했다.

그러던 어느 때 산적떼가 들어와 절을 약탈하고 중들을 학살하며 불을 지르자, 그 소동에서 간신히 빠져나와 환속하여 이리저리 떠돌아다니다가 홍건적에 가담하게 되었다. 천성이 사려 깊고 지략이 뛰어난 그는 미련스런 힘밖에 갖추지 못한 홍건적의 무리에서 단연 주목을 받게 되었으며, 그러다 보니 어느덧 우두머리의 한 사람으로 막강한 힘을 발휘하게 되었던 것이다.

장해림은 홍건적 무리 가운데에서 분명 이질적인 존재였다. 사람 죽이기를 서슴지 않으면서도 인간적인 면이 풍부해서 주위로부터 '인배정 생부처'라는 다소 조롱기 섞인 별명을 들었다. 말하자면 이중 성격자의 소질이 다분했던 것이다.

다른 장수들은 모두 술독에 빠져 죽는다 해도 마다하지 않을 술고래인데 비하여, 장해림은 과음을 하지 않는 대신 여자를 특히 좋아했다. 그런 장해림에게 김가가 개경 제일의 미녀 어쩌구 했으니 귀가 솔깃하지 않을 수 없었다.

"그렇게 예쁜 계집이란 말이지?"

"그렇습니다, 장군님. 한눈에 홀딱 반하실 줄 압니다."

"그 계집이 어디 있느냐?"

"이조 고지기인 하상유란 자의 집입니다."

김가의 귀띔에 따라 홍건적 군졸들이 득달같이 하상유의 집에 달려갔다.

그러나 가서 보니 이야기로 듣던 미녀는 보이지 않고 얼굴에 숯검정을 묻힌 더러운 여자만 있으므로 군졸들은 어쩔 수 없이 그 여자를 끌고 돌아왔다.

장해림이 내려다보니 듣던 바와는 딴판이므로, 김가를 돌아다보며 눈을 부라렸다.

"이놈! 저 따위가 어찌 개경 제일의 미색이란 말이냐. 나를 조롱하여 죽고 싶으냐?"

"아니올시다, 장군님. 세수를 시켜보십시오."

"뭐라고?"

"도성 안의 젊은 여자들은 하나같이 욕을 면하려고 온갖 잔꾀를 부린답니다. 저 계집도 일부러 얼굴을 더럽게 꾸민 것입니다."

그 말을 들은 장해림은 부하들에게 명령하여 강씨의 얼굴을 강제로 씻기도록 했다. 그러자 과연 아름답기 그지없는 본색의 얼굴이 드러났다.

"오오!"

장해림의 눈이 둥그레졌다.

"어떻습니까?"

"과연 절색이로구나. 개경 제일이라는 말을 들을 만하다. 네 호의에는 금은으로 보답하리라."

"감사합니다, 장군님."

김가는 장해림으로부터 후한 사례를 받고 입이 벌어져서 물러갔다. 장해림은 낮인데도 불구하고 강씨를 방으로 끌고 들어갔다.

그러나 장해림은 무지막지하게 몸을 빼앗는 대신 좋은 말로 타이르고 값진 보화와 패물을 내놓으며 여자의 공통적인 사치욕과 허영심을 자극하여 환심을 사려고 했다. 호색한다운 노련한 수법이었다.

강씨는 붙잡혀 올 때만 해도 앙탈을 부리며 울고불고했으나, 보화와 패물들을 보자 태도가 달라졌다. 그런 것은 난생 처음으로 구경하는 값진 물건들이었기 때문이다. 부자나 고관대작의 집에서 약탈한 물건들이 틀림없었으나, 그녀로서는 그런 것을 생각할 필요가 없었다. 상황을 거부해 봤자 죽기밖에 더 할 것이 없었다. 그럴 바에는 차라리 자기한테 주어진 운명에 순응하는 것이 현명하다고 생각했다.

그렇게 되어 강씨는 그날부터 몸도 마음도 장해림의 여자가 되었다. 값진 선물을 안겨주는 것이 기뻤고, 한낱 노리개로 즐기는 것이 아니라 진정으로 자기를 좋아하는 것이 흐뭇했다. 가난한 고지기의 아내 노릇보다는 도적 괴수의 계집 노릇이 훨씬 낫다고 생각했던 것이다.

아무런 준비없이 있다가 갑자기 사나운 도적떼의 침공을 당하는 바람에 임금이 몽진하고 도성이 유린되는 치욕을 겪긴 했으나, 태조 창업 이래 수백 년을 이어온 고려의 국가 기반이 그 정도로 송두리째 흔들릴 지경은 아니었다.

전국 각지에서 충의의 의병이 맹렬히 일어났고, 관군들도 전열을 정비하여 홍건적을 치기 위하여 개경을 향해 진군했다. 특히 이성계 장군이 거느린 2천 명의 정병은 선봉이 되어 개경에 박두하였다.

원래부터 홍건적은 황야의 야수들처럼 용맹은 있을망정 그 용맹을 슬기롭고 유익하게 활용할 수 있는 두뇌는 부족한 무리들이었다. 그 최고 괴수인 유복통은 상당한 걸물로서 원나라를 뒤집어엎겠다는 야망을 가지고 있었으나, 아래의 장졸들은 싸우고 죽이고 빼앗는 행위 자체에 만족할 뿐이었다.

그들이 고려에 쳐들어온 것도 단순히 약탈이 목적이었을 뿐, 고려를 무너뜨리고 그 땅에 자기네 나라의 기초를 세우겠다거나 하는 원대한 계획 같은 것은 애초부터 없었던 것이다. 따라서 개경을 점거하여 보화와 술과 계집에 푹 빠져버린 그들에게 수비의 전략이나 싸울 의욕 따위가 있을 리가 없었다. 그렇기 때문에 그들은 고려군이 사방에서 포위망을 좁혀 오자, 퇴로가 완전히 막히기 전에 줄행랑을 놓는 것이 상책이라고 생각했다.

홍건적은 퇴각에 앞서 대궐을 비롯한 도성 여기저기에 불을 질렀다. 그러고는 약탈한 금은보화와 함께 부녀자들을 끌고 개경을 빠져 나갔다. 장해림 역시 강씨를 데리고 떠난 것은 말할 필요도 없다.

고려군의 추격에 많은 병력 손실을 입으면서도 개경 탈출 20여일 만에 홍건적은 겨우 국경을 넘어 그들의 근거지로 돌아갔고, 고려는 비로소 전란에서 벗어나 평온을 되찾았다.

금주산성에 도착한 장해림은 오랜만에 전장의 먼지를 씻고 휴식을 취했다. 많은 부하 장졸들을 잃기는 했으나 의기소침하지도 않았다. 오히려 이번 고려 침공에서 강씨 같은 미녀를 얻게 되어 대단히 흡족하고 있었다. 그로서는 금은보화에 비할 수 없이 귀중한 전리품이었던 것이다.

게다가 더욱 기쁜 것은 강씨의 태도 변화였다. 처음 끌려올 때만 해도 고향을 그리워하는 마음이 남아 있는지 가끔 눈물을 짓곤 했으나, 이제 와서는 조금도 그런 내색을 보이지 않을 뿐 아니라 괴수의 아내 노릇에 톡톡히 재미를 느끼는 것 같았다. 또한 장해림 자신에게도 아양을 떨며 싹싹하게 굴었다.

"임자는 고향 생각이 나지 않나?"

어쩌다 장해림이 넌지시 물으면, 강씨는 새침해서 말하는 것이었다.

"그까짓 고향이 뭐가 중해요. 그 가난한 살림 생각만 해도 진저리가 처지는걸요. 왜 그걸 묻지요?"

"임자가 원한다면 돌려보낼 수도 있지 않을까 해서."

"싫어요. 저는 가고 싶지 않아요."

강씨는 짐짓 앙탈을 부렸고, 장해림은 그런 그녀가 사랑스러워서 어쩔 줄을 몰랐다.

새해가 되었다. 살을 에이는 듯 몹시 추운 북국의 겨울이었다. 대지는 꽁꽁 얼어붙었고, 사람 키 높이로 쌓인 눈을 매서운 바람이 휩쓸고 지나 갔다.

북국에서는 추위를 이기는 방법의 하나로 독한 술을 많이 마셨다. 자기 절제를 할 줄 아는 장해림이기 때문에 평소에는 어느 정도의 규제를 가하여 규율이 흐트러짐을 경계했지만, 설날부터 보름 동안은 그런 규제도 풀어 사성 안의 온 장졸들이 얼마든지 마시고 취하도록 내버려두었다.

정월 열 이튿날 밤, 환한 달빛 아래 성문을 지키는 군졸들도 화톳불 주위에 둘러앉아 떠들썩한 분위기로 술을 마시며 추위를 달래고 있었는데, 갑자기 한 군졸이 소리를 쳤다.

"아니, 저게 뭐야?"

그 바람에 다른 사람들도 그 군졸이 가리키는 쪽을 바라보았다.

희붐한 달빛 아래 검은 그림자 하나가 다가오고 있었다.

"사람 같은데."

"첩자인가?"

이렇게들 의심이 들어 한마디씩 나누고는, 그중의 하나가 벌떡 일어나 창끝을 겨누며 소리쳤다.

"섰거라! 누구냐?"

"예, 수상한 사람은 아니올시다. 여기가 장 장군님 계신 산성이오?"

"그렇다. 우리 장군님을 찾아왔단 말이냐?"

"그렇소."

그러면서 한 남자가 가까이 다가왔는데, 복색이나 말씨로 보아 고려인이 틀림없었다.

"너는 누구며, 장군님은 왜 찾느냐?"

"나는 고려 개경에서 불원천리하고 찾아왔는데, 장군님을 만나려는 것이 아니고, 장군께서 데려오신 강 부인한테 볼일이 있는 사람이오."

"마님께 볼일이 있다고?"

"예. 나는 강 부인의 사촌 오라비되는 사람인데, 집안 일로 부인한테 급히 전할 말이 있어서 왔소이다. 장군께 알려져서 번거로워지는 일을 피하고 싶으니, 부인만 잠깐 만나게 해줄 수 없겠소?"

"이놈! 누구를 장군님한테 혼찌검을 당하도록 만들고 싶으냐? 터무니없는 수작하지 마라."

"제발 부탁합니다. 이 엄동설한에 그 먼 곳에서 고생고생하며 찾아온 사정을 헤아려 주시오."

남자는 애걸복걸하며 품 속에서 약간의 은붙이를 꺼내어 내밀었다.

아무리 무지막지한 그들이지만 본인의 말마따나 그 추위 속에 먼 개경에서 찾아온 것이 딱하다는 생각이 들지 않을 수 없었다. 그래서 군졸들은 의논한 끝에, 한 사람이 강 부인의 처소에 가서 살짝 귀띔을 해주기로 의견을 모았다.

군졸로부터 사정을 전해 들은 강 부인은 이맛살을 찌푸리며 물었다.

"사촌 오라버니가 찾아왔다고?"

"그렇습니다, 마님."

"어떻게 생겼더냐?"

이렇게 저렇게 생긴 모습이더라고 군졸이 대답하자, 강 부인은 갑자기 눈꼬리를 치켜 올리며 싸늘하게 말했다.

"너 당장 가서 한 칼에 그 자의 목을 베어라."

"지금 뭐라고 하셨습니까?"

너무나 뜻밖의 지시였기 때문에 군졸이 눈이 둥그레져서 묻자, 강 부인이 거듭 강조했다.

"귀가 먹었구나. 당장 쳐 죽이라고 하지 않느냐. 나한테는 사촌은커녕 친 오라버니도 없다. 그러니 없는 사촌 오라버니를 들먹이며 찾아온 자가 무슨 못된 수작을 벌일지 아느냐."

그래도 어안이 벙벙해진 군졸이 어떻게 할 줄을 모르자, 강 부인은 버럭 성을 내고 욕을 퍼부으며 재촉을 했다.

군졸은 하는 수 없이 되돌아갔다. 성문에 도착한 군졸은 강부인한테 욕먹은 일이 화가 나기도 하여 칼을 빼어들고 남자한테 호통을 쳤다.

"이 발칙한 놈! 누구를 속여 무슨 짓을 하겠다는 수작이냐. 당장 네 놈의 목을 베고 말겠다."

남자뿐 아니라, 다른 군졸들도 깜짝 놀랐다.

"자네, 갑자기 왜 그러나?"

"글쎄, 저놈의 말은 말짱 거짓말이야. 마님께서는 사촌은커녕 친오빠도 없다고 하셨네. 아닌 사실을 꾸며대는 놈이니, 또 무슨 수작을 부리려는 것인지 모르니까 목을 치라는군."

"아니, 정말 그런 소리를 했단 말이오?"

남자는 기가 막힌다는 얼굴로 물었다.

"이놈아, 그렇다마다."

"그럴 리가 없소. 그럴 리가 없단 말이오. 그 사람이 설마 그런 소리를……."

"잔소리 마라. 네 놈이 진짜 사촌 오라비라면 마님께서 왜 그런 말을 하시겠어. 목이 붙어 있을 때 냉큼 네 정체를 밝히지 못하겠느냐?"

남자는 그때까지의 사정조에서 태도가 180도 바뀌어 결연한 얼굴로 말했다.

"꼭 내 정체를 알고 싶거든 너희 장군한테 데려가 다오. 그러면 모든 것이 밝혀질 것이다."

"뭐라고?"

"나중에 큰 책임을 모면하고 싶거든 너희 장군을 만나게 해다오."

군졸들이 생각하니, 아무래도 자기네 멋대로 그를 죽이고 살리고 할 문제가 아닐 것 같았다. 남자의 말대로 나중에 어떤 불호령을 맞게 될지 모르는 일이었다.

마침내 군졸들은 남자를 결박하여 장해림 앞으로 끌고 갔다.

"네가 나를 만나겠다고 우긴 놈이냐?"

"그렇소."

"너는 누구며, 무엇하러 여기까지 왔느냐?"

"나는 당신이 데리고 사는 계집의 남편인 하상유라 하오."

"아니, 뭣이 어째?"

장해림은 깜짝 놀랐다.

죽음을 각오한 듯, 하상유는 당당한 태도로 목소리를 높였다.

"난리를 당하여 적도에게 지어미를 빼앗겼으니, 내 심정이 오죽했겠소. 그때부터 나는 살아있어도 산 목숨이 아니요, 죽으려고 해도 죽을 수 없는 사람이 되고 말았소이다. 다른 사람들은 나더러 오랑캐한테 붙들려 간 계집에 연연하면 무엇 하느냐고 그럽디다. 이미 몸을 버릴 대로 버린 계집인데, 깨끗이 잊어버리고 새 장기를 가라고 말이오. 그렇지만 나는 그렇게 할 수가 없었소. 왜냐하면 아내를 내 목숨보다 더 사랑했기 때문이오. 몸을 버렸다 해도 그것이 나라와 지아비인 나한테 책임이 돌아갈 일이지, 불가항력에 당한 본인한테야 무슨 허물을 물을 수 있겠소. 그보다는 낯설고 험한 오랑캐 땅에 끌려가서 얼마나 고생을 하랴, 마음 고생을 이기지 못해 혹시 스스로 목숨을 끊지나 않았을까, 그런 걱정을 하자니 견딜 수가 없었소. 그래서 마침내 아내의 얼굴이라도 한 번 볼 수 있을까, 하다못해 소식이라도 알 수 있을까 하여 이렇게 찾아온 것이오."

"……."

"그런데 아까 성문지기 군졸의 말에 의하면, 아내가 다짜고짜 내 목을 베라고 했다지요? 그것은 거짓말이오. 군졸이 꾸며 낸 거짓말일 것이오. 아내라면 그런 비정한 말을 할 까닭이 없소. 집을 떠나올 때부터 나는 이미 살기를 바라지 않은 목숨이오. 기왕 이렇게 되었으니, 죽기 전에 아내의 얼굴을 한 번만 보도록 해주오. 그래서 진실된 마음을 확인하기만 하면 당장 죽어도 여한이 없겠소. 부탁이오."

"만일 그 사람이 이제 본래의 네 처가 아니고, 그런 험한 말을 한 것도 사실일 경우에는 어떻게 하겠느냐?"

"절대 그럴 리가 없소."

장해림은 부하를 보내어 문초 현장으로 강씨를 데려오도록 했다. 핑계를 대며 나오지 않겠다고 우기던 강씨도 장해림의 강경한 지시에는 어쩔 수 없어, 마침내 굳은 표정으로 나타났다.

"여보! 나요. 내가 왔소."

하상유는 자기 처지도 잊어버린 듯 눈물을 펑펑 쏟으며 벌떡 일어나 강씨한테로 달려가려고 하다가 군졸들한테 제지당했다. 그러나 강씨는 싸늘한 표정으로 남편을 힐끔 바라보았을 뿐, 달다 쓰다 한 마디 말도 없었다.

"임자는 들으라. 보는 바와 같이 임자의 처음 지아비였던 자가 오로지 임자를 만나고자 목숨을 걸고 이 먼 길을 걸어 찾아왔다. 당장 목을 칠 것이지만, 나도 사람인지라 그 사정이 가엾다 하지 않을 수 없구나. 어떻게 하겠느냐. 저자를 따라서 도로 고려로 돌아가겠느냐, 아니면 내 곁에 남겠느냐. 원하는 대로 해줄 것이다."

장해림이 말하자, 강씨가 얼른 대꾸했다.

"싫어요. 누가 간다고 그래요? 나는 여기 당신 곁에 있겠어요."

"흠, 그래?"

"당신의 지어미 노릇을 하게 되면서부터 저 사람하고의 인연은 끝장이 난 겁니다. 돌이킬 수도 없고, 돌아가고 싶지도 않아요. 나한테는 이제 오직 당신과 지금의 생활이 소중할 뿐이에요. 그러니 저 사람을 죽여 주세요."

"죽이라고?"

"측은하기는 하지만, 저 사람이 살아 있는 한 내가 평생 꺼림칙해서 어떻게 당신을 알뜰히 모실 수 있겠어요."

그 말을 듣고 나서 장해림은 하상유를 내려다보았다.

"들었겠지? 이래도 할 말이 있느냐?"

하상유는 완전히 얼이 빠진 사람 같았다. 사랑하는 아내의 입에서 그런 모진 소리가 나올 줄은 꿈에도 상상한 적이 없는 그였다.

"아아!"

하상유의 입에서는 비통한 탄식만이 흐느낌과 함께 새어 나왔을 뿐이었다.

장해림은 의자에서 일어나 장검을 뽑았다.

"이제 너를 죽일 것이다. 마지막으로 남길 말이 없느냐?"

"없다. 세상에 이런 기막힌 일이……. 어서 죽여다오."

하상유는 고요히 눈을 감았다. 두 눈에서 눈물이 쉴새없이 흘러 내렸다. 주위에 둘러선 군졸들은 그 비장한 광경에 숙연해져서 숨을 죽이고 있었다.

"그럼……."

장해림은 칼을 높이 쳐들었다.

다음 순간, 피보라와 함께 쓰러진 것은 하상유가 아니고 강씨였다. 장해림의 칼이 그녀의 목을 쳐 날린 것이다. 그 뜻밖의 끔찍한 광경을 바라본 홍건적 군졸들은 혼비백산해서 벌어진 입을 다물지 못했다.

장해림은 강씨의 피가 묻은 칼로 하상유의 결박을 끊어주며 슬픈 목소리로 말했다.

"나 비록 배운 것 없고, 지금까지 거침없이 살아왔으나, 사람의 도리가 어떤 것인지는 알고 있다. 이 계집으로 말할 것 같으면, 급박한 환란을 당하여 어쩌다 내 계집이 되긴 했으되, 사람인 이상 지난날의 지아비되는 사람한테 털끝만큼이나마 연연하는 정이 남아 있어야 할 것이다. 그런데도 불원천리하고 찾아온 사람을 가련하게 여기기는커녕 뒤끝이 깨끗하도록 죽이기를 원하였으니, 이런 악독한 계집이 어디 있단 말이냐. 오늘 그전의 지아비를 죽이려 하니, 내일이면 또 다른 놈을 위해 내 죽음을 바라지 않는다고 어찌 장담할까. 이런 계집은 살아있어 봐야 해악만 끼칠 뿐이라 생각하고 처치해 버렸으니, 그대는 마음을 정리하고 고향으로 돌아가도록 하라."

그러고는 많은 재물을 하상유 앞에 내놓았다.

악처는 귀신보다 더 무섭다는 말이 그래서 나온 것인지도 모른다.

요승 신돈

공민왕 14년 5월의 어느 날 밤, 임금은 이상한 꿈을 꾸었다. 한 악한이 칼을 들고 자기를 죽이려고 달려드는 바람에 거의 죽을 지경이 되었는데, 난데없이 중이 나타나서 악한의 앞을 가로막는 바람에 목숨을 구한 것이다.

꿈을 깬 공민왕은 이상한 생각이 들었다. 그래서 이튿날 어머니인 태후에게 그 이야기를 했더니 태후가 웃으며 말했다.

"그것은 흉몽이 아니고 길몽입니다."

"어째서요?"

"어미가 생각하기에 대왕을 도와서 나라의 어려움을 덜어줄 이인이 나타날 것이라는 계시가 아닐까 싶어요."

임금의 꿈 이야기를 들은 김명원이란 대신이 계성현 옥천사에 득도한 고승이 있으니 만나보는 것이 어떠냐고 여쭈었다. 그래서 호기심이 발동한 공민왕이 즉시 그 옥천사의 중을 불러오도록 했다.

"아니!"

그 중을 본 공민왕은 눈을 크게 떴다. 그런데 중의 모습이 꿈에서 자기를 구해준 중과 신통할 정도로 닮았기 때문이다. 중의 자는 요공, 법명은 편조라고 했으며, 옥천사 사노의 아들이었다.

공민왕이 마주 앉아 이야기를 해보니 말솜씨와 총명함과 지혜가 출중했다. 더군다나 꿈의 계시도 있었으므로, 공민왕은 기뻐하여 그를 그 때부터 내전에 자주 불러들여 불경을 비롯하여 세상 살아가는 이야기를 나누며 총애하게 되었다.

편조는 여름이나 겨울이나 한 벌 누더기를 걸치고 다녔다. 임금이 좋은 옷을 선사하려고 해도 받지 않았다.

"불문에 있는 몸이 어찌 좋은 옷, 좋은 음식을 탐하겠습니까. 세상 모든 사물의 근본은 공空입니다. 소승이 이 누더기나마 걸치는 것은 남의 시선을 생각해서입니다."

그토록 조금도 욕심이 없는 것을 본 공민왕은 더욱 그를 사랑하고 존경하게 되었으며, 나라의 대소사에 관한 자문을 구하기도 했다. 그러면 편조는 정연한 논리와 남을 사로잡는 말솜씨로 임금의 마음을 즐겁게 해주었다.

임금의 신임을 얻고 대궐에 출입하는 일이 잦아지면서부터 편조는 본색을 드러내기 시작했다. 뭔가 청탁을 하기 위해, 또는 그의 명성을 흠모하여 찾아오는 여자들을 유혹해서 정을 통한 것이다.

나쁜 소문은 더더욱 빨리 퍼지는 법이어서, 편조의 여색 행각이 많은 사람들에게 알려지게 되었다. 그러니 평소부터 그의 행태를 좋게 생각 하지 않은 사람들이 가만히 있을 턱이 없었다.

"나라가 어지러우려니 어디서 난데없는 요괴가 나타나서 못된 짓을 하는구나."

"이 요사한 중놈을 그대로 둘 수 없으니 당장 없애야 하오."

이승경, 정세운 같은 대신들의 태도가 특히 강경해서 사람을 보내어 편조를 죽이려고까지 했다.

깜짝 놀란 공민왕이 밀령을 내려 빨리 피신하게 함으로써 편조는 두타頭陀가 되어 멀리 달아남으로써 화를 면했다.

그런 지 얼마 후에 이승경, 정세운 등이 죽고 나자, 편조는 임금 앞에 다시 나타났다. 그때부터는 거리낌없이 내전에 출입했을 뿐 아니라 임금의 신임이 더욱 두터워져 나라의 대소사를 도맡아 처리하게 되니, 그의 세력은 점점 커져 누구도 그의 명령을 거역할 수 없게 되었다.

공민왕은 편조에게 수정리순논도섭리보세공신, 영도첨의사사사, 판감찰사사, 취성부원군, 제조승록사 겸 판서운관사라고 하는 거창한 벼슬과 함께 청한거사라는 호를 내리고 국사國師를 삼아 신분을 고귀하게 했으며, 편조는 그때부터 자기 이름을 신돈으로 고쳤다.

지금이나 옛날이나 세력가의 집 문턱은 닳아 빠지게 마련이다. 임금이 그토록 편조를 편애하고 신뢰하자, 그에게 줄을 대어 출세하려는 사람이나 억울한 일을 풀려고 하는 사람, 또는 그의 높은 도력을 흠모하는 사람들이 앞을 다투어 모여들었다.

특히 신돈의 선승 행세에 혹한 사대부의 부인네들은 설법을 든고 복을 구하기 위하여 자주 찾아오곤 했는데, 신돈은 그런 귀부인들을 한 사람도 그냥 돌려보내지 않고 내방으로 끌어들여 정을 통하니, 나중에는 부인네들 사회에서 신돈의 총애 받기를 경쟁하는 한심한 사태에까지 이르렀다.

세상에서는 신돈의 그런 행실에 대해서 말이 많았지만 정작 본인은 임금 앞에서 말 한 마디 손발 한 번 움직이는 것조차 겸손하고 조심스럽게 굴었으므로, 공민왕은 신돈의 그런 작태를 까맣게 모르고 있었다. 그렇게 되니 국가 기강이 크게 어지럽고 혼탁해졌으나, 아무도 신돈 본인한테나 임금 앞에서 감히 바른 말을 하는 사람이 없었다.

어느 날 신돈은 임금에게 '전민변정도감'이란 기관을 설립할 것을 청하고 스스로 그 도감의 판사가 되어 이렇게 공포했다.

요즈음 기강이 크게 어지럽고 엉큼한 짓들이 풍습을 이루어 종묘, 학교, 창고, 사사寺社, 녹전祿田, 군수전軍須田과 백성들이 세업世業으로 부쳐 먹는 밭뙈기까지 모두 세력 가진 자들이 빼앗아 소유했을 뿐 아니라, 크게 농장農莊을 베풀고, 백성들을 병들게 하며, 나라를 쇠약하게 하고, 농사를 그르치게 하며, 몹쓸 병이 돌도록 하므로 이에 도감을 세워 그것을 다 바로잡으려 하노라. 도성 안에서는 15일 안에, 각 고을에서는 40일 안에 제 잘못을 알고 고치는 자는 별일이 없으려니와, 기한이 넘어 잘못이 발각될 때는 법으로 다스릴 것이며, 망령되게 송사를 일으키는 자한테는 거짓 고자질로 간주하여 같은 벌을 내릴 것이다.

그러한 방을 붙이니, 세도하던 집안에서는 찍소리도 못하고 농토를 본래의 주인한테 반환했고, 빼앗아 부리던 노비를 방면해 주었다.

그렇게 되자 권세 있는 사람들은 크게 원한을 품었지만, 힘없고 불쌍한 일반 백성들은 손뼉을 치며 환영했다.

"이렇게 어질고 깨끗한 어른이 다시 있을까? 참으로 성인이 나셨구나!"

"이제야 우리 같은 민초들도 기를 펴고 살 수 있게 되었네그려."

세상이 뒤숭숭해지고 한편으로는 들떠 있는 가운데, 그와 같은 변혁적 조치로 불이익을 당한 세력가들은 어떻게 하든지 손해를 만회하려고 했다. 직접 그 부당함을 말하다가는 반좌죄*反坐罪에 걸려 무슨 꼴을 당할지 모르기 때문에 은밀한 수단으로 신돈한테 접근했다.

많은 뇌물을 바치거나, 심지어는 그가 여색을 탐한다는 사실에 착안하여 사대부의 아내나 딸이 접근하여 정을 통하기도 했다.

모든 송사는 신돈의 마음을 누가 붙드느냐에 따라 승패가 결정되었다.

이런 일이 있었다. 장해라고 하는 대신의 종이 운이 좋아 신분 상승을 하여 낭장이 되었는데, 우연히 말을 타고 거리를 지나가다가 옛날의 주인 어른을 만났다. 종이 말 위에 앉은 채로 꾸뻑 인사를 하므로, 장해는 크게 꾸짖었다.

이에 화가 치민 종이 송사를 일으켜 신돈에게 그 사실을 고하자, 신돈은 뇌물을 받은 데다 귀족들에 대한 체질적인 반감까지 작용하여 장해와 그 부인을 잡아 가두고 말았다.

그 사실이 알려지자 사정을 아는 사람은 모두 신돈에게 반감을 품었지만, 일반 백성들은 약한 사람을 보호하는 성인의 공명정대한 처사라 하여 신돈을 칭송했다.

그처럼 공적인 일이고 사적인 일이고 간에 모두 신돈의 판단과 결정에 판가름이 나므로, 그의 집 앞에는 청탁을 하려는 사람들이 타고 온 가마와 수레로 발디딜 틈이 없었고, 오히려 대궐 앞이 쓸쓸할 지경이었다.

신돈의 색탐과 정력은 대단해서 찾아오는 고관대작의 부인네를 건드리는 것으로 만족하지 않고 스스로 첩을 두어 사랑하기도 했으며, 반야라고 하는 첩을 임금에게 바치기도 했다. 그런데도 임금은 그와 같은 사실을 조금도 알지 못했다. 여전히 신돈을 신임하여, 그가 욕심이 없고 사리판단이 정확하며 공명정대한 사람이라고 침이 마르도록 칭찬했다.

어느덧 신돈의 위세는 임금을 능가하게 되었다. 모든 국정이 그의 손아귀에서 놀아나고 임금은 한낱 꼭두각시에 불과해지니, 온 조정 관료 사회는 신돈에게 빌붙은 무리들로 가득차서 나라의 기강이 말이 아니게 되었다. 그래도 그것을 감히 임금에게 상주하거나 바로잡으려고 하는 사람이 없었다.

그처럼 세력이 커지자 신돈은 교만 방자한 마음이 생겨 분에 넘치는 야망을 품게 되었다.

'누구든지 힘이 있어 세상을 차지하면 임금이 되는 것이다. 나라고 옥좌에 앉지 말라는 법이 없지 않은가.'

그렇게 생각한 신돈은 임금을 해칠 기회를 엿보게 되었다.

어느 날, 공민왕이 광종의 무덤인 헌릉과 문종의 무덤인 경릉을 참배하게 되었는데, 그 사실을 안 신돈은 도중에다 무사들을 잠복시켜 임금을 죽이려고 했다.

그때쯤은 공민왕도 신돈에 대해서 어느 정도 의혹을 품게 되었다. 신돈의 권세가 너무나 커져 자기로서도 제어하기 힘들어졌을 뿐 아니라, 신돈에 관한 비판적이고 우려 섞인 이야기가 간간이 귀에 들어왔기 때문이었다. 그래서 공민왕은 생각이 바른 대신들의 충고를 받아들여 참배에 나서면서 위의를 엄중히 하여 불측한 무리들이 감히 덤벼들지 못하도록 했다.

신돈 일당은 그 한 번의 실패로 단념하지 않고, 그 후로도 음모를 거듭하며 세상을 뒤바꿀 계획을 세우기에 여념이 없었다.

그때 이인이란 사람이 신돈의 무리에 가담했는데, 그들의 음모가 너무나 엄청난 것을 보고는 겁이 나서 대신인 김속명에게 달려가 고변을 했다.

김속명은 어전에 달려가 임금에게 말했다.

"대왕마마, 큰일 났습니다. 신돈의 무리가 반역을 꾀한다는 믿을 만한 정보가 들어왔습니다."

"아니, 뭐라고?"

"나라에 불행한 일이 일어나기 전에 어서 그들을 붙잡아 국문해야 합니다."

공민왕은 자기 귀를 의심했다. 그토록 믿고 중용한 신돈이 반역을 꿈꾸다니, 그것이 사실이라면 그런 배은망덕이 있을 수 없었다. 믿고 싶지 않았으나, 상당한 증거까지 들이대며 고변하는 데에는 임금도 어쩔 수 없었다.

"순위부에 명하여 역도의 무리를 모조리 잡아들이라."

마침내 공민왕은 결단을 내리고 명령했다. 그러고도 반신반의하는 마음이 없지 않았다.

마침내 신돈 일당이 모조리 체포되어 심문을 받았는데, 마침내 그들의 입을 통하여 역모가 사실임이 입증되었다. 그래서 사원, 귀한, 윤겸, 중수, 인기, 을송 등 죄질이 무거운 자들은 참형을 당했고, 신귀, 신수 등은 귀양을 갔다.

임금은 야속하다기보다는 기가 막혔다. 믿는 도끼에 발등 찍힌다는 말은 그런 경우를 두고 하는 것이다.

'내가 저를 그토록 신임하고 중용했거늘 감히 어찌 그럴 수가 있단 말인가?'

그러면서도 성질이 모질지 못한 공민왕은 신돈에 대한 처분을 망설였다. 어떻게든지 그를 살릴 방법이 없을까 생각했다. 그러나 여태까지 신돈의 위세에 눌려 기를 펴지 못하고 있던 조정 대신들이 그 기회를 놓칠 리가 없었다. 어전에 몰려와 한결같은 목소리로 신돈의 죄를 고하고 처벌을 요구하니, 공민왕도 할 수 없이 그 충언을 받아들였다.

"신돈을 수원으로 귀양 보내도록 하라."

어정쩡하고 불충분한 처분이었다. 대신들이 그 정도로 가만히 있을 리가 없었다. 후환이 두려워서라도 끝장을 봐야 하는 그들은 다시 임금 앞에 엎드려 물고 늘어졌다.

"신돈은 본시 요사한 중으로서 대왕마마의 은총을 저버리고 모반을 꾀하였으니, 마땅히 그 도당과 함께 자손까지 멸하여야 합니다."

"풍속을 어지럽히고 국가 기강을 무너뜨린 죄만으로도 그를 참형에 처하고 가산과 전지를 몰수함이 마땅합니다."

도평의사, 문하성, 헌부 등 관헌들 모두가 입을 모아 엄벌을 주장하니 임금으로서도 물리칠 도리가 없었다. 그리하여 공민왕은 마침내 신돈의 사형을 윤허하고, 신돈으로 말미암아 내쫓겼던 여러 대신들을 다시 불러올렸다.

찰방사 임복, 체복사 김규 두 사람이 임금의 명을 받아 수원에 내려가 신돈을 꿇어앉히고 꾸짖었다.

"네가 지난날 어전에서 대왕마마께 맹세하기를 부녀를 가까이 함은 다만 양기養氣를 위한 것일 뿐이라고 했다. 그랬는데도 너한테서 아이가 났으니 그 죄가 크다. 뿐만 아니라 성중에 크나큰 집을 일곱 채나 지어 맹세를 어겼으므로, 그 또한 큰 죄에 해당된다. 이제 그 죄를 물어 죽음을 내리니 성은에 감사하고 달게 받으라."

그러자 신돈은 임복의 옷자락에 매달리며 애원했다.

"공의 아기를 보아서라도 제발 나를 살려주시오."

신돈이 말하는 아기는 그가 임금에게 바친 반야의 몸에서 난 모니노를 말했다. 공민왕은 후사가 없어서 걱정이던 참에 아들을 보았으므로 몹시 기뻐했는데, 실상 모니노는 임금의 자식이 아니라 신돈의 핏줄이라고 하는 말이 떠돌았던 것이다.

신돈은 장차 보위를 물려받을 모니노가 자기 자식이라는 것을 은근히 비춤으로써 목숨을 구하려고 했으나, 그것이 통할 리가 없었다.

마침내 그는 참수형을 받고 풍운의 일생을 마치니, 그가 발호하기 시작한 때로부터 6년 만이었다. 그의 목은 도성 동문에 내걸렸고, 사지는 절단되어 여러 도에 내돌리며 죄업의 비참한 대가를 만천하에 증명해 보였다.

두 살배기 모니노는 금지옥엽의 신분에서 하루아침에 거리로 내쫓김을 당했고, 신돈의 의붓동생으로서 판사 벼슬을 하던 강성을과 기타 도당 수십 명이 추가로 죽거나 옥에 갇힘으로써, 고려사 끝 무렵을 어지럽게 장식했던 요승 신돈의 사건은 끝났던 것이다.

목화씨와 문익점

사람들은 역사를 연구하면서 곧잘 '만약'이라는 가정을 대입시켜 본다.

'만약 신라 대신 고구려가 한반도를 통일했더라면' 하는 식이다.

그와 같은 가정을 문익점의 경우에도 대입시켜 볼 수 있다.

'만약 공민왕이 배원자주背元自主 정책을 강행하지 않았더라면', '만약 문익점이 외교 사절로 원나라에 파견되지 않았더라면', '만약 원나라 순제가 문익점을 귀양살이를 시키지 않았더라면' 하는 식이다.

알려진 대로 문익점은 면화씨를 처음으로 들여와 우리 민족의 의생활에 혁명을 가져온 공로자이다.

충숙왕 16년이던 1329년. 경상도 산청에서 남평 문씨 문숙선의 아들로 태어난 그는 어릴 때의 이름이 익첨이었다.

문익점은 서른한 살이 되던 공민왕 9년에 문과에 급제하여 벼슬길에 나선 후 곧 정언으로 승진되어, 마침 원나라에 파견되는 계품사啟稟使 이공수의 서장관으로 따라가게 되었다.

당시 고려와 원나라의 관계는 정치적으로 복잡 미묘했다.

공민왕은 원나라가 말기적 몰락의 길로 들어서고 있음을 알고는 오랜 예속에서 벗어나고자 임금이 되어 귀국하자마자 강력한 지주적 정책을 썼을 뿐 아니라, 순제의 둘째 황후가 된 기씨의 오빠 기철을 죽이기까지 했다.

분노한 원나라 조정에서는 공민왕을 폐하고, 대신에 원나라에 있던 충숙왕의 이우 덕흥군을 새로운 고려왕으로 세우려 했다. 거기에는 고려에서 죄를 짓고 원나라에 도망쳐 있던 최유, 흥왕사에서 공민왕을 시해하려고 음모를 꾸민 주모자 김용 등 국내외의 반역배들도 일조를 하였다.

마침내 원나라 조정에서 공민왕의 폐위와 덕흥군 옹립을 결정하고 그 사실을 통보해 오자, 고려는 강력히 반발하여 대항할 태세를 갖추었다. 경천흥을 서북면도원수로 삼아 안주에 주둔하여 의주, 인주, 이성, 정주, 강계, 독로강, 용주 등 서북 지방을 지키게 하고, 김귀를 도병마사로 삼아 화주^{영흥}에 주둔하여 동북 방면을 수비하게 했다.

그런 한편 조정 신하 중에 덕흥군과 내통한 혐의가 있는 자는 사형에 처하거나 파면시키고, 원나라에 대하여는 덕흥군과 최유를 묶어 넘겨 달라고 요구했다.

공민왕 12년 섣달, 마침내 덕흥군의 군사가 요동으로 진출했고, 이 듬해 정월에는 최유가 다시 몽고군 1만 명을 인솔하고 덕흥군을 받들어 압록강을 건너 의주를 포위하였다.

고려군이 몇 번의 접전에서 크게 패하여 안주로 퇴각하자, 조정에서는 최영을 급히 파견하여 군사를 지휘하게 하는 한편, 이성계를 동북쪽으로 보내어 이를 돕도록 하였다.

마침내 정주 지역에서 양쪽 군사는 일대 접전을 벌였는데, 결과는 최영의 고려군이 대승을 거두었고, 덕흥군의 추종자들은 허겁지겁 압록강을 건너 도망쳤다.

사태가 이 지경에 이르자, 원나라도 생각을 달리 하지 않을 수 없었다. 왕조 말기에 이른 그들로서는 우격다짐으로 고려를 누를 힘이 없었고, 그보다는 중원 전역에서 우후죽순으로 일어나는 반란을 걱정하는 것이 우선이었다. 그래서 원나라는 결국 사신을 보내어 공민왕을 인정하는 한편, 역적 최유를 묶어 보냈다.

마침 그런 소용돌이 속에서 이공수가 특사로 파견된 것인데, 문익점은 그를 수행하게 되었던 것이다.

문익점은 출발에 앞서 아내에게 말했다.

"아무래도 이번 걸음이 예감에 심상치가 않소. 혹시 내가 오랑캐의 땅에서 얼른 못 돌아오더라도 부인은 너무 걱정하지 말고 집안 대소사를 잘 건사하시오."

부인인 정씨는 깜짝 놀라서 눈이 휘둥그레졌다.

"아니, 그게 무슨 말씀입니까?"

"최근 들어 우리 조정과 원나라 황실의 관계가 미묘하게 되어 있기에 하는 말이오."

"아무리 그렇지만 타국의 사절에 대해서는 험한 대우를 하지 않는 것이 국가 간의 예절이 아닙니까."

"왜 아니겠소. 하지만 상대는 우리의 상국이라고 자처하는 데다 근본이 오랑캐 족속들이기에 하는 말이오."

문익점의 예측은 맞아떨어졌다. 원나라에 도착한 그는 덕흥군 사건에 관련되어 순제의 노여움을 사는 바람에 멀리 중국 남쪽 운남성으로 귀양을 가게 되었던 것이다.

그의 귀양처는 운남 지방 중에서도 검남이라고 하는 곳으로, 지금의 사천성 검각과 대강 사이를 말한다.

주거 제한을 받을망정 유배 생활은 비교적 자유로웠다. 문익점은 여유로운 마음으로 남국 풍정이 물씬한 경치를 즐기기도 하고, 책을 읽거나 시를 읊기도 했다.

문익점으로서 다행인 것은 종從 김용을 데리고 갈 수 있었다는 것이다. 집에서 데려간 종 김용은 재치있는 젊은이로서 지성으로 주인을 섬겼고, 유일한 말상대가 되어 주었다.

어느 날, 문익점은 김용을 데리고 들판에 나갔다가 신기한 것을 발견했다.

"얘, 용아."

"예, 나리."

"저것이 무엇이냐?"

"무엇 말씀입니까?"

"저기 저 들판에 허옇게 핀 것 말이다."

"글쎄요. 꽃인 듯하군요."

"꽃이라……, 어디 꺾어 와 부아라."

김용이 뛰어가서 몇 송이 꺾어 가지고 왔다.

문익점이 보니, 몇 겹의 꽃잎으로 형성된 것이 아니고 송이 전체가 하나의 보풀보풀한 덩어리로 되어 있는 이상한 꽃이었다. 아니, 꼭 꽃이라고 하기도 어려운 모양이었다. 손가락으로 집어서 뜯어보니 섬유질이 뜯겨져 나왔다.

"이게 뭘까?"

"글쎄올시다, 나리."

그때 마침 운남 사람 하나가 저만큼 지나가고 있었다. 문익점은 종을 보내어 그 꽃이 무엇인지 알아보게 하였다.

김용이 운남 사람한테 달려가 손짓 몸짓을 섞어가며 서투른 현지어로 말을 붙이더니, 곧 되돌아왔다.

"뭐라고 하더냐?"

"풀어서 실을 꼬아 베를 짜는 면화라고 하더군요."

"뭐라고!"

"아니, 왜 그렇게 놀라십니까?"

"아무것도 아니다."

시치미를 떼었으나, 문익점의 가슴은 두근거렸다.

'원나라 황제가 도리어 나한테 복을 주었구나.'

문익점은 속으로 쾌재를 불렀다.

당시 우리나라에는 면화가 아직 재배되지 않았다. 대중적인 옷감이라고는 누에고치에서 나는 견직과 삼을 재료로 하는 마포가 전부였다.

목면의 원료인 면화는 중국에서도 남쪽의 따뜻한 지방에서 주로 재배되었고, 그 재배지가 차츰 북상하는 추세에 있었다.

한편 원나라 조정에서는 다른 옷감에 비하여 대량 산출이 가능하고 보온성 등 품질이 우수한 목면에 크게 주목하여 그 종자나 재배 기술이 국외로 빠져 나가지 못하도록 엄격히 규제하고 있었다. 왜냐하면 목면은 대단한 무역 전략 상품으로 취급되기 때문이었다.

고려 초기부터 한반도에도 목면이 상당히 들어오고 있었다. 당시 전라도 연해와 제주도 등지에는 송나라 상인이나 일본 상인들의 발길이 잦았으며, 그들을 통하여 면제품이 대량으로 수입되었던 것이다.

기록을 보면 현종 9년에 북쪽 흥화진의 빈민들을 구제하기 위해 충렬왕 15년에 북정군 병사들의 의복 재료로 다량의 면포를 보낸 사실이 있고, 충렬왕 22년에 원나라 조정에서 고려 왕실에 보내온 예물 가운데 목면 4백 필이 포함되어 있었음이 이를 말해 준다.

그러나 그것은 어디까지나 수입 상품이었고, 그것을 대중화하여 백성들의 의생활을 크게 윤택하게 하고자 하는 입장에서 보면 그림의 떡이나 다름없었다.

그때부터 문익점은 귀양살이의 시름도 잊은 채 면화를 주목하기 시작했다. 현지인들이 씨를 어떻게 뿌리고 어떻게 가꾸는가, 꽃이 어떻게 피고 어떻게 열매가 맺혀 목화송이로 터지는가, 그리고 그것을 수확하여 어떤 방법으로 실을 뽑아 베를 짜는가 하는 것을 운남 사람들이 의심하지 않을 정도로 조용히 관찰하고 연구했다.

그러던 중에 마침내 그의 귀양이 풀려 귀국을 허락한다는 통지가 내려왔다. 유배 생활 3년 만이었다.

그날 밤, 문익점은 고국에 돌아가게 되어 싱글벙글한 종을 보고 가만히 지시했다.

"너 지금 들에 나가서 면화씨를 조금 채취해 오너라."

"면화씨는 무엇하게요?"

"묻지 말고 시키는 대로 해. 남의 눈에 띄지 않도록 조심해야 하느니라."

"알았습니다요, 나리."

김용은 어둠 속으로 재빨리 사라졌다가, 이윽고 면화씨를 한 움큼 들고 돌아왔다.

"수고했구나. 시키는 대로 조심을 했으렷다."

"그럼요. 그런데 나리, 그 면화씨를 고려에 가져가실 생각입니까?"

"그렇다. 이것을 가져가 심어서 종자를 많이 퍼뜨리면, 우리 백성들이 추운 겨울에도 따뜻하게 지낼 수 있지 않겠느냐."

"하지만 이것을 무슨 수로 숨겨서 가져가지요? 그러다 들키기라도 한다면 나리와 소인 놈은 큰 경을 치르지 않겠습니까."

"왜 아니겠느냐. 이 나라에서 금하는 면화씨 유출을 하다가 적발되면 나와 너는 영영 고국으로 못 돌아가게 될지도 모른다. 그러니까 이 비밀을 절대 누설해서는 안 된다. 알겠느냐?"

"아이고, 나리!"

"위험하지만, 나라와 백성들을 생각하면 결행하지 않을 수 없다. 하늘이 나한테 내리신 기회가 아니겠느냐."

문익점의 각오는 대단했다. 자기 한 사람의 안전과 백성들의 행복을 걸고 위험한 도박을 한 것이다. 면화씨를 어떻게 숨길까 몹시 고심하다가, 스스로 무릎을 쳤다. 그러고는 붓뚜껑 속에 면화씨 열 개를 차곡차곡 다져 넣었다.

이윽고 문익점은 귀국길에 올랐다. 운남에서 출발할 때 뿐 아니라 국경에서도 엄중한 몸수색을 당했지만 붓 뚜껑 속에 면화씨가 들었을 줄이야 누가 알 수 있겠으랴.

그리하여 문익점은 3년 만에 귀국하였고, 면화씨도 무사히 반입되었다.

공민왕은 억울한 귀양살이를 하고 돌아온 문익점을 크게 환대했다.

"그 먼 곳에서 얼마나 고생이 많으셨소? 과인의 책임이 크구려."

"아니옵니다, 대왕마마. 비록 고생은 되었을망정, 그보다 더 큰 것을 얻어왔나이다."

"더 큰 것을 얻어오다니, 무엇을?"

"첫째로 견문을 크게 넓혔고, 그밖에도 이것저것 얻은 것이 적지 않습니다."

문익점은 면화씨 반입을 섣불리 발설하는 것은 아무래도 좋지 않을 것 같아서 적당히 얼버무렸다.

임금을 만나고 나온 문익점은 고향 산천으로 내려가 장인 정천익을 찾아갔다. 그러고는 귀양이 풀려서 돌아온 사위를 반갑게 맞이하는 장인 앞에 면화씨 다섯 개를 내놓았다.

"이게 무엇인고?"

"면화씨입니다."

"면화씨?"

"예. 불행 중 다행으로 제가 귀양을 갔던 운남이 목면의 원산지였습니다. 제가 유심히 관찰한 결과 이것을 심으니까 국화 키만한 풀로 자라나서는 꽃이 피고, 그 꽃밑에 열매가 열리더군요. 그 열매가 점점 커지다가 이윽고 터지면서 보풀보풀한 송이로 변하는데, 그것이 면화라는 것입니다. 그쪽 사람들은 그것이 완전히 만개할 때를 기다렸다가 따가지고 실을 꼬아 베를 짜더군요. 이 씨는 그 속에 몇 개씩 들어 있는데, 실을 타기 전에 씨를 하나하나 골라냈다가 나중에 다시 심는 것이지요."

"아하!"

"이것을 가져다 심어 퍼뜨리면 백성들의 헐벗음을 면할 수 있게 해줄 수 있겠다 싶었지만, 아시다시피 원나라에서 반출을 금하는 바라서 많이 가져올 수가 있어야지요. 머리를 짜낸 끝에 겨우 씨 열 개를 붓뚜껑 속에 숨겨가지고 나왔습니다."

"자네가 정말 장한 일을 해냈구먼."

"너무나 소중한 물건이라, 한 번 실패하면 돌이킬 수 없겠기에 절반을 가져왔습니다. 그러니까 장인 어른께서 이것을 심어서 잘 가꾸십시오. 나머지는 제가 직접 재배하겠습니다. 아버님이나 저나 한쪽은 재배에 꼭 성공해야만 합니다."

"알겠네. 자네가 목숨을 걸고 구해 온 소중한 씨앗을 내 어찌 소홀히 취급하겠는가. 걱정 말게나."

그렇게 하여 사위와 장인은 각각 다섯 개씩의 면화씨를 나누어 심었다. 그 결과 문익점이 심은 다섯 개는 모두 실패로 돌아갔고, 정천익이 심은 다섯 개 가운데 네 개는 실패였지만, 오직 한 개가 살아남아 싹을 틔우고 줄기를 뻗어올려 이윽고 여러 송이의 꽃을 피움으로써 1백여 개의 목화 씨를 얻을 수 있었다.

그것을 본 문익점의 기쁨은 말로 다할 수 없었다. 자기가 그토록 고생하며 가져온 보람이 나타났기 때문이다. 그 1백여 개의 씨앗은 이듬해에 기하급수의 숫자로 늘어났고, 정천익은 그것을 마을 사람들에게 나누어 주어 재배하도록 권장했다.

그 무렵, 원나라 중 홍원이란 자가 고려에 나왔다가 우연히 정천익의 집에 들렀다. 홍원은 면화를 보고 깜짝 놀랐다.

"아니, 저것이 어찌하여 이 고려에 저렇게 많이 피어 있습니까?"

"우연히 씨앗을 몇 개 얻었기에 그것을 심었더니 잘 자라서 씨앗을 퍼뜨렸지요."

"이곳은 원산지와 기후가 많이 다른데도 잘 자라다니 신기하군요. 어쨌든 앞으로 고려 백성들도 헐벗을 걱정은 하지 않아도 되겠군요. 참으로 다행입니다."

"그런데 재배는 하오만, 어떻게 가공하는지를 몰라서 걱정이오. 대사께서 면화의 가공법을 아신다면, 수고스럽겠지만 좀 가르쳐 주시오. 불쌍한 중생들에게 도움을 주는 것 역시 불도의 도리가 아니겠소."

"지당하신 말씀입니다. 소승이 그 방면에 관해서는 제법 아는 바가 있으니, 전승하여 드리겠습니다."

홍원은 그날부터 정천익의 집에 머물며 면화를 어떻게 타서 씨를 골라내고 어떻게 실을 꼬아 베를 짜는지를 가르쳤으며, 정천익은 종들로 하여금 그 기술을 익히게 했다. 홍원은 가공 기술뿐 아니라 목면 제조에 필요한 기구들도 만들어 보여주었다.

면화 재배는 해가 갈수록 분포의 폭이 넓어졌고, 그로써 백성들의 의생활은 크게 향상되었다.

문익점은 곧 관직에서 물러나 고향에 돌아가서 면화 재배와 보급에 관심을 기울이는 한편, 정주학程朱學 연구에 매진하였다. 국운이 기울어져 가는 것을 근심하고, 정주학이 널리 인식되지 못하는 것을 근심하고, 자기의 학문이 얕음을 근심하는 의미로 스스로 '삼우거사三憂居士'로 자칭하면서 소박한 생활을 영위하였다.

그러는 가운데 공민왕이 간신배의 손에 죽임을 당했다는 소식이 전해지니, 문익점은 북쪽을 바라보고 땅을 치며 통곡했다.

"아, 이 나라가 장차 어찌 되려고 이 모양인가 영명하신 태조 대왕의 창업 이래로 5백 년을 못 채우고 망하겠구나."

그렇게 한탄하던 문익점은 마흔여덟 살이 되던 우왕 2년1376년에 모친상까지 당하자 크게 상심하였다. 그는 어머니 무덤 옆에 묘막을 짓고 여묘廬墓에 들어갔다.

당시는 왜구의 침입이 빈번하여 그 피해가 막심할 때였는데, 때마침 남해안 지방에 상륙한 왜구들이 약탈을 일삼으며 몰려다니다가 문익점의 묘막에 이르렀다. 문익점은 왜구가 가까이 나타났거나 말거나 아랑곳없이 호곡을 하고 있었다.

왜구들이 보니 호젓한 무덤 가에서 초췌하기는 하지만 범상치 않아 보이는 중늙은이가 이상한 삼베옷을 걸친 채 울고 있으므로 호기심이 발동하였다. 제법 머리에 든 것이 있는 왜구의 우두머리는 필담^{筆談}으로 그 연유를 알고자 하였다.

"그대는 왜 여기서 울고 있느냐?"

"어머님이 세상을 뜨셨기에 유택 옆에서 지키고 있는 것이다."

"언제까지 그렇게 하고 있을 것인가?"

"뼈와 살을 물려주신 부모님이시니, 마땅히 3년은 여묘를 하여야 하리라."

아무리 짐승같이 사나운 왜구들이지만, 그 효성에는 감복하지 않을 수 없었다. 그들은 문익점의 머리털 한 올도 건드리지 않고 조용히 물러갔다.

나중에 그 사실을 안 조정에서는 문익점의 동네를 효자리로 정표^{旌表}하였다.

문익점은 우왕 14년에 다시 임금의 간곡한 부름을 어쩌지 못하여 조정에 나와 좌사의대부 우문관제학 겸 춘추관사로서 학문을 진강하게 되었으나, 사전제^{私田制}의 부활을 둘러싼 논쟁에 휘말려 억울한 탄핵을 당하는 바람에 미련없이 벼슬을 버리고는 다시 낙향하고 말았다.

그 후부터는 조용히 글이나 읽으면서 여생을 보냈으며, 이성계 일파의 쿠데타로 고려가 망하고 조선이 일어서자 애끊는 심정으로 왕씨 왕조에 대한 충절을 지키다가 태조 7년^{1398년}에 일흔 살의 나이로 세상을 떠났다.

조선 조정에서는 그의 공덕을 기려 제전^{祭田}을 내렸고, 태종은 참지의정부가 예문관제학을 추증하는 동시에 강성군으로 봉하고 충선이란 시호를 내렸다. 그 후 세종은 다시 영의정으로 추증하고 부민후를 봉하는 한편 그 자손을 많이 등용하였다.

문익점은 학문적인 측면으로도 고려말 유학의 대가로 인정 받았으나, 면화를 도입하고 그것을 널리 퍼뜨린 실용적인 공적으로 후세 사람들의 숭앙을 받았다. 세종이 부민후富民候라는 봉작을 내린 것만 보아도 잘 알 수 있다.

문익점뿐 아니라 후손들도 그의 뜻을 따라서 목화 농사의 전래와 보급에 힘쓰고 가공 기술 및 가공 용구의 고안에 힘써 국가 산업 장려에 큰 공적을 남겼다.

면사를 잣는 물레는 문익점의 손자인 문래가 만들었고, 또 다른 손자 문영은 베틀을 만들었다고 전해진다. 참으로 특이한 분야에서 겨레의 삶을 풍요롭게 한 인물이요, 가문이 아닐 수 없다.

만고의 충신 정몽주

충숙왕 때인 1337년, 경상도 영천군 동우항리에 사는 선비 정운관의 집에 한 아기가 태어났다.

정운관의 처 이씨는 아이를 밸 적에 난초 화분을 안고 있다가 떨어 뜨린 꿈을 꾸었기 때문에 아기의 이름을 몽란이라고 지었다.

정운관은 안으로는 정치가 바르지 못하고 밖으로는 대륙의 외세에 눌려 날이 갈수록 나라의 기운이 쇠퇴하고 백성들의 살림이 고단해지는 것을 탄식하는 선비였다.

그러나 집안이 구차하고 배움이 깊지 못한 탓으로, 뜻은 간절하나 자기의 능력으로는 어찌해 볼 수 없다고 생각하고 있었다.

그는 자식을 낳으려고 오랫동안 하늘에 치성을 들이던 중에 아들이 태어났으므로, 그 아이를 잘 키워 자기의 뜻을 펼 수 있게 되기를 간절히 기원했다. 그래서 몽란이 아장아장 걷고 말을 배울 무렵부터, 지금으로 치면 조기 교육에 착수했던 것이다.

아침이면 먼저 하늘에 절을 한 다음 몽란을 앞에 앉혀 놓고 이것저것 가르쳐서 지각의 발달을 촉진시켰고, 몽란이 조금 더 자라서는 나라의 어려운 형편을 이야기하며 큰 인물이 나와 그 어려움을 극복함으로써 나라가 부강하고 백성들이 잘 살 수 있게 되어야 한다고 깨우쳐 주었다.

몽란은 나이에 어울리지 않게 숙성하고 생각이 깊은 아이였다. 아버지의 이야기에 귀를 기울이면서 비분강개로 두 주먹을 불끈쥐기도 했고, 눈물을 떨어뜨리기도 했다. 그러고는 이런 말로 아버지를 기쁘게 해주었다.

"잘 알았습니다. 제가 어른이 되면 훌륭한 사람이 되어 아버님의 소원을 이루어드리겠습니다."

"오냐, 네가 그렇게 말하니 이 아비의 마음은 기쁘다. 훌륭한 사람이 되려면 먼저 뜻을 크게 가져야 한다. 그러나 뜻만 가지고는 모든 것이 이루어지지 않는 법이다. 그 뜻을 펼치기 위해서는 학문이 뒷받침이 되지 않으면 안 되느니라. 따라서 한눈 팔지 말고 공부에 열중하여야 한다."

"아버님 말씀을 명심하겠습니다."

정운관은 기특한 생각으로 아들을 그윽히 바라보며, 장차 이 아이로 자기의 가문이 크게 일어나리라는 기대로 마음이 부풀었다.

정운관만이 아들의 교육에 마음을 쏟는 것은 아니었다. 교육에 관한 한 부인 이씨의 생각과 정성 역시 남편에 못지 않았다. 그녀는 먹이는 것, 입히는 것도 아들의 교육과 연관하여 의미를 두었다.

이씨는 몽란의 옷을 해 입힐 적에 항상 겉옷은 검푸른 감으로 하고 속옷은 붉은 감을 사용했다.

그것을 본 이웃 사람들이 이상하게 왜 아이의 옷을 그런 식으로 입히느냐고 묻곤 했다. 그러면 이씨는 다 생각이 있어서 그러는 것이라는 정도로만 대답하며 웃을 뿐이었다.

이씨는 몽란을 앞에 앉혀 두고 말했다.

"애야, 이 어미가 너한테 겉옷은 푸른색으로, 속옷은 빨간색으로 해 입히는 데는 까닭이 있단다. 너는 그 까닭을 알겠느냐?"

"모르겠습니다, 어머님."

"그렇다면 너를 기르는 이 어미의 마음을 이야기해 주마. 무릇 사람이란 마음속은 뜨거워야 하고, 겉으로는 굳센 기상이 드러나야 하는 법이다. 저 하늘의 해를 보아라. 빨간 불덩어리가 얼마나 뜨겁길래 이 넓은 세상을 따뜻하게 비추느냐. 또한 저 깊은 강물은 얼마나 차고 잠잠하냐. 너는 꼭 저 해와 강물을 닮아 가슴속에는 뜨거운 뜻을 담고 겉으로는 흔들림 없는 냉정한 기품을 가져야 하느니라. 그러한 뜻을 담아 너한테 그런 옷을 해 입히는 것이다. 알겠느냐?"

"잘 알겠습니다."

비록 가난한 살림이기는 했으나 몽란은 그와 같은 훌륭한 부모의 가르침 속에 자라나며 장차 큰 사람이 될 천분을 키웠다.

정운관은 아들의 교육에 남다른 정성을 다했다. 몽란이 글을 깨칠 때부터 하루 학습 일과를 정해 놓고 마음의 흐트러짐이 없이 공부에 열중하도록 지도했으며, 아들의 학문이 일취월장하여 자기의 능력으로 더 이상 가르칠 것이 없다고 생각되자 없는 살림에 무리를 해서까지 능력 있는 선생한테 배우도록 했다. 요즈음으로 치면 과외 교육의 극성이라고 할 것이다.

몽란은 천성이 바르고 영리하며 밝은 아이였다. 부모의 지극한 사랑과 기대를 한 몸에 받으며 무럭무럭 자라났다.

몽란의 나이 아홉 살 때였다.

어느 여름 날, 어머니 이씨가 낮에 피곤하여 낮잠을 자다가 이상한 꿈을 꾸었다. 그녀의 집 뒤꼍에는 커다란 배나무 한 그루가 있었는데, 시커먼 용 한마리가 용틀임을 하면서 기어 올라가고 있었던 것이다.

이씨가 부들부들 떨며 바라보고 있자, 용은 시뻘건 입을 벌리고 이씨를 향하여 불을 확 내뿜었다. 이씨는 너무나 놀라서 비명을 질렀는데, 정신이 돌아오고 보니 꿈이었다.

'참 이상도 하구나. 무슨 꿈이 그렇지?'

이씨는 자리에서 일어나며 생각했다. 아무래도 보통 꿈 같지 않아 뒤꼍으로 가 보았다.

"에그머니!"

이씨는 깜짝 놀라 비명을 질렀다. 몽란이 배나무 줄기를 올라가고 있었기 때문이다.

"얘, 위험해. 거기서 뭘하니?"

"가장 높은 가지 끝까지 올라가 보려구요."

"그러다가 떨어지면 어쩌려구. 당장 내려와."

"알았습니다, 어머니."

몽란은 어머니를 더 걱정시키지 않으려고 순순히 내려왔다.

이씨는 나중에 밖에서 돌아온 남편한테 꿈 이야기를 했는데, 가만히 듣고 있던 정운관은 미소를 지으며 말했다.

"여보, 우리가 역시 용을 한 마리 기르고 있는 것 같소."

"무슨 말씀입니까?"

"그 꿈은 우리 몽란이가 용이라는 거요. 당신의 꿈이 그 계시가 아니고 뭐겠소?"

"그렇기만 하다면야 얼마나 좋겠어요."

"당신 꿈도 그렇고 하니, 이제부터 저 아이의 이름을 몽룡으로 고쳐 부르도록 합시다."

그렇게 되어 몽란은 그때부터 이름을 몽룡으로 고쳐 부르게 되었으며, 얼마 후에는 다시 몽주로 바꾸었다.

정몽주가 열아홉 살 되던 해 아버지가 세상을 떠났고 스물아홉 살에 어머니마저 세상을 떠났는데, 자식 사랑이 그토록 극진했던 부모의 기대가 헛되지 않아 정몽주는 그 무렵 벌써 벼슬길에 올라 있었고, 동북면 도지휘사 한방신의 종사관으로 출정하여 여진을 물리치고 돌아와 조정과 백성들 사이에 이름이 차츰 높아져 갔다.

고려의 마지막 임금 공양왕 때 정몽주의 벼슬은 시중이었다.

요동 정벌에 나섰다가 위화도에서 말머리를 돌려 최영을 죽이고 멋대로 임금을 바꾸어 정권을 손아귀에 넣은 이성계도 당시 같은 시중이었는데, 그는 정몽주에 대해서 경모하면서도 한편으로는 경계를 했다.

이성계는 왕씨 왕조를 몰아내고 자신의 왕조를 세우려는 야심을 암암리에 키우고 있었는데, 그 가장 큰 방해물이 정몽주라고 생각했다. 많은 대신들이 실리를 쫓아 그에게 와서 붙었으나, 정몽주는 거목처럼 버티고 서서 전혀 흔들림이 없었던 것이다.

이성계로서는 정몽주를 동지로 끌어들이면 천군만마를 얻은 것과 같겠지만, 만일 그의 마음을 얻지 못하면 왕조 창업이 순조로울 수가 없을 것이 뻔했다.

어느 날, 이성계는 아들들 중에 가장 똑똑한 방원과 마주 앉아 장래의 일을 이야기하고 있었다. 방원은 형제들 중의 다섯째로 태어났으나 맏이가 병으로 죽는 바람에 넷째가 되어 있었으며, 스물이 갓 넘은 나이였다.

이방원이 아버지한테 말했다.

"아버님께서 대사를 도모하시는 데에는 아무래도 정 시중 어른이 걸림돌이라고 생각합니다. 그분이 아버님을 어떻게 생각하실까요?"

"내가 만일 억울한 모함을 받는다면, 정몽주는 자기 벼슬을 걸고라도 진실을 밝혀 주려고 노력할 사람이지. 그러나 사직에 관계된 일이라면 어떨지 자신있게 단언할 수 없구나."

"그러면 한 번 자리를 만들어 그분을 초청하고 뜻을 탐지해 보는 것이 어떨까요?"

"글쎄다."

그런 며칠 후, 이성계는 주연을 베풀고 정몽주를 초청했다. 술잔이 오가고 분위기가 무르익었을 무렵, 이방원이 정몽주한테 공손히 술을 따라 올리고는 권주가 삼아 시조 한 수를 읊었다.

이런들 어떠하리 저런들 어떠하리
만수산 드렁 칡이 얽혀진들 어떠하리
우리도 이같이 얽혀 백 년까지 누리고저

입으로 올라가던 정몽주의 술잔이 허공에서 멎었다. 세상 돌아가는 형편에 따라서 함께 힘을 모아 영화를 누리는 것이 어떠냐 하는 내용인 것이다. 정몽주는 술잔을 상 위에 놓고 목청을 가다듬었다.

이 몸이 죽고 죽어 일백 번 고쳐 죽어
백골이 진토되어 넋이라도 있고 없고
임 향한 일편단심이야 가실 줄이 있으랴

내 한 몸이야 어찌되더라도 나라와 임금을 향한 충성심은 결코 변하지 않을 것이라는 선언이었다. 그 바람에 분위기는 어색해졌고, 정몽주는 적당한 구실을 대어 자리에서 일어나고 말았다.

정몽주의 뜻이 그와 같이 확고한 것을 본 이성계 일파는 그를 동지로 끌어들이려던 희망을 포기하고는 한편 경계하면서 제거할 기회를 노리게 되었다.

정몽주 역시 이성계의 야망을 확인한 셈이므로 충의를 가진 대신들과 유대를 공고히 하면서 만일의 사태에 대비했다. 따라서 조정에서는 두 세력의 힘 겨루기가 암암리에 진행되었다.

그런 지 얼마 후, 공양왕의 세자 석이 명나라에 사절로 다녀오게 되었는데, 이성계는 귀로의 세자를 마중하여 보호하는 임무를 띠고 황주에 내려갔다.

황주에서 세자 일행을 만난 이성계는 함께 돌아오다가 해주에서 잠깐 지체하게 되자 사냥을 나섰다. 그런데 공교롭게도 말에서 떨어져 몸을 몹시 다치는 바람에 해주에서 한동안 머무르지 않을 수 없게 되었다.

그 소문이 전달되자, 정몽주는 무릎을 쳤다.

'이것이야말로 하늘이 내리시는 절호의 기회다. 이때를 타서 사직의 위태로움을 일소하리라.'

정몽주는 곧 대간 김진양을 비롯하여 마음이 통하는 대신들을 몰래 불러 모았다.

"들자 하니 이 시중이 말에서 떨어져 중한 부상을 입는 바람에 꼼짝을 못한다 하오. 그래서 한동안 조정에 나오지 못하게 되었으니, 이 기회에 종사의 위태로움을 바로잡아야 하지 않겠소?"

"옳은 말씀입니다. 그 편당인 조준, 정도전, 남은 등을 조정에서 몰아내면, 천하의 이 시중인들 무슨 힘을 쓰겠습니까."

이렇게 합의에 이른 정몽주 일행은 곧바로 어전에 나가서 정도전을 비롯한 이성계 일파의 죄를 논하고 그들을 제거할 것을 요구했다.

공양왕 역시 이성계의 세력에 큰 위압감과 두려움을 느끼고 있던 참이므로, 정몽주 일파의 충언에 귀가 솔깃하지 않을 수 없었다.

"이것 큰일 났구나!"

조정에서 벌어지고 있는 음모에 크게 놀란 이방원은 한달음에 아버지한테로 달려갔다.

그때 이성계는 아픈 몸을 억지로 일으켜 교자를 타고 조심조심 상경 길에 올랐으나, 벽란도에 이르러서는 더 이상 움직일 수 없어 쉬고 있었다. 그러던 중에 아들을 만난 것이다.

이성계는 처음에 아들이 단순히 자기를 마중나온 것인 줄 알았다가 조정에서 벌어지는 일을 듣고는 얼굴이 굳어졌다.

"네가 하는 말이 사실이냐?"

"그렇습니다. 아버님이 빨리 상경하셔서 손을 쓰셔야겠습니다."

"그러나 지금 내 몸이 이 지경인데……"

"촌각이 급합니다. 우리 집이 멸족을 당하게 생겼지 않습니까."

그 말을 들으니 이성계로서도 지체할 수가 없었다. 아픔을 꾹 참고 교자꾼을 독려하여 개경으로 향했다.

이성계가 예상보다 빨리 도성에 도착하고 보니 정몽주 일파로서는 낭패가 아닐 수 없었다. 새끼범들을 다 잡아 죽이기 전에 어미범이 자기 굴에 돌아온 셈인 것이다. 유약하고 겁이 많은 공양왕의 망설임도 있고 하여, 이성계 세력을 단번에 꺾으려던 정몽주의 계획은 수포로 돌아가고 말았다.

이성계는 그동안 정몽주의 인물을 아까워하는 마음이 없지 않았으나, 그 사건으로 완전히 입장을 정리했다. 정몽주를 살려 두고서는 창업이 불가능하다는 것을 깨달은 것이다.

그런 이성계보다 한술 더 떠서 더욱 적극적인 것은 이방원이었다. 그는 도당들을 모아 놓고 정몽주를 제거할 모의에 열을 올렸다.

그때, 이성계의 형 이원계의 사위로 이름이 변중량이라는 사람이 있었는데, 그는 자기 인척들의 움직임을 곁눈질해 보고는 깊은 고민에 빠졌다.

'비록 내가 집안 관계로 보아서는 이 사람들의 모의를 소매 걷어붙이고 막을 수 없으나, 그렇더라도 정포은 같은 충신이 위태로운 지경을 당하는데 모른 척하고 있을 수는 없다.'

이렇게 생각한 변중량은 마침내 정몽주를 찾아갔다. 그러고는 이성계 일파의 움직임을 귀띔해 주고 신변 안전을 각별히 도모하라고 충고했다.

정몽주는 변중량에게 감사를 표한 다음 돌려보내고 나서 속으로 탄식했다.

'그들이 나를 굳이 제거할 요량이라면 나로서는 맞설 힘이 없지 않은가. 어쩔 수 없는 일이다. 하늘이 나를 버리시는가 보구나. 나 한 몸 죽는 것은 아깝지 않으나, 나라의 앞날이 어찌 될꼬.'

그러나 손을 놓고 탄식만 하고 있어서 해결될 일도 아니므로, 뭔가 방법을 모색해 봐야만 했다.

정몽주는 일단 이성계를 찾아가 보기로 작정했다. 문병도 할 겸 그쪽의 낌새를 알아보기 위해서였다. 정치적 입장은 다를망정 두 사람 사이의 인간적 교분은 아직도 냉각되지 않고 있었으므로 모양새가 나쁘지도 않았다. 그래서 정몽주는 녹사 김경주를 앞세우고 말 위에 올라앉아 이성계의 집으로 향했다.

느닷없이 찾아온 정몽주를 이방원은 속으로 놀라면서도 반갑게 맞이하여 아버지가 누워 있는 방으로 안내했다.

"이렇게 몸소 찾아와 주시니 고마운 마음을 어떻게 표해야 할지 모르겠소이다."

"무슨 말씀을. 진작 찾아뵙지 못하여 미안할 따름이오. 그래, 환후는 어떠신가요?"

"염려해 주시는 덕분에 그럭저럭 나아가고 있습니다."

"그것 참 다행이구려. 어서 일어나셔서 나라 일을 보셔야지요."

주인과 손님이 방 안에서 그런 대화를 하고 있을 때, 밖으로 나온 이방원은 급한 나머지 조영규, 고여 등 힘센 무사들을 불러놓고 은밀히 말했다.

"적이 아무 대비도 없이 스스로 찾아와 주었으니, 이런 절호의 기회가 없다. 큰일을 이루고 못 이루고는 오늘 너희들의 손에 달렸으니, 절대 실수가 없어야 한다. 알겠느냐?"

"염려 마시고 저희들을 믿으십시오."

지시를 받은 조영규 일당은 잽싸게 물러갔고, 이방원은 태연한 얼굴로 아버지와 손님이 있는 방으로 돌아갔다.

이윽고 문병을 끝낸 정몽주가 자리에서 일어나자, 이성계는 문병을 와준데 대하여 거듭 감사를 표했다.

이방원의 정중한 배웅을 받으며 이성계의 집을 나선 정몽주는 마음이 착잡했다.

때는 임신년 4월 초사흘, 사방의 산들은 바야흐로 신록으로 생명력이 되살아나고 있는데, 고려의 왕조는 어두운 그늘이 점점 더해져 가기만

했다. 오로지 나라와 임금을 걱정하는 마음뿐인 그의 눈에 어느덧 눈물이 맺혔다.

울적한 마음을 달랠 길이 없어 정몽주는 귀가 도중에 술집에 들어가서 큰 잔으로 술을 네댓 잔이나 마셨다. 그러고는 얼큰한 기분으로 다시 집으로 향했다.

이윽고 선지교選竹橋에 이르렀을 때, 다리 아래에서 별안간 대여섯 명의 괴한이 튀어나왔다. 이방원의 지시를 받은 조영규 일당이었다. 그들은 다짜고짜로 철퇴를 휘둘러 정몽주가 탄 말을 거꾸러뜨렸다. 그 바람에 정몽주는 땅 위에 나동그라졌다.

사태를 알아차린 정몽주는 김경주를 보고 소리쳤다.

"어서 피하여라, 어서!"

"나리를 두고 소인이 어디로 간단 말입니까!"

김경주는 울부짖으며 주인의 몸을 자기 몸으로 감쌌다. 그 위에 빗발치듯 철퇴가 쏟아졌고, 두 사람은 그대로 피범벅이 되어 숨이 끊어지고 말았다.

저녁 해는 서산으로 기울고 바람은 무심히 부는데, 다리 아래 냇물만이 목메어 우는 듯 소리내며 흐를 뿐이었다. 그 참혹한 장면을 멀리서 목격한 몇몇 사람들도 부들부들 떨기만하고, 차마 접근할 엄두를 내지 못했다.

그 소식을 들은 이성계는 깜짝 놀라 아들을 꾸짖었으나, 이미 엎지른 물이었다. 한편 생각하면 앓던 이가 빠진 것 같기도 했다. 그래서 이튿날 한 패인 황희석이란 자를 시켜,

"정몽주는 대간을 꾀어 충신을 모함하는 등 그 죄가 크므로 이미 복죄伏罪하였습니다."

하고, 임금에게 상주하도록 했다.

공양왕은 믿고 의지해 온 정몽주가 화를 입은 것을 알고는 놀라움과 슬픔을 이기지 못하여 눈물을 흘렸다. 그러나 때가 이미 기울었으므로, 그로서도 어쩔 수가 없었다.

억지 죄인이 된 정몽주는 그 자신의 참살에서 끝나지 않고 온 집안이 적몰당했으며, 그와 모의하여 이성계 제거에 뜻을 두었던 대신들도 모두 귀양을 갔다.

이제 조정의 실권을 한 손아귀에 쥔 이성계는 정몽주의 목을 베어 저 잣거리에 내걸게 하고, 그 아래에 '없는 일을 꾸미고 대간을 꾀어 대신을 해치려 함으로써 나라를 시끄럽게 했다'는 죄목을 적은 방을 붙이도록 했다.

그러나 그 밑을 지나가는 사람들 누구 하나 그 죄목을 그대로 믿는 사람이 없었고, 눈물을 흘리지 않는 사람이 없었다.

이성계의 하인 경삼

삼국 시대에 처음 들어온 이후로 고려 시대에 이르기까지 불교는 민족 정서와 잘 융화하면서 이 땅에 찬란한 불교문화를 탄생시키는 공헌을 했다.

하지만 고려 말기에 내려와서는 지배 권력과 민중으로부터 차츰 배척 당하기 시작하여 더 이상의 발전이 막혔을 뿐 아니라, 정치적 사회적 지위 및 영향력에서 유교 사상에 밀리게 되었다.

불교가 그처럼 미움의 대상이 되고 몰락의 길을 걷지 않을 수 없었던 큰 원인은 종교로서는 너무 융성한 나머지 부패했으며, 묘청, 신돈의 예에서 볼 수 있는 것처럼 국가 기반을 위협할 정도로 실력 있는 승려가 나타나는 바람에 오랜 동안 기득권을 가진 귀족 계급에게 심각한 위기 감을 불러일으켰기 때문이었다.

특히 신돈의 세도는 왕조 말기의 어지러운 나라 사정과 한데 어울려 큰 폐해를 낳음으로써, 그 반대파들이 정략적으로 이용한 부분이 없지 않지만, 아무튼 불교 탄압의 결정적인 빌미를 준 원인이 된 것은 사실이다.

당시 고려 조정의 실권을 한 손아귀에 쥐고 머잖아 자신의 왕조를 건설할 야망을 추진하고 있던 시중 이성계는 말기 현상을 보이는 왕씨 왕조와 마찬가지로 불교를 배척의 대상으로 삼았다.

유생 출신인 대신들 대부분이 신돈 집정시에 그로부터 멸시를 받던 사람들이므로, 그런 대신들의 환심을 사기 위해서라도 불교 탄압과 유교 숭상의 정책을 쓸 필요가 있었다.

이성계는 그러한 정책이 민간에게까지 널리 퍼지게 하기 위하여 극단적인 수단을 생각해 내었다. 누구든지 중 하나를 붙잡아 관가에 바치면 상으로 금 1천 냥과 벼슬을 준다는 방을 개경 장안에 내붙이도록 한 것이다. 백성들을 불교 탄압에 앞장서도록 조장한 계략이었다.

그 바람에 도성 안의 인심은 흉흉해졌고, 겁이 난 중들은 얼씬도 하지 않게 되었다.

이성계의 집에는 경삼이라고 하는 하인이 있었는데, 어느 날 그가 주인에게 물었다.

"나리마님, 소인이 감히 여쭐 말이 있습니다."

"무엇이냐?"

"소인 같은 놈도 중을 잡아다 바치면 상금을 타고 벼슬도 얻을 수 있는지요."

"왜, 너도 벼슬하고 싶으냐?"

"세상에 벼슬 싫어할 사람이 어디 있겠습니까."

"허허, 그놈……. 그래, 너도 중을 잡아다 바치기만 하면 상금을 받을 뿐 아니라 벼슬도 할 수 있고말고."

그 말을 듣고 간이 부푼 경삼은 그날 밤 아내와 의논을 했다. 이 시중

댁에 붙어 있으면 안정된 생활이 보장되기는 하나 평생 가야 하인의 신분을 벗어날 도리가 없으므로, 차라리 이 기회에 나가서 팔자를 고칠 모험을 시도하는 것이 어떠냐 하는 것이었다.

이 시중 댁을 벗어나면 당장의 생활은 곤란을 받을지 모르지만, 요행히 중 하나만 붙잡아도 입 신출세의 길이 훤히 트이는 것이다.

그래서 아내와 합의에 도달한 경삼은 이튿날 아침에 주인을 찾아뵙고, 중을 잡아올 테니 나가도록 허락해 달라고 간청했다. 이성계로서도 별로 손해볼 일이 아니므로 경삼의 청을 들어주었다.

이 시중의 집에서 나오기는 했으나, 경삼 내외는 막연했다. 도성 장안에는 중의 그림자는 얼씬도 하지 않았고, 그렇다고 절 가까이까지 가서 중을 붙잡으려고 하다가는 오히려 봉욕을 당하기 십상이었다.

그래서 경삼은 도성 밖에 작은 집 한 채를 장만하여 거기서 기거하였다. 장안과 달라서 혹시 탁발승이라도 찾아들지 않을까 해서였다. 그때부터는 조반을 들자마자 집을 나서서 저녁때까지 인근을 돌아다니며 중을 찾는 것이 경삼의 일과가 되었다. 그러나 약에 쓰려고 하면 개똥도 귀하다는 속담대로, 중은 고사하고 그 그림자도 발견할 수 없었다.

그러기를 어언 넉 달, 날마다 아침이면 나갔다가 저녁이면 빈손으로 돌아오는 일이 반복되다 보니 경삼 자신도 아내도 맥이 빠지고 말았다.

"아직도 중을 못 잡았으니 어쩌지요?"

"그러게 말이네."

"우리가 공연한 욕심을 부렸나 봐요."

"그런 말하면 소용 있는가."

"이제는 식량도 얼마 남지 않았으니 걱정이에요."

"알겠네. 기왕에 시작한 일이니 조금만 더 기다려. 무슨 수가 나겠지."

말은 그렇게 했으나, 경삼은 속으로 애가 바싹바싹 탈 지경이었다.

그러던 어느 날 저녁 무렵, 역시 중을 잡으러 나간 경삼이 아직 돌아오지 않고 그의 아내만 혼자 집을 지키고 있을 때였다. 갑자기 밖에서 인기척이 나면서 뜻밖에도 목탁 소리가 들려 왔다.

"나무아미타불! 지나가는 중에게 시주 좀 하십시오."

경삼 아내가 문구멍을 통해 내다보니, 어둑어둑한 마당에 한 사람의 중이 서서 목탁을 두드리며 염불을 외고 있었다.

경삼 아내는 가슴이 두근거렸다. 그토록 남편이 찾아 헤매던 중이 자기 발로 걸어들어온 것이다. 그렇게 좋은 기회일 수가 없었다.

'그렇지만 남편이 지금 집에 없으니 이 일을 어쩌면 좋담.'

경삼 아내는 애가 탔다. 중이 되돌아 나가버리기라도 한다면 그토록 공들인 일이 수포가 되고마는 것이다. 그래서 그녀는 무슨 수작으로든 중을 붙들어 두어야겠다고 생각하고 얼른 일어나서 문을 열고 나갔다.

"스님, 어서 오십시오. 가난한 살림입니다마는, 약간의 시주쯤이야 못하겠습니까."

그렇게 말하면서 합장을 하고 중을 쳐다본 경삼 아내는 깜짝 놀라 소리쳤다.

"아니, 이게 누구야! 오라버니 아니세요?"

"이런! 네가 여기 웬일이냐?"

중도 눈이 둥그레지며 큰소리로 말했다. 그 중은 뜻밖에도 경삼 아내의 오빠였던 것이다.

오랜만에 만난 남매는 서로 손을 맞잡고 반겼다.

"여기서 너를 만날 줄이야! 매제는 어디 있느냐?"

"예, 좀 볼일이 있어서 밖에 나갔는데, 곧 올 거예요."

"그런데 너희들은 어쩐 일로 이곳에 나와 사느냐?"

"그냥 이 시중 어른 댁에서 나와 살게 되었어요."

경삼 아내는 얼른 둘러대고 나서 중의 소매를 끌어당겼다.

"어서 들어갑시다, 오라버니. 요즘 관가에서 중을 붙잡으려고 혈안이
되어 있답니다. 소문도 못 들으셨어요?"

"글쎄, 그렇다는 말은 들었다."

"그런데도 위험을 생각하지 않고 이렇게 돌아다니면 어쩝니까.
하필 우리 집에 들렀기에 망정이지, 만일 다른 집 문을 두드렸더라면
오라버니는 벌써 붙들렸을 거예요. 관가에 중을 끌고가면 상금도 받고
벼슬도 얻는다고 다들 야단이랍니다."

"허, 참! 중이 무슨 죄가 있다고 그러나……"

"누가 아니랍니까. 아무튼 어정거리다가 다른 사람들의 눈에 띄기
전에어서 들어오시라니까요."

경삼 아내는 서둘러 오빠를 방 안으로 밀어 넣었다.

"먼 길을 오셨을 테니 시장하시죠?"

"그래, 속이 몹시 출출하구나."

"잠시 기다리세요. 저녁을 지어 올릴 테니."

경삼 아내는 부엌으로 가서 저녁 준비를 하면서 생각하니 마음이 몹시
착잡했다. 남편은 출세를 하기 위하여 중을 잡으려고 그토록 발이 아프게
돌아다니지만 여태 허탕을 치고 있다. 그런데 그 중이 자기 발로 집에 걸어
들어와 준 것이다.

그것까지는 고마운 일인데, 하필 그 중이 친오빠일게 뭐란 말인가.
남편이 벼슬을 얻어 잘 사는 일은 평생소원이지만, 그러자면 오빠를
붙잡아다 관가에 넘겨 죽음의 구렁텅이로 몰아넣어야 하는 것이다.

'이 노릇을 어떻게 하면 좋단 말인가?'

혈연의 정과 부귀영화에 대한 욕망, 두 가지 이질적인 감정이 그녀의 가슴속에서 소용돌이쳤다. 그러다가 결국 모진 결심을 하게 되었다.

'오라버니한테는 미안하지만, 우선 내가 잘 살고 볼 일이다. 오라버니야 저렇게 돌아다니다간 누구한테든 붙들릴 게 뻔한데 뭐. 그렇게 되면 남 좋은 일만 시켜주는 셈이니, 그렇다면 차라리 이 동생을 위해서 희생하는 것이 낫잖아.'

이윽고 식사를 끝낸 중이 떠날 채비를 했다.

"벌써 떠나시려구요?"

"날이 어두워지기 전에 가야지. 매제의 얼굴을 못 보고 가서 안 되었다마는……."

"그래도 이렇게 금방 떠나시면 어떻게 해요."

"뒤숭숭한 세상이라, 더 길게 눌러앉았다가는 혹시 너희들한테 좋잖은 일이 있을까 그런다."

"아무리 그렇더라도 그이를 만나보고 가셔야지요."

경삼 아내는 갖은 소리로 오빠를 만류했다. 남편이 돌아올 때까지 붙잡아 두기 위해서였다.

누이동생이 하두 그러므루, 중은 하는 수 없이 경삼이 돌아오기를 기다려서 만나보고 떠날 생각을 했다.

경삼 아내는 설거지를 하고 마당을 쓰는 척하며 바깥에서 시간을 보내고 있다가 이윽고 남편이 나타나자, 얼른 소맷자락을 끌고 뒤꼍 우물가로 돌아갔다.

"여보, 지금 집에 중이 하나 와 있어요."

"아니, 뭐라고?"

"지금 방 안에서 당신을 기다리고 있어요. 바로 우리 오라버니예요."

"처남이?"

"쉿! 오라버니가 듣겠네. 얼른 가겠다고 하는 걸 갖은 소리로 붙들어 두었단 말예요. 당신이 그토록이나 찾아 헤매던 중이 나타났으니 소원 성취할 수 있게 되었잖아요."

"이 사람 보게. 처남을 붙들어다 관가에 넘기자는 말이야?"

"오라버니야 탁발로 돌아다니는 몸이니, 저러다 누구한테 붙들릴지 모르잖아요. 그렇다면 기왕 동생한테 좋은 일 해주는 게 낫지 뭐예요. 우리가 지금 찬밥 더운밥 가릴 처지냐구요."

"……"

"이 기회를 놓치면 우리는 평생 이 꼬락서니로 살 수밖에 더 있겠어요? 그러니 마음을 단단히 먹자구요."

아내가 계속 보채는 소리를 들으며 무서운 얼굴로 한참 하늘을 쳐다보던 경삼은 별안간 아내의 몸뚱이를 번쩍 쳐들어 가지고는 우물 속에 거꾸로 처박아 넣고 말았다.

순식간의 일이었다. 우물은 상당히 깊은 데다, 거꾸로 떨어졌으니 여자의 몸으로는 벗어날 길이 없었다. 피도 눈물도 없이 욕심에 눈이 어두웠던 경삼 아내는 그 욕심 때문에 화를 입고만 것이다.

아내를 그렇게 처치한 경삼은 태연한 얼굴로 방에 들어갔다.

"형님 오랜만입니다."

"어, 매제 이제 오는가. 저녁을 얻어먹었으니 가려고 했는데, 동생이 굳이 자네를 만나고 가라고 해서 기다리던 참이네."

"그랬군요. 제 안사람이 왜 형님더러 저를 만나라고 했는지 아십니까?"

"아니, 그게 무슨 소린가?"

"안사람은 형님을 팔아서 상금과 벼슬을 사려고 했습니다. 저더러 형님을 붙잡아 관가에 넘기라는 것이지요. 피를 나눈 친오빠인데도 부귀영화에 눈이 어두워 죽음으로 몰아넣으려고 하다니, 어디 이것이 사람으로서 생각할 수 있는 짓입니까? 그런 여자가 자기 지아비인들 팔아넘기지 않는다는 보장이 어디 있습니까? 제가 형님을 관가에 넘기고 작은 벼슬을 얻는다 한들 그것으로 만족할 여자냐구요. 더 높은 사람이 추파를 던지면 남편도 능히 죽일 여자가 아닙니까. 그래서 방금 안사람을 우물에 빠뜨려 죽여 버렸습니다."

"……."

"어쨌든 지금은 누구나 중을 잡기 위해 혈안이 되어 있습니다. 이런 형편인데 시주를 구하며 돌아다닌다는 것은 목숨을 버리겠다는 것이나 다름없어요. 그러니까 형님은 이제부터 제 집에 꼼짝 말고 숨어 계세요. 벽장 안이 제법 넓어서 운신하기 그리 불편하지 않을 겁니다. 제가 끼니 때마다 밥을 넣어드릴 테니, 세상이 좀 너그러워질 때까지 기다리세요. 아시겠습니까?"

중은 놀란 입을 다물지 못했다. 그러나 그는 이내 모든 사실을 이해하고 눈물을 흘렸다. 그리고 경삼의 손을 붙잡으며 말했다.

"내 누이가 그런 생각을 할 줄이야 꿈에도 짐작 못했네. 매제 이야기를 듣고 보니 기가 막혀 말이 나오지 않는군. 아무튼 자네가 그렇게 말을 해주니 고마워. 그럼 시키는 대로 신세를 좀 지겠네."

그렇게 되어 중은 경삼의 집 벽장 안에서 은신 생활을 하게 되었다.

매일 세 번씩 들여주는 밥을 먹는 것 외에는 아무것도 할 일이 없었고, 벽에 기대어 우두커니 앉아 있거나 드러누워 잠을 자는 것이 고작이었다.

그런 갑갑하고 따분하기 이를 데 없는 하루하루가 계속되자, 어느 날

중은 심심풀이로 장난을 했다. 매제가 들여놓는 밥을 다 먹지 않고 조금 남겨 그것을 꾹꾹 이겨서 떡덩이처럼 만들었다. 그러고는 그것을 매만져 작은 짐승을 하나 만들었다. 소 같기도 하고, 개 같기도 하고, 어찌 보면 돼지 같기도 한 형상이었다.

중은 그것을 말리려고 볕이 새어 들어오는 벽쪽에 놓았다.

2, 3일이 지나자, 장난감 짐승은 딱딱하게 굳었다. 그래서 그때부터 중은 어린애처럼 그것을 매만지는 것이 유일한 소일거리이자 낙이었다.

그러던 어느 날, 문득 중은 자기의 작태가 너무 한심한 생각이 들어 뜨거운 눈물을 쏟고 말았다. 눈물은 손에 들고 있는 장난감 위에 떨어졌다.

그때, 이상한 일이 일어났다. 장난감이 꼬물꼬물 움직이기 시작한 것이다. 중은 울다 말고 눈이 둥그레져서 장남감을 눈 가까이 들고 들여다보았다. 놀랍게도 그 장난감은 살아 있는 짐승처럼 고갯짓을 하고 꼬리를 털기도 하는 것이었다.

'아하! 이것이 무슨 조화인가?'

중은 너무나 놀랍고 신기하여 어쩔 줄을 몰랐다. 그래서 그때부터는 은신 생활이 별로 지겹거나 따분하지 않게 되었다. 그 짐승을 가지고 노는 것이 그렇게 재미있을 수 없었기 때문이다.

중은 그것도 이미 생명을 부여받은 물건이라면 무엇을 먹어야 하리라고 생각하고, 매제가 넣어주는 밥을 조금 떼어 먹여 보았다. 그러나 짐승은 거들떠보지도 않았다. 그래서 그런가 보다고 생각했는데, 그것이 아니었다.

한 번은 앉아서 뭉개다 보니 옷자락 실밥이 터져서 꿰매려고 바랑 속에서 바늘과 실을 꺼냈더니, 잠시 한눈을 파는 사이에 바늘이 보이지 않았다. 그런데 놀랍게도 그 짐승이 바늘을 야금야금 먹고 있었던 것이다.

'야, 이것 봐라!'

중은 옷 꿰맬 일도 잊고 그 신기한 광경을 들여다보기에 여념이 없었다. 짐승이 바늘 하나를 다 먹었으므로, 시험 삼아 또 한 개의 바늘을 내밀어 보았다. 그러자 짐승은 그것마저 납죽 받아서 씹어 먹었다.

짐승에 빠진 중은 그때부터 그 짐승한테 먹일 것을 찾는 일이 새로운 소일거리였다. 벽장 구석에 떨어져 있는 못을 주워 먹였고, 경삼네 반짇고리에서 바늘과 가위를 집어다 먹였다. 그것도 모자라서 나중에는 경삼이 집에 없을 때 가만히 부엌에 나가 솥뚜껑을 집어 와서 먹이기도 했다.

그러는 동안 짐승은 조금씩 몸이 불어나기 시작하여 어느덧 작은 강아지 만하게 자랐다. 이제는 더 먹일 것이 없어서 고민이었다. 중은 하는 수 없이 머리를 쓰다듬으며 탄식했다.

"짐승아, 짐승아. 이제는 너를 먹일 일이 막막하니 어쩌면 좋으냐."

그러자 짐승은 알아들었다는 듯이 중을 한번 쳐다보고는 벌어진 문틈으로 뛰쳐나가 버렸다.

꿈에서 깨어난 듯한 심정인 중은 그날 저녁 경삼이 돌아오자 말했다.

"내가 그동안 매제의 신세를 너무 졌나 보이. 그래서 이제는 떠날까 하네."

"밖은 아직 위험한데 무슨 말씀이오?"

"인명은 재천이라 했네. 자비하신 부처님이 이 중생의 목숨을 버리시지는 않겠지. 그보다도 매제!"

"예, 형님."

"자네 아직도 벼슬을 얻고 싶은가?"

"그야 다른 방법이 없지 않습니까."

"정 그렇다면, 자네가 벼슬을 얻을 수 있는 방도를 알려주지."

그렇게 말하고는 품 속에서 주머니 하나를 꺼내어 경삼에게 주었다.

"이것이 무엇입니까?"

"묻지 말고 열어보지도 말고 잘 간수하고 있게. 그러다 보면 언젠가는 크게 쓰일 날이 있을 거야."

"무슨 말씀인지 모르겠군요."

"머잖아 세상에 이상한 짐승이 나타나서 큰 소란이 일어날 걸세. 그 짐승은 잡을 수도 죽일 수도 없는 괴상한 짐승이라네. 그렇게 되면 나라에서는 큰 상금과 벼슬을 걸고 그 짐승을 퇴치할 방안을 구할 것인즉, 그때 이 주머니를 열어보면 돼. 그러면 자네는 구태여 중을 잡아다 바치지 않아도 원하는 것을 손에 넣을 것일세."

"형님, 그것이 정말입니까?"

"이 사람아, 고마운 자네한테 내가 왜 거짓말을 하겠는가."

그런 다음 중은 경삼과 작별하고 표연히 떠나갔다.

'쇠를 먹는 괴상한 짐승이 장안에 나타났다.'

그런 소문이 퍼진 것은 한 달쯤 후였다. 어디선가 송아지만한 괴상한 짐승이 도성에 나타나 멋대로 돌아다니며 눈에 띄는 쇠붙이란 쇠붙이는 무엇이든지 우적우적 씹어 먹는 것이었다. 멋대로 돌아다니면서 집집에 들어가 숟가락, 놋그릇, 솥단지 등을 마구 먹어 치웠고, 나중에는 관가의 무기고까지 거덜내기도 해서 이만저만한 소동이 아니었다.

그런데도 짐승은 힘이 너무나 세어 어떻게 감당할 방법이 없었다.

쫓으려고 쇠몽둥이로 때리면 쇠몽둥이를 씹어 먹고, 죽이려고 화살을 쏘면 화살을 씹어 먹고, 칼로 내리치면 칼까지 씹어 먹는 것이다. 그러는 동안 짐승은 몸이 불어나서 커다란 황소 곱절만한 몸피가 되었다.

나라에서는 고민하지 않을 수 없었다. 무슨 수를 써도 쫓을 수도 죽일 수도 없고, 그렇다고 백성들의 아우성을 못 들은 척할 수도 없는 노릇이었다. 그래서 할 수 없이 현상을 걸었다.

쇠를 먹는 짐승을 퇴치하는 자에게는 금 1만 냥에 높은 벼슬을 내리고, 기왕에 지은 죄가 있을지라도 불문에 부친다.

그와 같은 방문 앞에 모여선 사람들은 욕심이야 굴뚝 같지만 속수무책인지라, 오히려 나라에다 원망의 말을 쏟아 부었다.

"이런 방을 백 번 붙인들 무슨 소용이 있담."

"관가에서 해결 못하는 일을 백성들이 어떻게 한단 말인가."

"아무튼 이러다가 나라가 망할 모양일세."

그 소동이 벌어질 때부터 경삼은 처남이 남긴 말을 생각하며, 이제 정말 기회가 오나 보다고 신기하게 생각했다. 그러다가 마침내 그와 같은 방이 붙자, 처남이 주고 간 주머니를 꺼내어 열어 보았다

그 속에서는 종이가 한 장 나왔는데, 거기에는 '화가살火可殺'이라고 적혀 있었다.

'화가살? 불로 죽일 수 있다는 뜻인가?'

믿어지지 않았다. 그렇지만 밑져야 본전이었다. 경삼은 한달음에 상전인 이성계를 찾아가 뵈었다.

"나리마님, 소인 오랜만에 문안 올립니다."

"이게 누군고. 경삼이 아니냐."

"그렇습니다. 그간 안녕하셨습니까?"

"너는 중을 잡아 벼슬을 하겠다고 나가더니, 목적을 이루었느냐?"

"아직 못 이루었습니다. 그렇지만 이제 때가 된 것 같습니다."

"그것이 무슨 말이냐?"

"나리마님, 요즈음 소동을 피우는 쇠를 먹는 괴상한 짐승을 퇴치하는 사람한테는 상금과 벼슬을 내린다는 것이 사실입니까?"

"사실이다마다. 왜, 네가 그 일을 해낼 수라도 있단 말이냐?"

"그렇습니다."

"어떻게?"

"우선 쇠붙이를 한 무더기 마련해 주시고, 그 둘레에 잘 마른 짚단을 둥그렇게 쌓아주십시오. 그런 준비만 해주시면 소인이 능히 그 짐승을 없애 보겠습니다."

이성계로서는 지푸라기라도 잡고 싶은 심정이었다. 바야흐로 왕씨 왕조를 무너뜨리고 새로운 창업을 하려고 하는 마당에 난데없는 짐승이 나타나서 민심을 어지럽히는 바람에 무척이나 조바심을 하고 있던 참이었다.

이성계는 경삼의 말에 따라 마당에 온갖 쇠붙이를 끌어모아 쌓도록 했다. 그리고 그 둘레에 메마른 짚단을 높다랗게 둘러치게 하였다. 그렇게 해놓고는 짐승이 쇠 냄새를 맡고 나타나기만을 기다렸다.

하루가 지나고, 이틀이 지나고, 사흘째가 되었을 때에야 문제의 짐승이 어슬렁어슬렁 나타났다. 그동안 어디서 또 쇠를 얼마나 주워 먹었던지 몸이 짚둥우리만했다.

경삼을 비롯한 사람들이 숨어서 숨을 죽이고 지켜보는 가운데,

짐승은 한쪽이 터져 있는 짚단 울타리 속으로 들어가서 쇠무더기를 우적우적 씹어먹기 시작했다.

그것을 본 경삼이 살금살금 다가가 부시쌈지에서 부싯돌과 마른 쑥을 꺼냈다. 그러고는 부싯돌을 탁 쳐서 불을 일으켜 마른 쑥에 댕겨 가지고 그 불을 다시 짚단에다 옮겼다. 워낙 마른 짚이라 불은 삽시간에 번져서 활활 타올랐다. 그런 줄도 모르고 짐승은 짚단 울타리 안에서 쇠를 맛있게 먹느라고 여념이 없었다.

짚단은 바람을 타고 완전히 불길에 싸였다. 그리하여 마침내 그 불길이 잦아들었을 때, 거기에는 먹다 남은 쇠붙이만 있을 뿐, 짐승의 흔적이라고는 아무것도 없었다.

쇠를 먹는 짐승을 퇴치한 공로로 경삼은 많은 재물과 벼슬을 얻고 새 장가를 들었으며, 이성계의 신임을 받아 그가 고려를 뒤엎고 조선을 건국한 뒤까지도 오래 부귀영화를 누릴 수 있었다.

고려왕조 정사·야사

초판 인쇄 2018년 10월 20일
초판 발행 2018년 10월 25일

이강래 편저

펴낸곳 문지사
등록 제25100-2002-000038호
주소 서울특별시 은평구 갈현로 312
전화 02)386-8451/2
팩스 02)386-8453

ISBN 978-89-8308-535-1 03910

값 16,000원